초보자를 위한
한국어 - 러시아어 단어장

전혜진 저

문예림

초보자를 위한
한국어 - 러시아 단어장

초판 2쇄 인쇄 | 2012년 7월 25일
초판 2쇄 발행 | 2012년 8월 16일

저 자 | 전혜진
발행인 | 서덕일
발행처 | 도서출판 문예림
출판등록 | 1962년 7월 12일 제 2-110호
주소 | 서울특별시 광진구 군자동 1-13호 문예하우스 101호
전화 | 02-499-1281~2
팩스 | 02-499-1283
http://www.bookmoon.co.kr
E-mail : book1281@hanmail.net

· 잘못된 책은 구입하신 서점에서 교환하여 드립니다.

ISBN 978-89-7482-511-9(13790)

머리말

모든 외국어 학습은 단어에서 시작됩니다. 하나의 단어에서 외국어 학습의 길이 열립니다. 외국어 초급 학습자에게 단어는 집을 짓기 위해 벽돌 한 장 한 장을 쌓아 올리는 것과 같습니다. 특히 러시아어 초급 학습자에게 러시아어 단어는 의미 파악하기 어렵고, 암기하기 어렵고, 사용하기 어려운 넘지 못할 산처럼 보입니다. 러시아어 단어와 관련된 이러한 학습의 문제점을 해결하기 위해 러시아어 학습 초보자의 입장을 고려하여 「초보자를 위한 한국어-러시아어 단어장」을 엮었습니다.

「한국어-러시아어 단어장」은 학습자가 원하는 단어를 즉석에서 찾아 볼 수 있도록 우리말의 가나다 순으로 구성하였습니다. 러시아어의 자유로운 의사소통을 위하여 주로 일상생활에서 사용되는 빈도수 높은 어휘와 표현을 담고 있습니다. 또한 초급 러시아어 단계에서 반드시 알아 두어야 할 필수문장, 러시아어 기본 회화 패턴도 소개하고 있습니다. 그와 함께 「한국어-러시아어 단어장」은 단순히 단어를 나열한 것이 아니라, 단어를 결합하는 능력, 단어를 능동적으로 사용하는 능력을 배양하는 것에 초점을 맞추었습니다. 러시아어를 모르더라도 누구나 한글만 알면 이 책을 활용하여 현지에서 러시아어 의사소통에 지장이 없도록 표제어 단어 모두 원어 발음에 가깝게 한글로 표기하였습니다.

「초보자를 위한 한국어-러시아어 단어장」이 단순히 러시아어 단어만 암기하는 것이 아니라, 단어라는 기초 단위에서 시작해서 문장을 생성하는 능력을 학습하기 위해 필요한 여러분의 러시아어 학습 길잡이가 되길 바랍니다.

2012년 9월
전 혜 진

차례

머리말 ················· 3

ㄱ ····················· 5
ㄴ ···················· 60
ㄷ ···················· 77
ㄹ ··················· 103
ㅁ ··················· 105
ㅂ ··················· 135
ㅅ ··················· 158
ㅇ ··················· 197
ㅈ ··················· 273
ㅊ ··················· 316
ㅋ ··················· 330
ㅌ ··················· 335
ㅍ ··················· 341
ㅎ ··················· 349

부록 ················ 371

가.(명령)	Иди! Идите! 이지 이지쩨
가게	магазин 마가진
가게주인	хозяин магазина 하쟈인 마가지나
가격	цена 쩨나
가격표	прейскурант 쁘레이스꾸란뜨
가곡	песня 뻬스냐
가구	мебель 메빌
가기 싫어.	не хочу пойти. 니 하추 빠이찌
가까운	близкий 블리스끼
가까워?	близко? 블리스꺼

가격이 절반이다.   Цена является половиной.
쩨나 이블랴엣짜 빨라비너이

가격차가 크다.   Разрыв в ценах большой.
라즈르이프 프쩨나흐 발쇼이

가고 싶지만, 갈 수 있을지 모르겠어요.
     Я хочу пойти, но не знаю что я смогу.
     야 하추 빠이찌 노 니 즈나유 쉬또 야 스마구

가기 전에 작별인사를 드리고 싶습니다.
     Я хочу прощаться перед отъездом.
     야 하추 쁘라샤짜 뻬레드 아찌에즈덤

가끔 시장가다   иногда идти на рынок
이나그다 이찌 나 르이넉

가끔	иногда́ 이나그다	가능성	возмо́жность 바즈모쥐너스찌
가난한	бе́дный 베드느이	가다	идти́; е́хать 이찌 예하찌
가늘다	то́нкий 똔끼	가도 되나요?	могу́ идти́? 마구 이찌
가능성	возмо́жность 바즈모쥐너스찌	가련한	бе́дный 베드느이

가끔은 무섭고, 가끔은 그렇지 않아.
     Иногда́ стра́шно, иногда́ не так.
     이나그다 스뜨라쉬너 이나그다 니 딱

가는 길이야.
     Я иду́ по доро́ге
     야 이두 빠 다로게

가는 집마다
     по ка́ждым до́мам
     빠 까쥐드임 도맘

가능하시면
     е́сли возмо́жно
     예슬리 바즈모쥐너

가득 따라 주세요.
     Напо́лните до краёв.
     나뽈니쩨 다 끄라요프

가득 차다
     наполня́ть-напо́лнить
     나빨냐찌 나뽈니찌

가라앉다
     тону́ть-потону́ть; утону́ть
     따누찌 뻐따누찌, 우따누찌

한국어	러시아어	한국어	러시아어
가루	мукá; порошóк 무까 빠라속	가벼운	лёгкий 료흐끼
가르치다	учи́ть 우치찌	가벼운 사고	лёгкая авáрия 료흐까야 아바리야
가마(머리)	завитóк; вихóр 자비똑 비호르	가사도우미	домрабóтница 담라보뜨니짜
가면	мáска 마스까	가수	певéц(남); певи́ца(여) 삐볘쯔 삐비짜
가뭄	зáсуха 자수하	가스	газ 가스
가방	мешóк; сýмка 미속 슘까	가슴	грудь 그루찌

가려고 하다   собирáться идти́
                             싸비라찌샤   이찌

가렵다   зудéть; чесáться-почесáться
                    주제찌   치삿짜   뻐치삿짜

가로질러 가다   пересекáть-пересéчь
                            뻬리씨까찌   뻬리셰치

가리다(숨기다)
       пря́тать-спря́тать; скрывáть-скрыть
        쁘랴따찌   스쁘랴따찌   스끄르이바찌 스끄르이찌

가볍게 생각하다   слегкá дýмать-подýмать
                           슬리흐까   두마찌   빠두마찌

가시거리	зо́на ви́димости 조나 비지머스찌	가위	но́жницы 노쉬니쯔이
가야한다	до́лжен идти́ 돌젠 이찌	가을	о́сень 오센
가여워라.	Кака́я жа́лость! 깍까야 좔러스지	가자.	пойдём 빠이죰
가엾다	жале́ть-пожале́ть 좔례찌 빠좔례찌	가장자리	край 끄라이
가운데	середи́на; центр 시리지나 쩬뜨르	가정	семья́ 시미야

가스레인지	бытова́я га́зовая плита́ 브이따바야 가자바야 쁠리따
가스를 잠그다	закрыва́ть-закры́ть газ 자끄르이바찌 자끄르이찌 가스
가스계량기	га́зовый счётчцц 가조브이 숏치끄
가시는 길에 평안하세요.	сча́стливого пути́ 샤슬리버버 뿌찌
가요 쇼 프로그램	музыка́льный шо́у 무즈이깔느이 쇼우
가입하다	вступа́ть-вступи́ть 프스뚜빠지 프스뚜삐찌
가장 좋아하는 시간	са́мое люби́мое вре́мя 사머예 류비머예 브레먀

가지 않다	не идти́ 녜 이찌	가지다	име́ть 이메찌
가지(야채)	баклажа́н 바끌라좐	가지세요.	Возьми́те. 바지미쩨.

가장 친한 친구   са́мый бли́зкий прия́тель
사므이 빌리스끼 쁘리야찔

가장(지위)   глава́ семьи́; патриа́рх
글라바 시미이 빠뜨리아르흐

가재(家財)   дома́шнее(семе́йное) иму́щество
다마쉬녜예 시메이너예 이무쉐스또버

가정환경   дома́шнее окруже́ние
다마쉬네에 아끄루줴니에

가져오다   приноси́ть-принести́
쁘리나시찌 쁘리네스찌

가족 모두 함께 즐겁게.(카피문구)
Прия́тно со всей семьёй!
쁘리야뜨노 사프세이 시메에이

가족관계   семе́йные отноше́ния
시메이느이에 아뜨나쉐니야

가족들에게 저를 대신해서 안부 전해주세요.
Переда́йте семье́ мой приве́?т, пожа́луйста.
뻬리다이쩨 시미에 모이 쁘리벳 빠잘루이스따

가족이 어떻게 되세요?
Каковы́ ва́ши семе́йные отноше́ния?
깍까브이 바쉬 시메이느이에 아뜨나쉐니야

각본	пье́са 삐에사	간격	расстоя́ние 라스따야니에
각자의	ка́ждый 까쥐드이	간단한	просто́й 쁘라스또이

가족이 일보다 더 중요하다.
　　Семья́ бо́лее ва́жное де́ло чем рабо́та.
　　시미야　볼례에　바쥐너예　젤라　쳄　라보따

가지고 다녀야하다.　　　　Ну́жно взять с собо́й.
　　　　　　　　　　　　누즈너 브쟈찌 사- 보이

가지고 있다　име́ть; держа́ть-подержа́ть (в рука́х)
　　　　　이메찌　제르좌찌　빠제르좌찌　브루까흐

가지고 있어.　　　　　　　Держи́ у себя́.
　　　　　　　　　　　　지르쥐　우시뱌

가축　　　　　　　дома́шние живо́тные
　　　　　　　　다마쉬니에　쥐보뜨느이

가치　це́нность; досто́инство; сто́имость
　　쩬너스찌　다스또인스뜨버;　스또이머스찌

가치가 없다　　　　　　　Нет це́нности
　　　　　　　　　　　　니에뜨　쩬너스찌

가치가 오르다
　　Сто́имость (це́нность) повыша́ется
　　스또이머스찌　쩬너스찌　빠브이샤에짜

간다. 어~ 가.(헤어질 때)　　Я уйду́. Пока́!
　　　　　　　　　　　　야 우이두　빠까

간장	со́евый со́ус 소이브이 소우스	간호사	медсестра́ 미드시스뜨라
간접적으로	ко́свенно 꼬스벤너	갈 것이다.	Я пойду́. 야 빠이두
간판	вы́веска 브이베스까	갈망하다	жа́ждать 좌즈더찌

간부	высокопоста́вленные ли́ца 브이사까빠스따블렌느이에 리짜
간섭하다	вме́шиваться-вмеша́ться 브메쉬바쨔 브미쇠쨔
간식을 먹다	перекýсывать-перекуси́ть (мéжду зáвтраком и обéдом, обéдом и ýжином) 삐리꾸스이바찌-삐리꾸시찌(메주두 자프뜨라껌 이 아베덤, 아베덤 이 우쥐넘)
간염예방주사	приви́вка против гепате́та 쁘리비프까 쁘로찌프 게빠쩨따
간이 적당하다	быть по вку́су несолёным 브이찌 빠 프꾸수 니살룐느임
간청하다	убеди́тельно проси́ть-попроси́ть; упра́шивать-упроси́ть 우베지쩰너 쁘라시찌 빠쁘라시찌; 우쁘라쉬바찌 우쁘라시찌
간주하다	счита́ть-сосчита́ть 쉬따찌 사쉬따찌
간통	адюльте́р; прелюбодея́ние 아둘떼르; 쁘리류발제야니여

갈색	кори́чневый цвет 까리치니브이 쯔베뜨
감독(스포츠)	гла́вный тре́нер 글라브느이 뜨레네르
감	хурма́ 후르마
감사합니다.	Спаси́бо. 스빠시버
감기	просту́да 쁘라스뚜다
감자(야채)	карто́фель 까르또펠

갈 길이 멀어.	Пе́ред нами далёкий путь. 뻬레드 나미 달료끼이 뿌찌
갈아타다	переса́живаться-пересе́сть 뻬레사쥐바짜 뻬레셰스찌
갈증을 풀다	устоли́ть жа́жду 우스딸리찌 좌즈두
감기약	лека́рство от просту́ды 리까르스뜨버 아뜨 쁘라스뚜드이
감기에 걸렸을 땐	Когда́ вы простуди́лись. 까그다 브이 쁘라스뚜질리스
감기에 걸리다	простужа́ться-простуди́ться 쁘라스뚜좌찌쨔 쁘라스뚜지짜
감독하다	смотре́ть-посмотре́ть; наблюда́ть 스마뜨례찌 빠스마뜨례찌 나블류다찌
감동이야.	Прихожу́ в восто́рг. 쁘리하쥬 바- 스또르끄
감동하다	быть тро́нутым; быть под впечатле́нием 브이찌 뜨로누뜨임; 브이찌 빠드 프뻬치뜔레니임

감전당하다	уда́рцть то́ком 우다리찌 또꼼	갑옷	бро́ня; па́нцырь 브로냐; 빤쯔이리
감정	чу́вство 추스뜨버	갑자기	внеза́пно; вдруг 브니자쁘너; 브드루크
감탄	восхище́ние 바스히셰니에	값이 비싼	дорого́й 다라고이

감명   глубо́кое впечатле́ние
                             글루보까에   프뻬치뜰례니에

감사하게 여기다   благодари́ть-поблагодари́ть
                       블라거다리찌   빠블러거다리찌

감소되다
уменьша́ться-уме́ньшиться; сокраща́ться-
сократи́ться; снижа́ться-сни́зиться
우멘샤쨔 우몐쉬쨔; 사끄라샤쨔 싸끄라찌쨔; 스니좌쨔 스니지쨔

감시하다	следи́ть (за + чем кем):наблюда́ть 슬레지찌: 나블류다찌
감염되다	заража́ться-зарази́ться 자라좌쨔 자라지쨔
감자튀김	жа́реный карто́фель 좌린느이 까르또펠
갑자기 말하다	вдруг говори́ть-сказа́ть 브드루크 가바리찌 스까자찌
갑자기 울다	вдруг пла́кать 브드루크 쁠라까찌

13

값이 싼	дешёвый 지쇼브이	강력한	крéпкий 끄례쁘끼
강	рекá 리까	강변	бéрег 볘레크
강간	изнаси́лование 니즈너씰라버니이	강아지	щинóк 쉬녹

갑작스럽게	внезáпно; вдруг 브니자쁘너; 브드루크
값을 깎다	снижáть-снизи́ть цéну 스니좌찌 스니지찌 쩨누
값이 내리다.	Цена́ снижáется. 쩨나 스니좌옛쨔
값이 오르다.	Цена́ повы́шаетсзс 쩨나 빠브이샤옛쨔
갔다 오는데 한 시간 안에 될까?	Мóжно на час туда́ и обрáтно? 모쥐너 나 차스 뚜다 이 아브라뜨너
강도	граби́тель; разбóйник 그라비쪨; 라즈보이니크
강사(대학)	лéктор; преподавáтель 롁떠르; 쁘리빠다바쪨
강의하다	вести́ лéкцию; читáть лéкцию 베스찌 롁찌유; 치따찌 롁찌유

14

갖다	име́ть; владе́ть	개구리	лягу́шка
	이몌찌; 블라졔찌		리구쉬까

같이 가다	пойти́ вме́сте	개띠	земна́я ветвь Соба́ки
	빠이찌 브몌스쩨		졤나야 볘뜨피 사바끼

같이 가자.	Пойдём вме́сте.	개막	откры́тие
	빠이죰 브몌스쩨		아뜨끄르이찌에

개	соба́ка	개미	мураве́й
	사바까		무라볘이

강조하다   подчёркивать-подчеркну́ть
          빠드쵸르끼버찌   빠드치르끄누찌

강하게 누르다   си́льно нажима́ть-нажа́ть
          실너   나쥐마찌   나좌찌

갖다 주다   приноси́ть-принести́
          쁘리너씨찌   쁘리니스찌

같이 가고 싶다.   Хочу́ пойти́ вме́сте.
          하추   빠이찌   브몌스쩨

같이 나가 놀다   игра́ть вме́сте
          이그라찌 브몌스쩨

개강하다   начина́ть-нача́ть курс ле́кций
          나치나찌   나차찌   꾸르스   롁찌이

개선하다
улучша́ть-улу́чшить; исправля́ть-испра́вить
   울루샤찌   울루쉬찌;   이스쁘라블랴찌   이스쁘라비찌

개인적으로는	ли́чно 리츠너	거기	там 땀
개혁하다	реформи́ровать 리파르미러바찌	거래소	би́ржа 비르좌
객체(전산)	объе́кт 아비옉뜨	거래하다	торгова́ть 따르가바찌

개업 созда́ние предприя́тия
 사즈다니에 쁘레뜨쁘리야찌야

개이다(날씨) проясне́ть(СВ)
 쁘라이스녜찌

개인 индиви́дуум; ли́чность; ча́стное лицо́
 인지비두움; 리츠너스찌; 차스너여 리쪼

개인수표 персона́льный чек
 뻬르사날느이 첵

개인재산 ча́síное иму́щество; ли́чное иму́щество
 차스너에 이무쉐스뜨바; 리츠너에 이무쉐스뜨바

개척하다 осва́ивать-осво́ить
 아스바이바찌 아스바이찌

개최하다 устра́ивать-устро́ить
 우스따이버찌 우스뜨로이찌

거기 재미있는 것 없어? Там не́чего интере́сного?
 땀 녜치보 인쩨레스너버

거기엔 상점이 많아. Там есть мно́го магази́нов.
 땀 예스찌 므노거 마가지너프

거리(도로)	у́лица / 울리짜
거미집	паути́на / 빠우찌나
거북이	черепа́ха / 치리빠하
거실	гости́ная / 가스찌나야
거울	зе́ркало / 제르깔러
거위	гусь(남); гусы́ня(여) / 구시 구스이니
거의	почти́ / 빠츠찌
거의 없는	почти́ нет / 빠츠찌 녯

거긴 앉지 마. — Там нельзя́ сиде́ть
땀 닐쟈 시졔찌

거대하다 — огро́мный; колосса́льный
아그롬느이; 깔라살느이

거리(멀기) — диста́нция; расстоя́ние
디스딴찌야; 라스따야니에

거스름돈 주세요. — да́йте сда́чу
다이쩨 즈다추

거스름돈이 틀려요. — вы оши́блись сда́чи
브이 아쉬블리시 즈다치

거의 매일 — почти́ ка́ждый день
빠츠찌 까쥐드이 젠

거의 먹지 않다. — почти́ не ел
빠츠찌 녜 옐

거의 모든 회사에서 — почти́ ка́ждая компа́ния
빠츠찌 까쥐다야 깜빠니야

거주	прожива́ние 쁘라쥐바니에	걱정스러운	беспоко́йный 비스빠꼬이느이
거주자	жи́тель 쥐쩰	건강	здоро́вье 즈다로비이
거품	пе́на; пузы́рь 뻬나; 뿌즈이리	건강한	здоро́вый 즈다로브이
걱정	беспоко́йство 비스빠꼬이스뜨바	건기(乾期)	сухо́й кли́мат 수호이 끌리마트

거의 속을 뻔했어. Я чуть не обману́лех(-лась).
야 추찌 녜 아브마눌샤 (-라시)

거의 완벽했는데 был почти́ соверше́н.
브일 빠츠찌 사베르숀

거절하다 отка́зывать-отказа́ть
앗까즈이바찌 앗까자찌

거주연장기간 срок продле́ния прожива́ния
스로크 쁘라들레니야 쁘러쥐바니에

거짓말하다 лгать-солга́ть; врать
르가찌 살르가찌; 브라찌

걱정하다 беспоко́иться-обеспоко́иться
비스빠꼬이짜 어비스빠꼬이짜

걱정하지 마. Не беспоко́йся!
녜 비스빠꼬이샤

건강은 어떠세요? Как ва́ше здоро́вье?
깍 바쉐 즈다로비에

건물	зда́ние; строе́ние	건전지	батаре́я
	즈다니에; 스뜨라예니에		바따례야

건강을 되찾다   вы́здороветь
브이즈다라베찌

건강을 빨리 회복하시길 바랍니다.
Жела́ю вам скоре́йшего выздоровле́ния
쳴라유 밤 스까레이쉐버 브이즈더라블레니야

건강을 유지하다 сохраня́ть-сохрани́ть здоро́вье
사흐라냐찌 사흐라니찌 즈다로비에

건강이 안 좋아 보이네요.
Вы вы́глядите нездоро́выми
브이 브이글리지쩨 니즈다로브이미

건강증명서 медици́нская сертифика́ция
메지찐스까야 시르찌피까찌야

건강진단 медици́нский осмо́тр; медосмо́тр
메지찐스끼 아스모뜨르; 메다스모뜨르

건강하세요.(어른에게)
Жела́ю вам здоро́вья; Бу́дьте здоро́вым.
라유 밤 즈다로비야; 부찌쩨 즈다로브임

건강해지다 станови́ться здоро́вым
스따나비짜 즈다로브임

건국하다 осно́вывать-основа́ть госуда́рство
아스노브이바찌 아스나바찌 가수다르스뜨바

걸다	ве́шать-пове́сить	걸어가면서	ходя́-идя́
	볘샤찌 빠볘시찌		하쟈 이쟈

걸레	тря́пка	검(무기)	меч
	뜨랴쁘까		몌치

건너가다 переходи́ть-перейти́
베리하지찌   베리이찌

건너편 друга́я/противополо́жная сторона́
드루가야   쁘라찌바빨로쥐나야   스따라나

건배(건강을 위하여) тост! За здоро́вье!
또스뜨 자   즈다로비에

건설하다 стро́ить-постро́ить
스뜨로이찌 빠스뜨로이찌

건전지 다 됐어. Батаре́я ко́нчилась.
바따례야   꼰칠라시

건축가 архите́ктор; строи́тель
아르히쩩떠르; 스뜨라이쩰

걸다 / 한국 팀에 돈을 걸다
ста́вить-поста́вить де́ньги/Ста́вить де́ньги за коре́йскую кома́нду.
스따비찌-빠스따비찌 졩기 스따비찌 졩기 자 까례이스꾸유 까만두

걸리다(종이가 기계에) застря́ть
자스뜨랴찌

걸어가다 ходи́ть-идти́ пешко́м
하지찌 이찌 뼤쉬꼼

검역소	карантин 까란찐
검열	цензура 찐주라
검은색	чёрный цвет 쵸르느이 쯔벳
겉표지	суперобложка 수뻬라블로쉬까
게	краб 끄랍
게이	гомосексуалист 가마쎅수알리스뜨

걸어서 갈 수 있어요? Вы можете ходить пешком?
브이 모쥐쩨 하지찌 뻬쉬꼼

걸어서 약 10분 걸려요. 10 минут ходьбы.
제시찌 미눗 하지브이

걸을 수는 없다. Я не могу ходить пешком.
야 니 마구 하지찌 뻬쉬꼼

검게 타다 гореть и чернеть
가례찌 이 체르녜찌

검사하다 проверять-проверить
쁘라베랴찌 쁘라베리찌

검색하다 разыскивать-разыскать
라즈이스끼바찌 라즈이스까찌

검열(검토)하다 подвергать-подвергнуть цензуре
빠드비르가찌 빠드베르그누찌 찐주레

게다가 к тому же; более того; вдобавок
끄 따무 줴; 볼리이 따보; 브다바벅

게스트 하우스 дом приёмов
돔 쁘리요머프

게임	игра́ 이그라	견인	буксиро́вка 북씨로브까
겨냥하다	взять на прице́л 브쟈찌 나 쁘리쩰	견적가격	инво́йская цена́ 인보이스까야 쩨나
겨루다	состяза́ться 사스찌자찌쌰	견적서	инво́йс 인보이스
겨울	зима́ 지마	결과	результа́т 리줄파프
겨울에	зимо́й 지모이	결론	вы́вод; заключе́ние 브이버트; 자끌류체니에
격차	ра́зрыв 라즈르이프	결말	коне́ц; оконча́ние 까녜쯔; 아깐차니에

게으른 / 정말 게으르다.
лени́вый; неради́вый/ о́чень лени́вый
레니브이; 니라지브이 오친 레니브이

게임에서 이기다   вы́игрывать-вы́играть игру́
브이이그르이버찌 브이이그러찌 이그루

겨울엔 밖에 나가기가 싫다.
Я не хочу́ вы́йти на у́лицу зимо́й.
야 니 하추 브이이찌 나 울리쭈 지모이

겨울이 점점 짧아지다.   зима́ стано́вится коро́че.
지마 스따노빗짜 까로체

격려하다   одобря́ть-одобри́ть
아다브랴찌 아다브리찌

결승	фина́л 피날	결합	связь; соедине́ние 스뱌지; 사이지녜니에
결점	недоста́ток; поро́к 니다스따떡; 빠록	결핵	туберкулез 뚜베르꿀료스
결정적인	реши́тельный 리쉬찔느이이	결혼	брак 브라크
결정짓다	реша́ть-реши́ть 리샤찌 리쉬찌	결혼식	сва́дьба 스바지바
결정하다	реша́ть-реши́ть 리샤찌 리쉬찌	경기장	стадио́н 스따지온

결국   в коне́чном счёте; в конце́ концо́в
　　　프까녜치넘 쇼쩨; 프깐쩨 깐쪼프

결심하다   реша́ть(ся)-реши́ть(ся)
　　　　　리샤찌(샤)　　리쉬찌(샤)

결합시키다   сочета́ть; соедини́ть
　　　　　　사치따찌;   사에지니찌

결혼 하셨어요?
Вы жена́ты?(남성에게); Вы за́мужем?(여성에게)
브이 줴나뜨이;　　　　　　브이 자무젬

결혼피로연   сва́дебный пир
　　　　　　스바졔브느이 삐르

결혼하다   выходи́ть-вы́йти за́муж(여성);
жени́ться-пожени́ться(남성)
　　　브이하지찌 브이이찌 자무쉬; 제니찌쨔 빠제니쨔

| 경련(의학) | súдорога
수다라가 | 경사진 | склóнный
스끌론느이 |

결혼한 지 3년 됐어요.
Мы женились три года назад.
므이 줴닐리시 뜨리 고다 나자트.

결혼했습니다.
Мы женились.
므이 줴닐리시

겸손한
скрóмный; устýпчивый
스끄롬느이; 우스뚭치브이

경감하다
уменьшáть-умéньшить
우민샤찌 우몐쉬찌

경계(한계)
граница; предéл
그라니짜; 쁘레젤

경공업
лёгкая промышленность
료흐까야 쁘라므이실렌너스찌

경과하다
проходить-пройти
쁘라하지찌 쁘라이찌

경기(競技)
соревновáние; матч
사레브나바니에; 마치

경기가 싱겁다.
Матч неинтерéсный.
마치 니인쩨레스느이

경기결과
результáт соревновáния
리줄따뜨 사레브나바니야

경연대회	олимпиáда 알림삐아다	경제	эконóмика 에까노미까
경영하다	руководи́ть 루까바지찌	경제학	эконóмика 에까노미까
경우(때)	слýчай 슬루차이	경제학자	экономи́ст 에까나미스트
경우에 따라서	при слýчае 쁘리 슬루차에	경찰	поли́ция 빨리찌야
경작	обрабóтка 아브라보뜨까	경찰관	полицéйский 빨리쩨이스끼

경매하다   продавáть-продáть с аукциóна
           쁘라다바찌   쁘라다찌   사욱찌오나

경비실   кабинéт дежýрного
                 까비네트   제주르너버

경비원을 부르세요.   вы́зовите дежýрного
                       브이자비쩨   제주르너버

경영범위   сфéры управлéния
                스페르이 우쁘라블레니야

경영범위를 소개하다
       знакóмить сфéры управлéния
       즈나꼬미찌   스페르이   우쁘라블레니야

경쟁하다   состязáться; соревновáться;
                사스찌자짜;   사리브노바짜

경축일	пра́здник 쁘라즈드니크	계란	яйцо́ 이이쪼
경험	о́пыт 오쁘이드	계산기	калькуля́тор 껄리꿀랴떠르
경험 많다.	мно́го о́пытов. 므노거 오쁘이떠프	계산대	ка́сса 까사
경험이 없는	нео́пытный 니오쁘이뜨느이	계속	продолже́ние 쁘라달줴니에
계단	ле́стница 레스니쩌	계속 가.	Да́льше иди́. 달쉐 이지

경찰에 신고하다 сообща́ть-сообщи́ть в поли́цию
사압샤찌   사압씨찌 프 빨리찌유

경치(=scenery) вид; пейза́ж
비뜨; 뻬이자쉬

경험이 없어서요. 당신이 고르세요.
У меня́ нет о́пыта. Вы выбира́йте.
우 미냐 녯 오쁘이따 브이 브이비라이쩨

계급 класс(신분); зва́ние(지위)
끌라스;   즈바니에

계산서 주세요. Да́йте, пожа́луйста, счёт.
다이쩨 빠쫠루이스따 숏

계산을 잘못했네. Я оши́блась в расчёте.
야 아쉬블리스 브 라스쇼쩨

계속 말해.	да́льше скажи́ 달쉐 스까쥐	계약서	контра́кт 깐뜨락뜨
계승하다	насле́довать 나슬레다바찌	계절	вре́мя го́да 브레먀 고다
계약	догово́р 다가보르	계정(전산)	счёт 숏

계산을 지금하나요?   Сейча́с ну́жно рассчита́ть?
                         시이차스   누쥐너   라쉬따찌

계산이 잘못됐어요.   Вы оши́блись в расчёте.
                         브이   아쉬블리시   브   라스쇼쩨

계산하다   вычисля́ть-вы́числить;
рассчи́тывать-рассчита́ть
     브이치슬랴찌 브이치슬리찌; 라스쉬뜨이바찌 라스쉬따찌

계산해 주세요.   Рассчи́тывайте.
                                  라스쉬뜨이바이쩨

계속하다   продолжа́ть-продо́лжить
                     쁘라달좌찌   쁘라돌쥐찌

계속해서 가세요.   Да́льше иди́те.
                            달쉐   이지쩨

계약기간은 5년 입니다.
         Срок контра́кта рассчи́тан на 5 лет.
         스록   깐뜨락따   라스쉬딴   나 빠찌 롓

계약을 체결할 필요가 있습니다.
         Нам ну́жно заключи́ть контра́кт.
         남   누쥐너   자끌류치찌   깐뜨락뜨

계좌	счёт 숏	고귀한	благоро́дный 블라가로드느이
계좌잔액	оста́ток в счёте 아스따떡 프쇼쩨	고급스런	дорого́й 다라고이
계획	план; прое́кт 쁠란; 쁘라옉뜨	고급의	высокостепе́нный 브이사까스찌뻰느이
계획적으로	наме́ренно 나메렌너	고기	мя́со 먀사
고고학	археоло́гия 아르히알로기야	고대의	дре́вний 드례브니이
고구마	бата́т 바따트	고도	высота́ 브이사따

계약하다   заключа́ть-заключи́ть догово́р
　　　　　자끌류차찌   자끌류치찌   다가보르

계좌를 열다   открыва́ть-откры́ть счёт
　　　　　아뜨끄리바찌 아뜨끄리찌 숏

계획대로   как заплани́ровано
　　　　　깍   저쁠라니라반너

계획이 다 틀어졌어.   План не реализо́ван.
　　　　　쁠란 니   레알리조반

고갈되다
пересыха́ть-пересо́хнуть; иссяка́ть-исся́кнуть
뻬레스이하찌   뻬레소흐누찌;   이샤까찌   이샤끄누찌

고등학교	вы́сшая шко́ла 브이샤야 쉬꼴라
고맙습니다.	Спаси́бо! 스빠시버
고무	рези́на 레지나
고무줄	рези́нка 레진까
고사 성어	погово́рка 빠가보르까
고속도로	автостра́да 아프다스따르다
고아	сирота́ 사라따
고양이	ко́шка(여); кот(남) 꼬쉬까; 꼬뜨

고려하다	учи́тывать-уче́сть 우치뜨이바찌 우체스찌
고르다	выбира́ть-вы́брать 브이비라찌 브이브라찌
고마운	благода́рный; призна́тельный 블라가다르느이이; 쁘리즈나찔느이
고막	бараба́нная перепо́нка 바라반나야 뻬레뽄까
고무줄로 묶다(머리)	привяза́ть во́лосы рези́нкой 쁘리쟈자찌 볼로스이 레진꺼이
고발하다	доноси́ть-донести́ 다나씨찌 다니스찌
고상한	грацио́зный; утончённый; благоро́дный 그라찌오즈느이; 우딴춘느이; 블라가로드느이
고아원	прию́т; детдо́м; сиро́тский дом 쁘리윳; 젯돔; 시롯스끼 돔

고운피부	мягкая кóжа 먀흐까야 꼬좌	고정된	фикси́рованный 픽시라반느이
고원	нагóрье 나고리에	고추(야채)	пéрец 뼤레쯔
고전의	класси́ческий 끌라시치스끼	고층의	высóтный 브이소뜨느이

고요한   ти́хий; спокóйный
         찌히;   스빠꼬인느이

고용하다   нанимáть-наня́ть
         나니마찌   나냐찌

고위계층   вы́сший ýровень
         브이쉬   우라빈

고의적으로   намéренно; умы́шленно
         나몌롄너;   우므이쉴롄너

고장 나다   ломáть-сломáть
         라마찌   슬라마찌

고쳐줄 수 있어요?   Вы мóжете исправля́ть?
         브이 모줴쩨   이스쁘라블랴찌

고추장

сóевая пáста с мóлотым крáсным пéрецем
소이바야 빠스따 스 몰라뜨임 끄라스늬임 **뼤레쩸**

고층빌딩   высóтное здáние
         븨소뜨노에 즈다니에

고향	ро́дина 로지나	곧바로	сра́зу (же) 스라주 (줴)
곧	сра́зу же; ско́ро 스라주 줴; 스꼬러	골(스포츠)	гол 골

고통을 겪다 испы́тывать-испыта́ть боль; терза́ться; му́читься
이스쁘이드이바찌 이스쁘이따찌 볼; 쩨르잣짜; 무치짜

고향에 돌아가다 верну́ть в ро́дину
베르누찌 브 로지누

고향이 어디세요?
Где ва́ше родно́е ме́сто(родно́й го́род)?
그제 바쉐 라드노에 메스따 라드노이 고라트

고혈압 повы́шенное кровяно́е давле́ние
빠브이센너에 끄러뱌너에 다블례니에

곧 ~되다 Ско́ро исполони́тся.
스꼬러 이스빨닛짜

곧 도착 할 거야. Ско́ро придёт.
스꼬러 쁘리죳

곧 볼 수 있으실 거예요. Ско́ро уви́дите.
스꼬러 우비지쩨

곧 시험이야. Ско́ро бу́дет экза́мен.
스꼬러 부짓 에그자멘

곧장 집에 가다 сра́зу верну́ться домо́й
스라주 베르누짜 다모이

골목	переу́лок 뻬레울럭	공격하다	атакова́ть 아딱까바찌
곰	медве́дь 미드베찌	공기	во́здух 바즈두흐
곰팡이가 난	за́тхлый 자흘르이	공기(밥)	ми́ска для риса́ 미스까 들랴 리사
곳(장소)	ме́сто 메스떠	공상	фанта́зия 판따지여
공	мяч 먀치	공식(수학, 의식)	фо́рмула 포르물라

골라주세요.(잘 모를 때)	вы́берите, пожа́уйста. 브이비리쩨 빠좔루이스따
골키퍼	врата́рь; голки́пер 브라따리; 갈끼뻬르
공간	простра́нство; ме́сто 쁘라스뜨란스뜨바; 메스따
공개적인	откры́тый; публи́чный 아뜨끄르이뜨이; 뿌블리츠느이
공공의	обще́ственный; публи́чный 압쉐스뜨빈느이; 뿌블리츠느이
공공재산	обще́ственное достоя́ние 압쉐스뜨벤너에 다스따야니에
공급하다	снабжа́ть-снабди́ть 스납좌찌 스납지찌

공식에 따라	по фо́рмуле 빠 포르물레	공식적인	официа́льный 아피찌알느이

공동의   о́бщий; совме́стный
           옵쉬이; 삽메스느이

공립학교   публи́чная шко́ла
         뿌블리츠나야 쉬꼴라

공무   официа́льное де́ло; госуда́рственное де́ло
    아피찌알너여 젤러; 가수다르스뜨빈너여 젤러

공무원   госуда́рственный слу́жащий
     가수다르스뜨빈느이 슬루자쉬이

공백   пусто́е ме́сто; пустота́
    뿌스떠여 메스떠; 뿌스따따

공부 하나도 안했어.   Я не учи́лся(-лась).
    야 녜 우칠쌰 (우칠라시)

공부를 열심히 하지 않았어요   Я не усе́рдно учи́лся(-лась).
    야 녜 우쎄르드너 우칠쌰 (우칠라시)

공부를 잘하다   хорошо́ учи́ться
     하라쇼 우칫짜

공부하다   учи́ться-научи́ться
     우칫짜 나우칫짜

공사장   строи́тельная площа́дка
    스뜨라이찔나야 쁠라쌰뜨까

공/상업세   промы́шленный/комме́рческий нало́г
   쁘라브이쉴렌느이 까메르체스끼 날로크

공연	представле́ние	공자(인물)	Конфу́ций
	쁘레쯔스따블례니에		깐푸찌
공원	парк	공장	фа́брика; заво́д
	빠르크		파브리까; 자보트

공식적으로 알리다 официа́льно заявля́ть-заяви́ть
아피찌알너 자야블랴찌 자야비찌

공식적으로 인정하다
официа́льно признава́ть-призна́ть
아피찌알너 쁘리즈나바찌 쁘리즈나찌

공약 официа́льное обяза́тельство;
официа́льное обеща́ние
아피찌알너에 아비자찔스뜨바; 아피찌알너에 아비샤니에

공업 промы́шленность; инду́стрия
쁘라므이쉴린너스찌; 인두스뜨리야

공업지역 промы́шленная зо́на
쁘라므이쉴린나야 조나

공업화 индустриализа́ция
인두스뜨리알리자찌야

공연하다 дава́ть-дать представле́ние
다바찌 다찌 쁘레뜨스따블례니에

공예 иску́сство изготовле́ния
이스꾸스뜨바 이즈가따블례니야

공유하다 совме́стно владе́ть
삽메스너 블라졔찌

공장 노동자	рабо́чий 라보치이	공평하게	справедли́во 스쁘라베들리보
공정	справедли́вость 스쁘라베들리버스찌	공항	аэропо́рт 아에라뽀르뜨
공증인	нота́риус 나따리우스	공화(국)	респу́блика 리스뿌블리까
공평	справедли́вость 스쁘라비들리버스찌	공황	па́ника; кри́зис 빠니까; 끄리지스
공포영화	фильм у́жасов 필름 우좌서프	과(책)	уро́к 우로크

공작(동물)   павли́н(남); па́ва(여)
                                                 빠블린;   빠바

공적이 있다   Есть по́двиги.
                                          예스찌 뽀드비기

공제하다   вычита́ть-вы́честь
                                         브이치따찌 브이치스찌

공지사항 잠깐 들으세요.   Внима́ние! Слу́шайте официа́льное сообще́ние.
                브니마니에 슬루샤이쩨 아삐찌알녀에 사압쉐니에

공채(증권)   госуда́рственный заём
                              가수다르스뜨벤느이   자욤

공항에 가서 배웅해 드릴게요.
                          Провожу́ вас на аэропо́рте.
                          쁘라바주   바스 나   아에라뽀르쩨

과거	про́шлое 쁘로쉴러에	과학	нау́ка 나우까
과녁	цель; мише́нь 쩰; 미셴	과학자	учёный 우쵼느이
과일	фру́кты 프룩뜨이	관객	зри́тель 즈리쩰
과정	курс; ход; проце́сс 꾸르스; 호트; 쁘라쩨스	관계	отноше́ния 아뜨나쉐니야

공항에 어떻게 가실 건가요?

Как вы дое́дете до аэропо́рта?
깍 브이 다예지쩨 다 아에라뽀르따

공항으로 친구를 마중가려고해.

Я собира́юсь встреча́ть дру́га на аэропо́рте.
야 사비라유스 프스뜨리차찌 드루크 나 아에라뽀르쩨

공헌하다	де́лать/вноси́ть вклад 젤라찌 브나시찌 프끌라트
공휴일	пра́здник; выходно́й день 쁘라즈드니크; 브이하드노이 젠
과속하다	е́хать с превыше́нием ско́рости 예하찌 스 쁘레브이쉐니옘 스꼬로스찌
과일 먹어.	Ку́шай фру́кты! 꾸샤이 프룩뜨이
과자	конди́терские ифде́лия 깐지쩨르스끼에 이즈젤리야

36

관리자	администра́тор 아드미니스뜨라떠르	관점	то́чка зре́ния 또츠까 즈례니야
관세	тамо́женая по́шлина 따모줴나야 뽀실나너	관찰하다	наблюда́ть 나블류다찌
관세 세관	тамо́жня 따모쥐냐	광견병	бе́шенство 베쉔스뜨버
관절부위	суста́в 수스따프	광고	рекла́ма 리끌라마
관절염	артри́т 아르뜨리트	광물	минера́л 미네랄

관계를 맺다.(사업)
установи́ть отноше́ния; вести́ конта́кты
우스따나비찌 아뜨나쉐니야; 베스찌 깐딱뜨이

관리하다
управля́ть-упра́вить
우쁘라블랴찌 우쁘라비찌

관세를 납부해야 하나요?
Ну́жно заплати́ть по́шлину?
누쥐너 자쁠라찌찌 뽀실리누

관세를 내다
плати́ть по́шлину
쁠라찌찌 뽀실리누

관심을 갖다
интересова́ться (+чем)
인쩨레사바짜

관중석
ме́сто для зри́телей
메스떠 들랴 즈리쪨레이

광장	пло́щадь 쁠로샤찌	교실	аудито́рия 아우지또리야
광주리	корзи́на 까르지나	교외	при́город 쁘리가라트
교과서	уче́бник 우체브니크	교육	образова́ние 아브라자바니에
교단에 서다	преподава́ть 쁘레빠다바찌	교제하다	обща́ться 압샤짜
교류	обме́н 아브멘	교통	тра́нспорт 뜨란스뽀르뜨
교사	учи́тель 우치쩰	교회	це́рковь 쩨르꺼피
교수(사람)	профе́ссор 쁘라페서르	구(숫자)	де́вять 제비찌

괜찮습니다. Пустяки́; Ничего́.
쁘스짜끼; 니치보

교육부 министе́рство образова́ния
미니스쩨르스뜨바 아브라자바니야

교통경찰 доро́жный патру́ль
다로쥐느이 빠뜨룰

교통법규를 어기다. наруша́ть-нару́шить пра́вила
у́личного движе́ния
나루샤찌 나루시찌 쁘라빌러 울리치너버 드비줴니야

38

구멍	отве́рстие	구역	райо́н; зо́на
	앗베르시에		라이온; 조나

교통사고   доро́жно-тра́нспортное происше́ствие; автомоби́льная катастро́фа; автромоби́льная ава́рия
다로쥐너 뜨란스빠르뜨너에 쁘라이스쉐스뜨비에 아프따마빌나야 까따스뜨로파; 아프따마빌나야 아바리야

교통사고 당하다
    попа́сть в автомоби́льную катастро́фу
    빠빠스찌   바프따마빌누유   까따스트로푸

교통사고가 나다
    возника́ет автомоби́льная ава́рия
    바즈니까에트   아프따마빌나야   아바리야

교통수단   сре́дства сообще́ния
    스레트스뜨버   삽쉐니야

교환대(전화)   распредели́тельный щит
    라스쁘레젤리쩰느이   쉿

교환되나요?   Мо́жно ли э́то обменя́ть?
    모쥐너   리 에떠   아브메냐찌

교환하다   обме́нивать-обменя́ть
    아브메니바찌   아브미냐찌

구경하다   осма́тривать-осмотре́ть
    아스마뜨리바찌   아스마뜨례찌

구두 한 켤레   па́ра боти́нок
    빠라   바찌넉

구월	сентя́брь
	신쨔브리

구절(문장)	фра́за
	프라자

구조	спасе́ние
	스빠쎼니에

구조(전산)	структу́ра
	스뜨룩뚜라

구좌	теку́щий счёт
	쩨꾸시이이 숏

구체적인	конкре́тный
	깐끄례뜨느이

구두(가죽)   ко́жанная о́бувь
  꼬쟌나야   오부피

구레나룻   бакенба́рды; ба́ки; ба́чки
  바낀바르드이;   바끼;   바츠끼

구멍을 뚫다 прола́мывать-пролома́ть отве́рсие
  쁘랄라므이바찌 쁘랄라마찌 앗볘르시에

구비하다
подготовля́ть(ся)-подгото́вить(ся) по́лностью
빠드가따블랴찌 (쨔)   빠드가또비찌 (쨔)   뽈너스찌유

구성(전산)   соста́в; структу́ра
  사스따프;   스뜨룩뚜라

구성하다   составля́ть-соста́вить
  사스따블랴찌   사스따비찌

구어   разгово́рная(у́стная) речь
  라스가보르나야 우스나야 례치

구조하다.(응급)   спаса́ть-спасти́
  스빠사찌 스빠스찌

국(음식)	суп	국내	вну́тренний
	쑵		브누뜨렌니

구좌기록(은행)   счётная за́пись
숏나야 자삐시

구체적으로 협상합시다.
Конкре́тно ведём перегово́ры.
깐끄례뜨너 베좀 뻬레가보르이

구충제를 먹다   принима́ть-приня́ть противогли́стное сре́дство
쁘리니마찌–쁘리냐찌 쁘라찌바글리스노에 스례뜨스뜨바

국가를 부르다
петь-спеть госуда́рственный гимн
뻬찌 스뻬찌 가수다르스뜨벤느이 김

국경   госуда́рственная грани́ца
가수다르스또벤냐야 그라니짜

국경을 통과하다   проходи́ть-пройти́ грани́цу
쁘라하지찌 쁘라이찌 그라니쭈

국경통과비자   транзи́тная ви́за
뜨란지뜨나야 비자

국고채 신용장
аккредити́в казначе́йских облига́ций
악께레지찌프 까즈나체이스끼흐 아블리가찌이

국고채권   казначе́йские облига́ции
까즈나체이스끼에 아블리가찌이

국립	госуда́рственный 가수다르스뜨벤느이	국제	междунаро́дный 미주두나로드느이
국민	наро́д 나로트	국화(꽃)	хризанте́та 흐리잔쩨따
국영	госуда́рственный 가수다르스뜨벤느이	군대	а́рмия; во́йска 아르미야; 보이스까

국기를 게양하다.
поднима́ть-подня́ть госуда́рственный флаг
빠드니마찌 빠드냐찌 가수다르스뜨벤느이 플라크

국내공항	вну́тренний аэропо́рт 브누뜨렌니 아에라뽀르뜨
국빈	госуда́рственный гость 가수다르스뜨벤느이 고스찌

국을 드시겠어요? Вы хоти́те пое́сть суп?
브이 하찌쩨 빠예스찌 수쁘

국적	по́дданство; национа́льность 뽀단스뜨바; 나찌아날너스찌
국제공항	междунаро́дный аэропо́рт 미주두나로드느이 아에라뽀르뜨
국제전화	междунаро́дный телефо́н 미주두나로드느이 찔리폰
국회	ду́ма(러시아); национа́льное собра́ние(한국) 두마; 나찌아날너에 사브라니에

굴(해산물)	ýстрица 우스뜨리짜	권력	власть 블라스찌
굵다	тóлстый 똘스뜨이	권리	прáво 쁘라버
궁(건물)	дворéц 드바례쯔	귀(복수)	ýхо; ýши 우허; 우쉬

군고구마 / 고구마튀김
жáренный батáт / батáт зажáренный в тесте
좌렌느이 바따뜨   바따뜨 자좌렌느이 프 쩨스쩨

군대에서 제대하다
вы́ходить из áрмии в отстáвку.
브이하지찌 이자르미이 밧스따프꾸

굽다 печь; жáрить-зажáрить/изжáрить
뻬치; 좌리찌 자좌리찌 이즈좌리찌

궁금하다 любопы́тствовать
류바쁴뜨스뜨바바찌

궁금한 건 못 참아. Я не могý терпéть когдá я хочý любопы́тно узнáть.
야 니 마구 쩨르뻬찌 까그다 야 하추 류바쁴이뜨너 우즈나찌

궁금해 죽겠네.. Я умирáю из любопы́тстыва.
야 우미라유 이즈 류바쁴뜨스뜨이바

권 / 세권 сфéра; сфéра влия́ния
스페라; 스페라 블리야니야

권리를 박탈하다 лишáть-лиши́ть прав
리샤찌 리시찌 쁘라브

귀머거리의	глухо́й 글루호이	귀찮아.	Надое́ло. 나다옐러
귀빈	высо́кий гость 브이소끼이 고스찌	규정	акт; уста́в 악뜨; 우스따프
귀신	чёрт 쵸르뜨	균형	равнове́сие 라브나볘시에
귀여운	ми́лый 밀르이	귤	мандари́н 만다린
귀중품	це́нные ве́щи 쩬느이에 베쉬	그 밖에	кро́ме того́ 끄로메 따보

귀 기울이다 нава́стривать-навостри́ть у́ши
나바스뜨리바찌   나바스뜨리찌   우쉬

귀국준비 подгото́вка к возвраще́нию на ро́дину
빠드가또프까 끄 바즈브라쉐니유 나 로지누

귀국하다 возвраща́ться-верну́ться на ро́дину
바즈브라샤짜   비르누짜   나   로지누

귀여워요.(아기나 애인) ми́лый
밀르이

귀중품보관함 хране́ние для це́нных ве́щей
흐라녜니에 들랴 쩬느이흐 베쉐이

규정을 초과하다 превыша́ть-превы́сить акт
쁘리브이샤찌   쁘리브이시찌 악뜨

규정하다 устана́вливать-установи́ть
우스따나블리바찌   우스따나비찌

그 부인	та жена́ 따 줴나
그 후에	по́сле того́ 뽀슬리 따보
그건 그렇고	Так и быть! 딱 이 브이찌
그것	э́то 에떠
그 남자(연장자)	э́тот мужчи́на 에떠트 무쉬나
그 동안	тем вре́менем; за то вре́мя 쪰 브레미님; 자떠 브레먀
그 소식을 들었어요?	Вы слы́шали те но́вости? 브이 슬르이샬리 쩨 노버스찌.
그거 필요 없어.	Э́то не ну́жно. 에떠 녜 누즈노
그걸로 됐습니다.(주문)	Э́то всё. 에떠 프쇼
그게 내 전문인걸요.	Э́то моя́ специа́льность. 에떠 마야 스뻬찌알너스찌
그냥 구경하는 거예요.	Я про́сто смотрю́. 야 쁘로스또 스마뜨류
그냥 날 좀 내버려 둬.	Не тро́гай. 녜 뜨로가이
그것뿐이야?	Э́то всё? 에떠 프쇼
그게 바로 나야.	Вот э́то я. 봇 에떠 야
그날	тот день 똣 젠
그네	каче́ли 까첼리

그녀(연장자)	она́ 아나	그때	в то вре́мя 프 또 브례먀
그동안	за то вре́мя 자 또 브례먀	그래?	Да? 다
그들	они́ 아니	그래서	поэ́тому 빠에떠무

그냥 모른 척 하는 게 좋아.

Лу́чше бы де́лать вид не знать.
룩쉐 브이 젤라찌 비트 니 즈나찌

그냥 보통이지.　　　　　　　　Про́сто обы́чно.
　　　　　　　　　　　　　　　쁘로스또 아브이츠노

그냥 운동중인데요.

Про́сто я занима́юсь спо́ртом.
쁘로스또 야 자니마유스 스뽀르떰

그들이 몇 시에 도착하지요?　　Когда́ они́ приду́т?
　　　　　　　　　　　　　　　까그다 아니 쁘리둣

그때 오토바이 타고 있었어.

В то вре́мя я на мотоци́кле.
브 또 브례먀 야 나 마따찌끌레

그래 뭔가 이상해.

Да, что-то необы́чайное; немно́жко стра́нно.
다 쉬또 또 니아브이차이너에; 니므노쉬꼬 스뜨란노

그래도 안 되면 항의하자.

Éсли не де́лается так, то зая́вим проте́ст.
예슬리 니 젤라에짜 딱 또 자야빔 쁘라쩨스뜨

46

그래프	гра́фик 그라피크	그런데	одна́ко 아드나꼬
그러나	но; а; одна́ко 노; 아; 아드나꼬	그럼	тогда́ 따그다
그러는 바람에	так что 딱 쉬또	그렇게	таки́м о́бразом 따낌 오브라좀
그러면	в тако́м слу́чае 프 따꼼 슬루치에	그렇게 하자.	Так и быть! 딱 이 브이찌
그러지마.	Не де́лай так. 니 젤라이 딱	그렇군요.	Так и есть! 딱 이 예스찌
그런 후에	по́сле того́ 뽀슬레 따보	그룹(가수)	гру́ппа 그룹빠

그래도 정말 다행이야.

Ну, сла́ва бо́гу.
누 슬라바 보구

그러려고 한건 아녜요.

Я не наме́рен(-а) так.
야 니 나메렌(나) 딱

그런데 전화를 꺼버리고 받질 않아.

А он вы́ключил моби́льник и не отвеча́ет.
아 온 브이끌류칠 마빌닉 이 녜 앗뜨베차옛

그런데요, 전 지금 가봐야 할 것 같아요.

А мне на́до идти́.
아 므녜 나다 잇찌

그럼, 모레는 어때?

Тогда́, как за́втра?
따그다 깍 자프뜨라

그릇	посу́да 빠수다	그물	сеть; се́тка; нево́д 세찌; 세뜨꺼; 네보트
그림	карти́на; рису́нок 까르찌나; 리수너크	그저께	позавчера́ 뻐자브체라
그만 가자.	Ну, пойдём. 누 빠이죰	극(연극)	пье́са; дра́ма 삐예사 드라마
그만 하자.	хва́тит. 흐바찟	극장	теа́тр 찌아뜨르

그렇게는 안 돼. Э́та не так де́лается.
에따 니 딱 젤라엣자

그렇다면 좋아요. Так и быть!
딱 이 브이찌

그룹 등이 해체되다. дегруппирова́ться
데그루삐라바짜

그릇 / 쌀국수 3그릇
ча́шка/три ча́шки рисово́й ла́пши
차쉬까 뜨리 차쉬끼 리사보이 라쁘쉬

그리다(그림) рисова́ть-нарисова́ть
리사바찌 나리사바찌

그만, 그만(말릴 때) доста́точно!; хва́тит!
다스따떠츠노; 흐바찟

그을리다(햇빛에) копти́ть-закопти́ть
깝찌찌 자깝찌찌

그처럼 так; таки́м о́бразом
딱; 따낌 오브라좀

근본	осно́ва; ко́рень	근처에	побли́зости
	아스노바; 꼬롄		빠블리저스찌
근접한	бли́зкий	금	зо́лото
	블리스끼		졸러떠

그치다(비)   перестава́ть-переста́ть
                   뻬레스따바찌   뻬레스따찌

극복하다   преодолева́ть-преодоле́ть
              쁘레아달리바찌   쁘레아달례찌

극히   кра́йне; си́льно; абсолю́тно
       끄라이녜;   실노;   압살류뜨노

근거하다   осно́вывать-основа́ть
               아스노브이바찌 아스나바찌

근로자   тру́женик; трудя́щийся
          뜨루쥐닉;   뜨루쟈쉬이샤

근면한   приле́жный; стара́тельный
          쁘릴례쥐느이;   스따라쩰느이

근심   забо́та; беспоко́йство
       자보따;   베스빠꼬이스뜨바

근원   происхожде́ние; исто́чник
       쁘라이스하줴니에;   이스또츠니크

금강산도식후경

Осмотре́ть го́ры Кымган лу́чше по́сле еды́.
아스마뜨례찌 고르이 금간 루치쉐 뽀슬레 에드이

금메달	золота́я меда́ль 잘라따야 메달	기(국기)	флаг 플라크
금붕어	золота́я ры́бка 잘라따야 르이쁘까	기간	пери́од; срок 삐리어트; 스로크
금요일	пя́тница 뺫니짜	기계	маши́на 마쉬나

금고   сейф; де́нежный я́щик
                            세이프; 제니쥐느이 야쉭

금방 그 칠거야.   Ско́ро переста́нет.
                            스꼬로 뻬레스따녯

금지표지판   доска́ запреще́ния
                         다스까 자쁘레쉐니에

금지품을 소지하고 있습니까?
       Вы носи́ли к собо́й запрещённые ве́щи?
       브이 나실리 꼬 사보이 자쁘레숀느이에 베쉬

금지하다   запреща́ть-запрети́ть
                   자쁘레솨찌 자쁘레찌찌

급료를 깎다   снижа́ть-сни́зить за́работок
                   스니좌찌 스니지찌 자러버떡

급하다 / 나 지금 급해.
       Спеши́ть; Мне ну́жно поспеши́ть.
       스뻬쉬찌; 므녜 누쥐너 빠스뻬쉬찌

급한 성질   невы́держанный хара́ктер
                니브이제르잔느이 하락쩨르

기관지	бро́нхи 브론히	기대하다	ожида́ть 아쥐다찌
기능	фу́нкция 푼끄찌야	기둥	коло́нна; столб 깔로나; 스똘프
기다리다	ждать 쥐다찌	기록(성적)	реко́рд 레꼬르트

급한 일이 생겼어.   У меня́ неотло́жное де́ло.
　　　　　　　　　우 미냐　니앗뜰로쥐너에　젤라

긍정하다　　　　　　　　　утвержда́ть-утверди́ть
　　　　　　　　　　　　우뜨비르쥐다찌　우뜨비르지찌

기계 고장 난 것 같아요. 한번 봐주실래요?
　Маши́на не рабо́тает Мо́жно её прове́рить?
　마쉬나　니　라보따엣　모쥐너 이요　쁘라베리찌

기관   мото́р; дви́гатель(기계); аппара́т(조직상의)
　　　　마또르;　드비가찔;　　　　아빠라뜨

기념으로 하다
　　　　　ознаменова́ть; сохрани́ть на па́мять
　　　　　아즈나메나바찌;　사흐라니찌　나　빠먀찌

기념하다　　　　　　　　　　отмеча́ть-отме́тить
　　　　　　　　　　　　　　아뜨메차찌　아뜨메찌찌

기능하다
　функциони́ровать-пофункциони́ровать
　푼끄지아니라바찌　　　빠푼끄지아니라바찌

기름	ма́сло 마슬러	기쁘다	рад 라트
기름기가 많은	жи́рный 쥐르느이	기쁨	ра́дость 라더스찌
기본요금	тари́фная пла́та 따리프나야 쁠라따	기사(신문)	статья́ 스따찌야
기본적인	основно́й 아스나브노이	기숙사	общежи́тие 압쉬쥐찌에
기분	настрое́ние 나스뜨라예니에	기술	те́хника 쩨흐니까

기록하다	запи́сывать-записа́ть 자삐스이바찌 자삐사찌
기르다(아이, 동물)	воспи́тывать-воспита́ть 바스삐뜨이바찌 바스삐따찌
기반을 잡다	созда́ть осно́ву 사즈다찌 아스노부
기분이 더 좋아지다.	Настрое́ние улучша́етеся 나스뜨로예니에 울루샤엣짜
기분이 어때?	Как вы себя́ чу́вствуете? 깍 브이 시뱌 춥스뜨부이쩨
기분이 좋은	хоро́шее настрое́ние 하로세에 나스뜨로예니에
기사 다 읽었어요?	Вы прочита́ли статью́? 브이 쁘라치딸리 스따찌유

기술자	механик 메하닉
기어오르다	лезть 레스찌
기억	память 빠먀찌
기억해내다	вспомнить 프스뽐니찌
기원	происхождение 쁘라이스하즈줴니에
기일	срок 스록
기질	темперамент; нрав 쩸뻬라멘뜨; 느라프
기차	поезд 뽀애스트
기차역	станция 스딴찌야
기찻길	железная дорога 줼레즈나야 다로가
기억이 나지 않다	не помнить 니 뽐니찌
기억이 잘 안나요.	Я плохо помню. 야 쁠로허 뽐뉴
기여하다	делать/вносить вклад 젤라찌 브나시찌 프끌라트
기입하다	вписывать-вписать 프삐스이바찌 프삐사찌
기자	журналист; корреспондент 주르날리스뜨; 까리스빤젠트
기자회견하다	делать пресс-конференцию 젤라찌 쁘레스 깐페렌찌유
기준가격	стандартная цена 스딴다르뜨나야 쩨나

기체	основа́ 가스	기호	знак 즈낙
기초	осно́ва 아스노바	기호(취미)	вкус 프꾸스
기초적인	основно́й 아스나브노이	기회	слу́чай 슬루차이
기침	ка́шель 까쉘	기후	кли́мат 끌리마트
기타(악기)	гита́р 기따르	긴 머리	дли́нные во́лосы 들린느이에 볼로스이

기차가 더 싸겠지만 더 느릴 것이다.
На по́езде подеше́вле, но бо́лее ме́дленно.
나 뽀에즈제 빠제쉐블레 노 볼레에 몌들린너

기한을 늘리다 продли́ть срок
쁘라들리찌 스로크

기회가 되면 또 뵙길 바랍니다. Я наде́юсь что у нас бу́дет шанс ещё уви́деться.
야 나제유시 쉬또 우나스 부짓 샨스 잇쇼 우비지짜

기회가 있었다. Был слу́чай/шанс
블 슬루차이 산스

기회를 놓치다 упуска́ть-упусти́ть возмо́жность
우뿌스까찌 우뿌스찌찌 바즈모쥐너스찌

기회를 잡다
по́льзоваться шансом/возмо́жностью
뽈자바짜   샨솜   바즈모쥐너스찌유

긴급한	сро́чный 스로츠느이	길어지다(시간)	дли́ться 들리짜
길	доро́га 다로가	깃대	флагшто́к 플락쉬똑
길다	дли́нный 들린느이	깃발	флаг 플라크

긴 생머리 дли́нные натура́льные во́лосы
들린느이에 나뚜랄느이에 볼라스이

긴장을 풀다
разряжа́ть-разряди́ть напряжённости
라즈리자찌 라즈리지찌 나쁘리죤너스찌

긴장하지 않았다. Я не напряга́юсь.
야 녜 나쁘리가유시

길 건너편 че́рез доро́гу; на противополо́жной стороне́ доро́ги
쳬리즈 다로구; 나 쁘라찌바빨로쥐너이 스따라녜 다로기

길 끝 사거리까지 가세요.
Поезжа́йте до перекрёстка конца́ доро́ги.
빠에좌이쩨 다 뻬례끄료스뜨까 깐짜 다로기

길 좀 비켜주세요. Уступа́йте доро́гу.
우스뚜빠이쩨 다로구

길을 건너다 переходи́ть-перейти́ доро́гу
뻬레하지찌 뻬레이찌 다로구

길을 떠나다 отправля́ться-отпра́виться в путь
앗쁘라블랴짜 앗쁘라비짜 프 뿌찌

깊이	глубина 글루비나	깔때기	воронка 바론까
까마귀	ворона 바로나	깜박했다	забыл 자브일

길을 안내하다   сопровождать дорогу
                   사쁘라바쥐다찌 다로구

길을 잃다   терять-потерять дорогу
             쩨랴찌   빠쩨랴찌   다로구

길이 막히다   Есть пробка.
           예스찌 쁘롭까

길이(크기)   длина
         들린나

김치 만들어 줄게.   Я готовлю Кимчхи
               야   가또블류   킴치

김치 먹어본 적 있어요?   Вы попробовали Кимчхи?
                   브이   빠쁘로바발리   킴치

김치는 발효 식품이다.   Кимчи - пища брожения.
                 킴치   삐샤   브라줴니야

김치를 만들다   готовить Кимчхи
             가또비찌   킴치

깎아 주세요.   Сокрашайте цену; делайте скидку.
         사끄라샤이쩨   쩨누; 젤라이쩨 스끼드꾸

깎아주세요. 아줌마.   Тётя, сокрашайте цену.
              쬬쨔   사끄라샤이쩨   쩨누

깜짝 놀란	испуѓанный 이스뿌간느이	껌	жва́чка 쥐바치까
깨(곡물)	кунжу́т 꾼주뜨	껍질	кора́; ко́рка 까라; 꼬르까
깨끗이	на́чисто 나치스떠	껴안다	обнима́ть-обня́ть 아브니마찌 아브냐찌
깨닫다	понима́ть-поня́ть 빠니마찌 빠냐찌	꼭 끼는(옷)	жа́тый 좌뜨이
깨지기 쉽다	хру́пкий 흐룹끼	꽂아.(플러그)	Включа́й! 프클류차이

깜짝 놀라다　　удивля́ться-удиви́ться
　　　　　　　우지블랴짜　우지비짜

깨뜨리다　　разбива́ть-разби́ть
　　　　　라즈비바찌　라즈비찌

깨워주세요　　Разбуди́те меня́.
　　　　　　라즈부지쩨　미냐

꺾어지다(방향)　сгиба́ться-согну́ться
　　　　　　　즈기바짜　사그누짜

껍질을 깎다.(사과)　обдира́ть ко́ру
　　　　　　　　아브지라찌　꼬루

꼭 일찍 일어나셔야 해요. Вы должны́ ра́но встать.
　　　　　　　　　　　 브이 달즈느이 라너 프스따찌

꼭 한번 봐요.　Обяза́тельно уви́димся.
　　　　　　　아뱌자쩰너　우비짐샤

한국어	러시아어	한국어	러시아어
꽃	цветок 쯔비똑	꿀	мёд 묘트
꽃가루	пыльца́ 쁘일리짜	꿈	сон 손
꽃무늬	цвето́ыный узо́р 쯔비또치느이이 우조르	끄덕이다	кива́ть-кивну́ть 끼바찌 낍누찌
꽃병	ва́за 바자	끈	верёвка 비룝까
꽃이 피다	цвести́ 쯔비스찌	끓는 물	кипято́к 끼뻬똑

꽃다(플러그)   включа́ть-включи́ть
프끌류차찌   프끌류치찌

꽃가게   цвето́чный магази́н
쯔비또츠느이   마가진

꽃을 따다   собира́ть-собра́ть цветы́
사비라찌   사브라찌 쯔비뜨이

꽃이 그려져 있다.   Нарисо́ван цвето́к.
나리소반   쯔베똑

꾸짖다   брани́ть-побрани́ть; руга́ть
브라니찌   빠브라니찌   루가찌

꿈꾸다   ви́деть сон; мечта́ть
비제찌 손;   메츠따찌

꿈에서 미리 알려주다.   Во сне зара́нее предсказа́л.
바 스녜   자라녜에   쁘레뜨스까잘

끝	конец 까녜쯔	끝없는	бесконечный 비스까녜츠느이

끄다(기계)   выключать-выключить
                       브이끌류차찌   브이끌류치찌

끈적거리지 않는   не липкий
                     니   립끼

끊다(술, 담배)   бросать-бросить
                   브라사찌   브로시찌

끊지 말고 잠깐 기다려봐.
   Не положи трубку и подожди миночку.
    니   빨라쥐   뜨룹꾸 이   빠다쥐지   미누떠치꾸

끓이다   кипятить-вскипятить
             끼뻬찌찌   프스끼뻬찌찌

끓이다 / 여덟 시간 동안 끓이다.
   кипятить-вскипятить за восемь часов
    끼뻬찌찌   프스끼뻬찌찌   자、보심   치소프

끝나다 / 다 끝났어
   кончаться-кончиться / Всё кончилось
    깐차짜   깐치짜   프쇼   꼰칠로시

끼다(반지, 안경)   носить/надевать-надеть
                  나시찌   나지바찌   나제찌

		나도 기뻐.	Я то́же рад. 야 또줴 라트
	ㄴ	나라	страна́ 스뜨라나
나	я 야	나로서는	мне 므녜
나 어때?	Как я? 깍 야	나르다	вози́ть 바지찌
나대신	вме́сто меня́ 브메스떠 미냐	나무	де́рево 제레바

나날이   ка́ждый день; ежедне́вно
         까쥐드이 젠; 에지드녜브너

나누다   дели́ть-раздели́ть подели́ть
         젤리찌   라즈젤리찌   빠젤리찌

나대신 대답하다.   отвеча́ть-отве́тить вме́сто меня́
         아뜨베챠찌   아뜨볘찌찌   브메스떠   미냐

나도 그렇게 생각해.   Я то́же так ду́маю.
         야 또줴 딱   두마유

나도 그렇기를 바랍니다.   Я то́же так жела́ю.
         야 또줴 딱   쥘라유

나라를 세우다   основа́ть страну́.
         아스나브바찌 스뜨라누

나라에서 배분하다   прави́тельство распредля́еіt.
         쁘라비쪨스뜨보   라스쁘레들랴찌에트

나뭇가지	прут 쁘루트	나이	во́зраст 보즈라스뜨
나뭇잎(複)	лист, ли́стья 리스뜨 리스찌야	나이프	нож 노쉬
나쁘다	плохо́й 쁠라호이	나중에	пото́м 빠똠
나오다	выходи́ть-вы́йти 브이하지찌 브이이찌	나침반	ко́мпас 꼼빠스

나만 빼놓고 간 거예요?   Ушли́ кро́ме меня́
                       우실리 끄로메 미냐

나무 밑에 숨다   кра́сться-укра́сться под де́ревом
                끄라스찌짜 두끄라스찌짜 빠드 제레밤

나무에 새기다   выре́зывать-вы́резать по де́реву
                브이레즈이바찌 브이레자찌 빠 제레부

나서다   бра́ться-взя́ться(사업); выступа́ть-
вы́ступить(앞으로)
                브라짜 브쟈짜 브이스뚜빠찌; 브이스뚜삐찌

나았어요.(질병)   Я вы́лечился.
                야 브이 레칠샤

나에게 무슨 의미인지   Како́е значе́ние для меня́?
                까꼬에 즈나체니에 들랴 미냐

나이가 많은 사람들이 그녀를 좋아해.
                Пожилые лю́бят её.
                빠질르이에 류뱟 이요

나팔	труба́ 뜨루바	날 믿어.	Ве́ри меня́. 베리 미냐
낙타	верблю́д 비르블류트	날다	лета́ть; лете́ть 레따찌; 레찌찌
낙후된	отста́лый 앗스딸르이	날씨	пого́да 빠고다

나중에 다시 전화하다.
пото́м ещё звони́ть-позвони́ть
빠똠 잇쇼 즈바니찌 빠즈바니찌

나타나다
появля́ться-появи́ться
빠야블랴짜   빠야삐짜

낙관하다
смотре́ть оптимисти́чески
스마뜨례찌   압찌미스찌체스끼

낙담하다
отча́иваться-отча́яться
앗차이바짜   앗차야짜

낙선하다 прова́ливаться-провали́ться на вы́борах
쁘라발리바짜   쁘라발리짜   나 브이보라흐

낙제하다 прова́ливаться-провали́ться на экза́мене
쁘라발리바짜   쁘라발리짜   나 에그자메네

낙태하다 выки́дывать-вы́кинуть; де́лать або́рт
브이끼드이바찌 브이끼누찌; 젤라찌 아보르뜨

낚시하다 уди́ть ры́бу; ло́вить-пойма́ть ры́бу
우지찌 르이부; 로비찌   빠이마찌 르이부

난 항상 혼자야.
Я всегда́ оди́н.
야 프시그다 아진

날씨가 답답하다	ду́шно 두쉬너	날씬하다	стро́йный 스뜨로이느이
날씨가 덥다	жа́рко 좌르꺼	날씬한	стро́йный 스뜨로이느이
날씨가 따뜻하다	тёпло 쪼쁠러	날아가다	лета́ть; лете́ть 레따찌; 레찌찌
날씨가 맑은	прозра́чно 쁘라즈라츠너	날짜	да́та; число́ 다따; 치슬로
날씨가 시원하다	све́жий 스베쥐이	낡은	ста́рый; ве́тхий 스따르이; 베뜨히이

날씨 좋네요.	Хоро́шая пого́да. 하로샤야 빠고다
날씨 좋다.	Хоро́шая пого́да. 하로샤야 빠고다
날씨가 따뜻하고 햇살이 좋다.	Тёпло и со́лнечно. 쪼쁠러 이 솔네치너
날씨가 좋은	хоро́шая пого́да 하로샤야 빠고다
날씨가 춥다.	Хо́лодно. 할로드노
날씬해 보여요.	Вы вы́глядите стро́йными. 브이 브이글지쩨 스뜨로인느이미
날이 갈수록	с тече́нием вре́мени 스 쩨체니엠 브레미니

남(성)	мужчи́на 무쉬나	남(南)부	юг 유크
남극	ю́жный по́люс 유즈느이 뽈류스	남부지역	ю́жный райо́н 유쥐느이 라이온
남다.	остава́ться-оста́ться 아스따바짜 아스따짜	남북	юг и се́вер 유크 이 세베르
남동생	мла́дший брат 믈라드쉬이 브랏	남자	мужчи́на 무쉬나

날이 갈수록 발전하다
с тече́нием вре́мени развива́ться
스   쩨체니엠   브레미니   라즈비바짜

날이 갈수록 좋아지다
с тече́нием вре́мени стать лу́чше
스   쩨체니임   브레미니   스따찌 루치쉐

날조하다   фабрикова́ть-сфабриковать
파브리꼬바찌   스파브리꼬바찌

남기다   оставля́ть-оста́вить
아스따블랴찌 아스따비찌

남녀   мужчи́на и же́нщина
무쉬나   이   젠쉬나

남부사람의 말을 하나도 이해 못하겠어.
Я ничего́ не понима́ю ю́жный диале́кт.
야 니치보 니   빠니마유 유즈느이 지알렉트

남의 충고를 듣다   слу́шать сове́т
슬루샤찌   사베트

남쪽	ю́жная сторона́ 유즈나야 스따라나	낮은	ни́зкий 니스끼
남편	муж 무쉬	낮잠 자다.	вздремну́ть 브즈드레므누찌
낭비야.	Расточи́тельно. 라스따치쩰너	낳다.	роди́ть; рожда́ть 라지찌; 라쥐다찌
낮	день 젠	내구력이 있는	про́чный 쁘로츠느이

남자친구 / 그녀의 남자친구는 어떤 일을 해?
па́рень/ чем занима́ется её па́рень?
빠린 쳄 자니마엣짜 이요 빠린

납세하다 плати́ть-заплати́ть нало́г
쁠라찌찌 자쁠라찌찌 날록

낭만적인 романти́чный; романти́ческий
라만찌치느이;   라만찌체스끼

낭비하다 расточа́ть-расточи́ть
라스따차찌 라스따치찌

내 생각에 러시아는 … По-мо́ему, Росси́я…
빠모에무 라시야

내 소개가 늦었네. Извини́те за то, что я ещё не предста́вил(-а) себя́.
이즈비니쩨 자 또 쉬또 야 이쇼 니 쁘레뜨스따빌(라) 시뱌

내가 말하려는 건 … Я хочу́ сказа́ть, что…
야 하추 스까자찌 쉬또

내기 할래요?	Поспо́рим? 빠스뽀림	내년	сле́дующий год 슬례두유쉬이 고트
내내	всё вре́мя 프쇼 브레먀	내부의	вну́тренний 브누뜨레니

내가 말했잖아.	Я же сказа́л(-а). 야 줴 스까잘 (라)
내가 뭐라고 말했어?	Что я сказа́л(-а)? 쉬또 야 스까잘 (라)
내가 뭘 잘못 했어요?	Что-то я ошиба́лся(-лась)? 쉬또 또 야 아쉬발샤 블라시
내가 알기로는	мне изве́стно 므녜 이즈베스너
내가 알았을 때	Когда́ я зна́л(-а) 까그다 야 즈날 (라)
내가 이상한 거예요?	Мне стра́нно? 므녜 스뜨란너
내건 내가 고를 거야.	Я сам(-а́) вы́беру моё. 야 삼(사마) 브이비루 마요
내기하다	спо́рить-поспо́рить 스뽀리찌 빠스뽀리찌
내려가다(아래층)	спуска́ться-спусти́ться 스뿌스까짜 스뿌스찌짜
내리다(자동차)	сходи́ть-сойти́ 스하지찌 사이찌

한국어	러시아어	한국어	러시아어
내 생각엔	мне ка́жется 므녜 까줴쨔	내일 아침	за́втра у́тром 자프뜨라 우뜨럼
내용	содержа́ние 사제르좌니에	내일 오후	за́втра днём 자프뜨라 드뇸
내일	за́втра 자프뜨라	냄비	кастрю́ля 까스뜨률리

내수 진작(경제용어)

увеличе́ние вну́треннего спро́са
우벨리체니에 브누뜨렌네보 스쁘로사

내일 보는 거다. 응? Мы встре́тимся за́втра Да?
므이 프스뜨리찜샤 자프뜨라 다

내일 이 시간에 다시 올게요.

Я приду́ за́втра в то вре́мя.
야 쁘리두 자프뜨라 프 또 브례먀

내조하다	помога́ть-помо́чь му́жу 빠마가찌 빠모치 무주
냄새 맡다	ню́хать-поню́хать; обоня́ть 뉴하찌 빠뉴하찌 아바냐찌
냄새가 안 좋은	плохо́й за́пах 쁠라호이 자빠흐
냄새를 제거하다	удаля́ть-удали́ть за́пах 우달랴찌 우달리찌 자뻬흐
냄새를 풍기다	издава́ть-изда́ть за́пах 이즈다바찌 이즈다찌 자파흐

냉수	холодная вода
	할로드나야 바다

냉장고	холодильник
	흘라질닉

너(친한 사이)	ты
	뜨이

너무 예쁜	очень милый
	오친 밀르이

너무 애쓰지 마.   Не трудись тякело.
                          네 뚜루지시 찌죨로

너무 적게 먹네.   Ты кушал(-а) очень мало.
                      뜨이 꾸샬(라) 오친 말러

넘다.   переходить-перейти; превышать-превысить
         뻬레하지찌 뻬레이찌; 쁘리브이샤찌 쁘리브이시찌

넘어지다.   падать-упасть
           빠다찌 우빠스찌

넘치다.   переливаться-перелиться
       뻬렐리바짜 뻬렐리짜

넓다.	широкий
	쉬로끼

넣다.	класть-положить
	끌라스찌 빨라쥐찌

네 번째	четвёртый
	치뜨뵤르뜨이

네(대답)	да
	다

네, 그렇게 해주세요.   Да, так делайте.
                           다 딱 젤라이쩨

네, 제가 박민수입니다.   Да, я Пак Мин Су.
                           다 야 빡 민 수

한국어	러시아어	발음
네모진	квадра́тный	끄바드라뜨느이
네트워크	сеть	세찌
넥타이	га́лстук	갈수뚝
넷(숫자)	четы́ре	치뜨이례
년 / 5년	год / пять лет	고트 빠찌 렛
노동	труд	뜨루트
노동력	рабо́чая си́ла	라보차야 실라
노동시간	рабо́чее вре́мя	라보체에 브례먀
노란색	жёлтый	죨뜨이
노래	пе́сня	뻬스냐

네가 원하는 대로
Как ты хо́чешь.
깍 뜨이 호치쉬

네덜란드
Нидерла́нды; Голла́ндия
니지르란드이; 갈란지야

년전 / 일년전
(оди́н) год наза́д
아진 고트 나자트

년후 / 일년후
че́рез (оди́н) год
체리즈 (아진) 고트

노동력을 낭비하다.
растра́чивать-растра́тить рабо́чую си́лу
라스뜨라치바찌 라스뜨라찌찌 라보추유 실루

노동자
рабо́тник; рабо́чий
라보뜨닉; 라보치

노래 잘하다.	хорошо́ петь 하라쇼 뻬찌	노름하다.	игра́ть в аза́рт 이그라찌 바자르뜨
노래방	сало́н для пе́ния 살론 들랴 뻬니야	노선	маршру́т 마르쉬루뜨
노력	уси́лие; стара́ие 우실리에; 스따라니에	노트	тетра́дь 찌뜨라찌

노래 좀 그만 불러.　　Прекраща́й петь (пе́сню).
　　　　　　　　　　쁘레끄라샤이　뻬찌　뻬스뉴

노래도 좋지요.　　　　Петь хорошо́.
　　　　　　　　　　뻬찌　하라쇼

노래방에서 노래하다　петь в сало́не для пе́ния
　　　　　　　　　　뻬찌 프 살로녜 들랴 뻬니야

노래방을 싫어하다　　не люби́ть сало́н для пе́ния
　　　　　　　　　　녜　류비찌　살론 들랴 뻬니야

노래와 음악　　　　　пе́сня и му́зыка
　　　　　　　　　　뻬스냐 이　무지까

노래하다　　　　　　петь-пропе́ть/спеть
　　　　　　　　　　뻬찌　쁘라뻬찌　스뻬찌

노력하다　　　　　　стара́ться-постара́ться
　　　　　　　　　　스따라짜　빠스따라짜

노를 젓다　　　　　　грести́-гребну́ть
　　　　　　　　　　그레스찌　그레브누찌

노벨문학상　Но́белевская пре́мия по литерату́ре
　　　　　　노빌립스까야　쁘레미야 빠　리쩨라뚜레

70

노트북	но́утбук 노우뜨북
노파	стару́ха 스따루허
녹두콩	маш 마쉬
녹차	зелённый чай 젤룐느이 차이
노인	стари́к; ста́рый челове́к 스따릭; 스따르이이 첼라벡
노크하다	стуча́ть-постуча́ть в дверь 스뚜차찌 빠스뚜차찌 브 드베리
노트북은 누구 거예요?	Чей э́тот но́утбук? 체이 에떳 노우뜨북
녹음하다	запи́сывать-записа́ть 자삐스이바찌 자삐사찌
논쟁하지 말자.	Дава́й не спо́рим. 다바이 녜 스뽀림
논문	статья́ 스따찌야
놀다	игра́ть 이그라찌
놀러 나가다	вы́йти игра́ть 브이이찌 이그라찌
농구	баскетбо́л 바스껫볼
놀라다	пуга́ться-испуга́ть 뿌가찌 이스뿌가찌
놀랄까봐 걱정하다.	Баю́сь, что ты испуга́ешь. 바유스 쉬또 뜨이 이스뿌가에쉬
놀러오다	прийти́ в го́сти (к кому́) 쁘리이찌 브 고스찌

농담이야.	Это в шу́тку. 에따 프 슈뜨꾸	높은 가격	высо́кая цена? 브이소까야 쩨나
농민	крестья́нин 끄레스찌야닌	높은 위치	высо́кий пост 브이소끼 뽀스뜨
농업	се́льское хозя́йство 셀스꺼에 하쟈이스뜨버	높이	высота́ 브이사따
농촌	дере́вня 제레브냐	놓다.	класть-положи́ть 끌라스찌 빨라쥐찌
높은	высо́кий 브이소끼	누구	кто 끄또

농담하다 шути́ть-пошути́ть
슈찌찌   빠슈찌찌

농림부
Министе́рство се́льского и лесно́го хозя́йства
미니스쩨르스뜨바 셀스꺼버 이 리스노버 하쟈이스뜨바

농업세 нало́г на се́льское хозя́йство
날록 나 셀스꺼에 하쟈인스뜨버

높은 성적을 거두다. доби́ться хоро́ших успе́хов
다비쨔 하로쉬흐 우스뻬허프

누가 더 나이가 많아요? Кто ста́рше?
끄또 볼례에 스따르쉐

누가 시켰어? Кто веле́л?(행동)/Кто заказа́л?(음식)
끄또 벨렐   끄또 자까잘

누구나	кто-нибудь 끄또 니부찌	눈(기후)	снег 스녜크
누구세요?	Кто вы? 끄또 브이	눈(신체)	глаз 글라스

누구를 알고 싶은데?   Кого хочешь знать?
    까보 호치쉬 즈나찌

누구 배고파?   Кто голодный?
    끄또 갈로드느이이

누구 차례예요?   За кого очередь?
    자 까보 오체레찌

누구를 찾으세요?   Кто вы ищете?
    끄또 브이 이쉬쩨

누군가와 통화하다.   разговаривать-разговорить по телефону с кем-то.
    라즈가바리바찌 라즈가바리찌 빠 찔리포누 스 켐 떠

누구의 집에 가시는데요?   К кому заходить?
    까-무 자하지찌

누군데?   Кто он?/ Кто она?
    끄또 온 끄또 아나

누룽지   пригорелый рис на дне котла
    쁘리가렐르이이 리스 나 드녜 까쁠라

누르다   нажимать-нажать
    나쥐마찌 나좌찌

눈동자	зрачо́к 즈라촉	눈앞	перед глаза́ми 뻬레드 글라자미
눈물	слёзы 슬료즤	눈이 내리다	снег па́дает 스네크 빠다옛
눈병이 나다	боля́т глаза́ 발랴뜨 글라자	눈이 부시다	блестя́щий 블레스쨔쉬이
눈보라	мете́ль 메쩰	눈이 아프다	боля́т глаза́ 발랴뜨 글라자
눈사람	сне́жная ба́ба 스네쥐나야 바바	눈이 오다	идёт снег 이죳 스네크
눈썹	бровь 브로피	뉘앙스	отте́нок 아쪠넉

누설하다.	разглаша́ть-разгласи́ть 라즈글라샤찌 라즈글라시찌
눅눅해지다.	станови́ться мо́крым 스따나비짜 모끄르임
눈사람을 만들다.	де́лать сне́жную ба́бу 젤라찌 스네쉬누유 바부
눈싸움하다.	игра́ть в снежки́ 이그라찌 프 스니쉬끼
눈에 거슬리는	быть неприя́тным 브이찌 니쁘랴야뜨느임
눈을 뜨다.	открыва́ть-откры́ть глаза́ 앗끄르이바찌 앗끄르이찌 글라자

뉴스	но́вость 노바스찌	늙은	ста́рый 스따로이
느긋한	ме́дленный 메들린느이	능(왕의 무덤)	мавзоле́й 마브잘레이
느끼한(맛)	жи́рный 쥐르느이	능동적인	акти́вный 악찌브느이
느리다.	ме́дленный 메들린느이	능력	спосо́бность 스빠소브너스찌
늙었어.	Старе́л. 스따렐	능숙한	иску́сный 이수꾸스느이

눈이 나빠서 안경을 써야해.
У меня́ плохо́е зре́ние, и ну́жно носи́ть очки́.
우 미냐 쁠라호에 즈레니에 이 누쥐너 나씨찌 아츠끼

눈치보다	де́лать с огля́дкой. 젤라찌 사글랴드꺼이
뉴스를 듣다	слу́шать-послу́шать но́вости 슬루샤찌 빠슬루샤찌 노바스찌
느끼다	чу́вствовать-почу́вствовать 춥스뜨바바찌 빠춥스뜨바바찌
늘어나다	увели́чиваться-увели́читься 우벨리치바쨔 우벨리치쨔
늙은 여성	ста́рая же́нщина 스따라야 젠쉬너

늦었다.	Опозда́л. 아빠즈달	늦은	по́здний 뽀즈니이

능숙해지다   быть иску́сным
                                       브이찌 이수꾸스느임

늦게 도착하다   по́здно прибыва́ть-прибы́ть
                          뽀즈드너 쁘리브이바찌 쁘리브이찌

늦게 와서 미안해요.   Извини́те за опозда́ние.
                              이즈비니쩨 자 아빠즈다니에

늦게 일어나다   по́здно вставать-встать с посте́ли.
                  뽀즈너 프스따바찌 프스따찌스 빠스쩰리

늦게 잠자리에 들다   по́здно ложи́ться спать.
                         뽀즈너 라쥣쨔 스빠찌

늦잠을 자주 자요. Я ча́сто сплю до по́зднего у́тра.
                    야 차스떠 스쁠류 다 뽀즈너버 우뜨라

늦잠자다   спать до по́зднего у́тра
                     스빠찌 다 뽀즈너버 우뜨라

다 팔렸어.	Распро́дан. 라스쁘로단
다른	друго́й 드루고이
다 알아.	Всё зна́ю. 프쇼 즈나유
다른 것들	други́е 드루기에

다 먹다 / 다 먹었어요. доеда́ть-дое́сть/ Дое́л(-а).
다에다찌 다예스찌 다옐 (라)

다 알아듣다 всё понима́ть-поня́ть
프쇼 빠니마찌 빠냐찌

다가가다 подходи́ть-подойти́
빠드하지찌 빠다이찌

다가오다(시기) приближа́ться-прибли́зиться
쁘리블리좌짜 쁘리블리지짜

다른 것 좀 보여 주세요.
Покажи́те, пожа́луйста, друго́е.
빠까쥐쩨 빠좔루이스따 드루고에

다른 것으로 바꾸다
изменя́ть-измени́ть на друго́е
이즈미냐찌 이즈미니찌 나 드루고에

다른 도시보다 오토바이가 많다.
Бо́льше мотоци́лев, чем в друго́м го́роде.
볼쉐 마따찌글레프 쳄 브 드구곰 고라제

다른 말은 안 해? Что ещё говори́л(-а)?
쉬또 잇쇼 가바릴(라)

다른 면	другáя сторонá 드루가야 스따라나	다리미	утю́г 우쮸크
다른 방법	другóй мéтод 드루고이 메또트	다림질	утю́жка 우쮸쉬까
다리(건축)	мост 모스뜨	다만	прóсто; тóлько 쁘로스떠; 똘꺼

다른 방법으로 해야겠어요.
                 Найдý другóй мéтод(путь).
                 나이두 드루고이 메또트 (뿌찌)

다른 사람으로 착각했어요.   Я перепýтал(-а).
                                 야 뻬레뿌딸(-라)

다른 색도 있어요?   У вас есть другóй цвет?
                          우 바스예스찌 드루고이 쯔벳

다른 선택권이 없어.   Нет вы́бора.
                                  니에뜨 브이보라

다른 음식으로 바꿔도 되요?
                     Могý я изменúть меню́?
                     마구 야 이즈메니찌 메뉴

다른 일을 없습니까?   У вас нет другóго дéла?
                         우 바스 니에뜨 드루고보 젤라

다리를 다치다   ушибáть-ушибúть нóгу
                          우쉬바찌 우쉬비찌 노구

다리와 도로   мост и дорóга
                                 모스뜨 이 다로가

한국어	러시아어	
다섯 번째	пя́тый 빠뜨이	
다섯(숫자)	пять 빠찌	
다소간	не́которые 녜까떠르에	
다수의	мно́жественный 므노줴스또벤느이	

다발 / 꽃 한 다발   пучо́к/ пучо́к цвето́в
                               뿌촉   뿌촉 쯔비또프

다사다난한   по́лно мно́гих дел и собы́тий
                 뽈너   므노기흐 젤 이 사브이찌이

다시 가져가다   сно́ва уноси́ть-унести́
              스노바 우나시찌-우니스찌

다시 개최하다   сно́ва открыва́ть-откры́ть
              스노바 앗끄르이바찌 앗끄르이찌

다시 느려지다   сно́ва стать ме́дленным
              스노바 스따찌   메들린느임

다시 돌려줘야해.   Я до́лжен сно́ва возвра́щать.
              야   돌젠   스노바   바즈브라샤찌

다시 말씀해 주세요.
              Ещё раз скажи́те пожа́луйста.
              잇쑈 라스 스까쥐쩨   빠좔루이스따

다시 오셨으면 좋겠네요.
              Хорошо́ бы ещё раз посети́ть.
              하라쇼 브이 잇쑈 라스 빠세찌찌

다시 전화하다   опя́ть звони́ть-позвони́ть
              아빠찌 즈바니찌 빠즈바니찌

다시 한 번	ещё раз 잇쇼 라스	다음날	следующий день 슬례두유쉬이 젠
다운되다(전산)	сеть упала 세찌 우빨라	다음번	следующий раз 슬례두유쉬이 라스

다시 전화할게.   Ещё раз позвоню.
잇쇼 라스 빠즈바뉴

다시 한 번 잘 찾아봐.   Ещё раз ищи.
잇쇼 라스 이쉬

다시 한번하다   ещё раз пытаться
잇쇼 라스 쁘이따짜

다음 아시아게임은 어디서 열려?   Где состоятся/
откроются следующие азиатские игры?
그제 사스또윳짜 아뜨끄로윳짜 슬례두유쉬에 아지앗스끼에 이그르이

다음 아시안게임   следующие азиатские игры
슬례두유쉬에 아지앗스끼에 이그르이

다음 역에 내리다
выходить-выйти на следующей станции
브이하지찌 브이이찌 나 슬례두유쉬이 스딴찌이

다음 일요일은 괜찮아?
Тебя устроит в следующее воскресенье?
찌뱌 우스뜨로잇 프 슬례두유쉐에 바스끄리셰니에

다음달   следующий месяц
슬례두유쉬이 메샤쯔

다음부터는   в следующий раз
프 슬례두유쉬이 라스

다음으로	затем; да́лее 자쩸 달례에	다행이다.	Сла́ва Бо́гу. 슬라바 보구
다지다.(요리)	руби́ть 루비찌	닦다	стира́ть-стере́ть 스찌라찌 스찌례찌

다음에 다시 전화할게.   Пото́м я позвоню́.
                     빠똠 야 빠즈바뉴

다음에 무슨 일이 생겼는데요?
            Что случи́лось в сле́дующий раз?
            쉬또 슬루칠리시 프 슬례두유쉬이 라스

다음에 사용하다   пото́м испо́льзовать
                빠똠   이스뽈자바찌

다음에 얘기해 줄게요.   Пото́м расскажу́.
                     빠똠   라스까주

다음에 올게요.   Пото́м зайду́.
              빠똠   자이두

다음주   сле́дующая неде́ля
        슬례두유샤야   니젤랴

다이어트하다   сесть на дие́ту
             세스찌 나 지에뚜

다치다   ушиба́ться-ушиби́ться; ране́ться
        우쉬바찌샤   우쉬비찌샤; 라녯쨔

다큐멘터리   документа́льный фильм
           다꾸민딸ㄴ이   필름

다하면 3000동 맞죠? Всего́ три ты́сячи домо́в?
                  프시보 뜨리 뜨이샤치 다모프

81

한국어	러시아어
단계	ступе́нь; эта́п 스뚜뻰; 에땁
단백질	бело́к 빌록
단식하다	голода́ть 갈라다찌
단어	сло́во 슬로바
단어 넣기	вста́вить сло́во 프스따비찌 슬로바
단위	едини́ца 에지니짜
단지1	ба́нка 반까
단지2	то́лько 똘까

단거 많이 먹지 마. Мно́го не ку́шай сла́дкое.
므노거 니 꾸샤이 슬라뜨꺼에

단결하다 держа́ться вме́сте; объединя́ться
제르자찌샤 브몌스찌; 아베에지냐짜

단독의 отде́льный; самостоя́тельный
앗젤느이; 싸마스따야쩰느이

단발머리 коро́ткие во́лосы
까롯뜨끼에 볼러스이

단식투쟁하다 вступа́ть-вступи́ть в голодо́вку
프스뚜빠찌 프스뚜삐찌 브 갈라도프꾸

단언하다 утвержда́ть-утверди́ть
우뜨베르쥐다찌 우뜨베르지찌

단장(우두머리) глава́ делега́ции
글라바 젤레가찌

단체 гру́ппа; организа́ция
그룹빠; 아르가니자찌야

단체손님	гру́ппа госте́й 그룹빠 고쓰쩨이	달다.(맛)	сла́дкий 슬라프끼
단추	пу́говица 뿌가비짜	달러	до́ллар 돌라르
달(시간)	ме́сяц 몌시쯔	달려! 달려!	Беги́! Беги́! 비기 비기
달(천체)	луна́ 루나	달력	календа́рь 깔린다리

단체 여행객	туристи́ческая гру́ппа 뚜리스찌치스까야 그룹빠
단팥죽	жи́дкая сла́дкая ка́ша из красно́й фа́соли 쥐드까야 슬라드까야 까샤 이스 끄라스너이 파솔리
닫다(뚜껑)	закрыва́ть-закры́ть 자끄르이바찌 자끄르이찌
달라붙다	слипа́ться-сли́пнуться 슬리빠쨔 슬리쁘누쨔
달라붙다(옷이 젖어서)	прилипа́ть-прили́пнуть 쁘릴리빠찌 쁘릴립누찌
달리기 경주를 하다	соревнова́ться в бе́ге 사레브나바쨔 브 베게
달면서 맛있다	сла́дкий и вку́сный 슬라뜨끼 이 프꾸스느이
달성하다	достига́ть-дости́гнуть 다스찌가찌 다스찌그누찌

달아나다	бежа́ть 베좌찌	닮은	похо́жий 빠호쥐이이
달아요.(맛)	сла́дкий 슬라뜨끼	담당하다	ве́дать 베다찌
달팽이	ули́тка 울리드까	담배	сигаре́та 시가례따
닭	пету́х; ку́рица 삐뚜흐; 꾸리짜	담배를 피우다	кури́ть 꾸리찌
닭고기	ку́рица 꾸리짜	담배피우지마.	Не кури́ть. 니 꾸리찌
닭날개	крыло́ ку́рицы 크르일라 꾸리쯔이	담보	зало́г 잘로크

달팽이처럼 느린
                ме́дленный как ули́тка
                메들린느이이 깍 울리드까

닭 머리랑 다리 좀 잘라주세요.
    Разреза́йте го́лову и но́ги ку́рицы.
    라즈레자이쩨 갈라부 이 노기 꾸리쯔이

닭띠
                земна́я ветвь Ку́рицы
                젬나야 베드피 꾸리쯔이

담배를 끊다
                броса́ть кури́ть
                브라사찌 꾸리찌

담배를 피워도 될까요?
    Вы не возража́ете, е́сли я закурю́?
    브이 녜 바즈라좌이쩨 예슬리 야 자꾸류

담요	одея́ло 아제얄러	당근	морко́вь 마르꼬피

담보대출   гаранти́рованный креди́т
가란찌라반느이이   끄레짓

담임하다   заве́довать кла́ссом
자베다바찌   끌라섬

답례하다   приве́тствовать в отве́т
쁘리볫스뜨바바찌   바뜨베드

답변하다   отвеча́ть-отве́тить
아뜨베차찌   아뜨볘찌찌

당부하다   обраща́ться-обрати́ться с про́сьбой
아브라샤쨔   아브라찌쨔   스 쁘로즈버이

당신 뜻대로 하세요.   Как вы хоти́те.
깍 브이 하찌쩨

당신 말씀이 맞아요.   Вы пра́вы.
브이 쁘라브이

당신께 행운이 있기를 빕니다.
Я жела́ю вам сча́стья.
야 라유 밤 샤스찌야

당신도 그녀를 아세요?   Вы то́же знакомы с ней?
브이 또줴 즈나꼬므이 스네이

당신말을 못 알아듣겠어요.
Я не понима́ю ваши слова́.
야 니 빠니마유 바쉬 슬라바

당연하다	коне́чно 까녜쉬너	대규모의	кру́пный 끄루쁘느이
당황했어.	Смуща́лся. 스무샬샤	대극장	большо́й теа́тр 발쇼이 찌아뜨르
대(나무)	бамбу́к 밤북	대기(권)	атмосфе́ра 아드마스페라

당신을 알게 되어서 매우 기뻐요.
   О́чень прия́тно познако́миться с ва́ми.
   오친 쁘리야뜨너 빠즈나꼬밋쨔 스 바미

당신을 위한 거예요.   Для Вас.
                 들랴 바스

당신이 승자예요.   Вы вы́играли.
               브이 브이이그랄리

당신이 원하는 대로요.   Как Вы хоти́те.
               깍 브이 하찌쩨

당신이 이바노프씨 이신가요?   Вы господи́н Ивано́в?
               브이 가스빠진 이바노프

대 / 선풍기 3대   / три вентиля́тора
               뜨리 빈찔랴또라

대 / 택시 1대   / оди́н такси́
               아진 딱시

대강 얼마나 걸려?   Ско́лько вре́мени,
приме́рно, тре́буется(занима́ет)?
    스꼴꺼 브레미니 쁘리메르너 뜨례부엣샤(자니마엣)

대단한	великий 벨리끼	대변	испражнения 이스쁘라쥐녜니에
대량의	массовый 마사브이	대본	сценарий 스쩨나리이
대륙	континент 깐찌녠뜨	대사	посол 빠솔
대명사	местоимение 메스따이몌니에	대사관	посольство 빠솔스뜨바

대단하시군요.(재주)   Молодец!
                                말라제쯔

대담하게 말을 하다   говорить смело.
                           가바리찌 스몔러

대답하다   отвечать-ответить
                          아뜨베차찌 아뜨베찌찌

대령
полковник(육, 공군); капитан первого ранга(해군)
빨꼬브닉;   까삐딴 뼤르버버 란가

대리점   агенство; представительство
              아겐스뜨바; 쁘레뜨스따비쩰스뜨바

대변보다   испражняться-испражниться
            이스쁘라쥐냐찌샤 이스쁘라쥐니찌샤

대부분 너무 놀라한다.
Большинство людей очень удивляется.
발쉰스뜨보   류제이 오친 우지블랴엣짜

대중	пу́блика	대체로	в це́лом
	뿌블리까		프 쩰럼

대사관 가는 길이에요. Я по доро́ге к посо́льству.
야 빠 다로게 끄 빠솔스뜨부

대신하다 заменя́ть-замени́ть
자미냐찌 자미니찌

대우호텔 건너편

друга́я сторона́ гости́ницы Дэ-у
드루가야 스따라나 가스찌니쯔이 대우

대우호텔은 어디에 있어요?

Где нахо́дится гости́ница Дэ-у?
그제 나호짓샤 가스찌니짜 대우

대의(원대한 뜻) о́бщий смысл
옵쉬이 스므이슬

대접하다.

принима́ть-приня́ть; угоща́ть-угости́ть
쁘리니마찌 쁘리냐찌; 우가샤찌 우가스찌찌

대중교통 обще́ственный тра́нспорт
압쉐스뜨벤느이 뜨란스뽀르뜨

대중식당 обще́ственная столо́вая
압쉐스뜨벤나야 스딸로바야

대처하다 принима́ть-приня́ть ме́ры
쁘리니마찌 쁘리냐찌 메르이

대통령	президе́нт 쁘레지젠뜨	대학교	университе́т 우니베르시쩨뜨
대표(회사)	представи́тель 쁘레드스따비쩰	대학원	аспиранту́ра 아스삐란뚜라
대표단	делега́ция 젤레가찌야	대합실	зал ожида́ния 잘 아쥐다니야
대표자	делега́т 젤레갓	대항하다.	сопротивля́ться 사쁘라찌블랴짜

대체하다   заменя́ть-замени́ть
                 자미냐찌   자미니찌

대출기한은 얼마인가요?
     На како́й срок (рассчи́тан) креди́т?
     나   까꼬이   스록   라쉬딴   끄레지트

대출하다   ссужа́ть-ссуди́ть
                수자찌   수지찌

대통령을 뽑다   выбира́ть-вы́брать президе́нта
          브이비라찌-브이브라찌 쁘레지젠따

대표팀   представи́тельская кома́нда
        쁘레드스따비쩰스까야   까만다

대학에서 강의를 맞고 있습니다.
     Чита́ю ле́кцию в университе́те.
     치따유   렉찌유   부니베르시쩨쩨

대학원에서 공부중인   Я учу́сь в аспиранту́ре.
                      야 우추스   바스삐란뚜레

대화	диало́г 지알록	더 높은	бо́лее высо́кий 볼례에 브이소끼
대회	съезд; конгре́сс 스예스트; 깐그레스	더 늦다.	бо́лее по́здний 볼례에 뽀즈니
댄스	та́нец 따네쯔	더 많이	бо́лее мно́го 볼례에 므노거
더	ещё; бо́лее 잇쇼; 볼례에	더 있어.	Ещё есть. 잇쇼 예스찌
더 쉽다	бо́лее лёгкий 볼례에 료흐끼	더 큰	бо́лее большо́й 볼례에 발쇼이

대화상자(전산)   диало́говой я́щик
　　　　　　　　지알로가버이　야쉭

더 나가서는   в дальне́йшем
　　　　　　　　브　달녜이쉠

더 드시겠어요?   Ещё хоти́те?
　　　　　　　　잇쇼　하찌쩨

더 많이 있다   есть бо́лее мно́го
　　　　　　　　예스찌 볼례에 므노거

더 빨리 해볼까요?   Сде́лаю ещё быстре́е?
　　　　　　　　즈젤라유 잇쇼 브이스뜨례에

더 작은 것은 없나요?
　　　　　　　　Нет ли у вас чего́-нибудь ме́ньше?
　　　　　　　　니에트 리 우 바스 치보 니부지 몐쉐

더럽히다	мазать-мазнуть 마자찌 마즈누찌	더운	жаркий 좌르끼
더불어	вместе 브몌스쩨	덕	нравственность 느랍스뜨볜너스찌
더블룸	номер на двоих 노메르 나 드바이흐	덕담	доброе пожелание 도브러에 빠젤라니에
더빙하다	дублировать 두블리라바찌	덫	капкан 깝깐

더 큰 것은 없나요?
　　Нет ли у вас чего-нибудь побольше?
　　니에트 리 우 바스 치보 니부지 　빠볼쉐

더 필요한 거 없어요. 충분해요.　Не нужно. Хватит.
　　　　　　　　　　　네 누즈노 흐바찌트

더럽군. 정말.
　　　　　　　　　Очень грязный
　　　　　　　　　오친 그랴즈느이

더치페이하다
　　　　　　　посчитать отдельно
　　　　　　　빠쉬따찌 　앗젤너

더치페이해도 될까요?
　　Нам можно посчитать отдельно?
　　남 　모쥐너 　빠쉬따찌 　앗젤너

던져버리다
　　　　　　　бросать-бросить
　　　　　　　브라사찌 　브로시찌

덜 심심하게 하다
　　　　　　　делать нескучными
　　　　　　　젤라찌 네스꾸츠느이미

데이트	свида́ние	도구	инструме́нт
	스비다니에		인스뜨루몐드

덮다(담요)   покрыва́ть-покры́ть
                  빠끄르이바찌   빠끄르이찌

덮다(책)   закрыва́ть-закры́ть кни́гу
              자끄르이바찌   자끄르이찌   끄니구

데다(불에)   обжига́ть-обже́чь
              압쥐가찌   압졔치

데리고 오다   приводи́ть-привести́
              쁘리바지찌   쁘레베스찌

데스크톱
насто́льный ПК(персона́льный компью́тер)
 나스똘느이이   뻬르사날느이   깜쀼쩨르

데이터베이스(전산)   ба́за да́нных
                         바자   단느이흐

데이트를 약속하다.
догова́риваться-договори́ться о встре́че
 다가바리바쨔   다가바리쨔   아 프스뜨례체

데치다   обва́ривать-обвари́ть
              압바리바찌   압바리찌

도 / 40도   гра́дус/ со́рок гра́дусов
              그라두스   쏘럭   그라두서프

도달하다.   достига́ть-дости́гнуть
              다스찌가찌   다스찌그누찌

도기	гли́нная посу́да 글린나야 빠수더	도매가	опто́вая цена́ 압또바야 쩨나
도덕	мора́ль 마랄	도서관	библиоте́ка 비블리아쩨까
도둑	вор 보르	도시	го́род 고라트
도마뱀	я́щерица 야쉐리짜	도움이 되는	поле́зный 빨레즈느이

도를 넘다	превыша́ть преде́л 쁘레브이샤찌 쁘레젤
도망가다	убега́ть-убежа́ть 우비가찌 우비좌찌
도매로 팔다	продова́ть-прода́ть о́птом 쁘라다바찌 쁘라다찌 옵땀
도와줄 수 있어요?	Вы мо́жете помога́ть? 브이 모줴쩨 빠마가찌

도움이 필요한 일이 있으면, 말씀만 해주세요.
Е́сли нужна́ по́мощь, не стесня́йтесь, скажи́те, пожа́луйста.
예슬리 누쥐너 뽀머쉬 니 스쩨스냐이쩨스 스까쥐쩨 빠좔루이스따

도착하다	приходи́ть-прийти́ 쁘리하지찌 쁘리이찌
독립하다	быть незави́симым 브이찌 니자비시므임

도자기류	керáмика 께라미까	독일	Гермáния 게르마니야
도착할거야.	Мы приéдем. 므이 쁘리예짐	독자(구독)	читáтель 치따쩰
독수리	орёл 아룔	독창적	оригинáльный 아리기날느이
독신	безбрáчие 베즈브라치에	독특한	своеобрáзный 스바에아브라즈느이

독자(가족) едúнственный сын
      이진스뜨벤느이 쉰

카드를 충전해주세요. Заряжáйте кáрточкч, пожáлуйтста.
         자랴좌이쩨 까르또츠꾸 빠좔루이스따

돈을 계산하다 рассчúтывать-рассчитáть дéньги
       라스쉬뜨이바찌 라스쉬따찌 젠기

돈을 많이 쓰지 않다. Не трáтить мнóго дéнег.
           니 뜨라찌찌 므노거 제넉

돈을 모으다 / 오토바이를 사기 위해 돈을 모으다.
скопúть дéнег/ скопúть дéнег за покýпки
мотоцúкла
    스까삐찌 제네크/ 스까삐찌 제네크 자 빠꿉끼 마따찌글라

돈을 받다 получáть-получúть дéньги
      빨루차찌 빨루치찌 젠기

돈을 벌다 зарабáтывать-зарабóтать (дéньги)
      자라바뜨이바찌 자라보따찌 젠기

돈	де́ньги 제기	돌연히	внеза́пно 브네자쁘너
돌다(방향)	кружи́ться 크루짓쨔	돕다	помога́ть-помо́чь 빠마가찌 빠모치
돌려주다	отдава́ть-отда́ть 앗다바찌 앗다찌	동(방향)	восто́к 바스똑
돌보다	уха́живать 우하쥐바찌	동갑인	рове́сник 라볘스닉

돈을 빌려주실 수 있으세요?
Вы мо́жете дава́ть взаймы́?
브이 모줴쩨 다바찌 브자이므이

돈을 송금하다 переводи́ть-перевести́ де́ньги;
посыла́ть-посла́ть де́ньги
뻬레바지찌 뻬레비스찌 제기; 빠스일라찌 빠슬라찌 제기

돈을 인출하다 брать де́ньги
브라찌 제기

돈을 절약하다 эконо́мить де́ньги
에까노미찌 제기

돌려드리러 왔어요. Я пришёл(-шла́) э́то отда́ть.
야 쁘리숄 (쁘리쉴라) 에따 앗다찌

돌아오다 возвраща́ться-верну́ться
바즈브라샤짜 베르누짜

동갑 맞아요. Пра́вда, мы рове́сники.
쁘라브다 므이 라볘스니끼

동굴	пещéра 삐쉐라	동사(문법)	глагóл 글라골
동료	сотрýдник; коллéга 사뜨루드닉; 깔례가	동생(남)	млáдший брат 믈라드쉬이 브라트
동메달	брóнза 브론자	동생(여)	млáдшая сестрá 믈라드샤야 시스뜨라
동물	живóтное 쥐보뜨너에	동시에	одноврéменно 아드나브례민너
동물원	зоопáрк 자빠르크	동업자	партнёр 빠르뜨뇨르
동반자	спýтник 스뿌뜨니크	동유럽	Востóчная Еврóпа 바스또츠나야 이브로빠

동남아　　　Юго-Востóчная Áзия
　　　　　유가　바스또츠나야 아지야

동료의 집을 방문하다
　　　насещáть-насетúть коллéгу
　　　나세샤찌　나세찌찌　깔례구

동반자 관계　　　партнёрские отношéния
　　　　　　　　빠르뜨뇨르스끼에　아뜨나셰니야

동반하다　　　сопровождáть-сопроводúть
　　　　　　사쁘라바쥐다찌　사쁘라바지찌

동안 / 8시간 동안
　в течéние/ в течéние вóсемь часóв
　프　쩨체니에　프쩨체니에　보심　치소프

동포	соотéчественник	되나요?	Рабóтает?
	사앗쩨치스트빈니크		라보따엣
돼지	свинья́	되다(기계 등이)	рабóтает
	스비니야		라보따엣

동의하다 соглашáться-согласи́ться
사글라샤쨔 사글라시쨔

돛을 달다 поднимáть-подня́ть пáруса
빠드니마찌 빠드냐찌 빠루사

돼지띠 земнáя ветвь Свиньи́
젬나야 베뜨피 스비니이

됐다 안됐다 해요. (기계등)
Иногдá рабóтает, иногдá не рабóтает.
이나그다 라보따엣 이나그다 니 라보따엣

되풀이하다 повторя́ть-повтори́ть
빠프따랴찌 빠프따리찌

두 번 했어. Я дéлал два рáза.
야 젤랄 드바 라자

두 팀이 비겼어. Две комáнды сыгрáли вничью́.
드베 까만드이 스이그랄리 브니치유

두개로 자르다 разрéзать на две чáсти
라즈례자찌 나 드베 차스찌

두고 가다 оставля́ть-остáвить
아스따블랴찌 아스따비찌

두 번째	второ́й 프따로이	두부	со́евый творо́г 소예브이 뜨바로크
두근거리다.	би́ться 비짜	둑	плоти́на 쁠라찌나
두꺼비	жа́ба 좌바	둘 다	о́ба / о́бе 오바 오베
두다	храни́ть-сохрани́ть 흐라니찌 사흐라니찌	둘(숫자)	два / две 드바 드베
두려운	стра́шный 스뜨라쉬느이	둘레(원주)	обхва́т 압흐바트
두려워하다	боя́ться 바얏짜	둥근	кру́глый 끄루글르이

두고 잊어버리다   оставля́ть-оста́вить
아스따블랴찌   아스따비찌

두통이 있는   У меня́ боли́т голова́.
우 미냐   발릿   갈라바

둔화(경제용어)   замедле́ние
자미들레니에

둘러보다   огля́дываться-огляну́ться вокру́г
아글랴드이바짜   아글리누짜   바끄루크

둘러싸다   окружа́ть-окружи́ть
아끄루좌찌   아끄루쥐찌

둥근 광주리   кру́глая плетёная корзи́на
끄루글라야   쁠리쬬나야   까르지나

뒤꿈치	пя́тка 빠드까	뒷면	оборо́тная сторона́ 아바로뜨나야 스따라나
뒤쪽	за́дняя сторона́ 자드냐야 스따라나	드라이어	суши́лка 수쉴까
뒤쫓다.	пресле́довать 쁘리슬례다바찌	드럼(악기)	бараба́н 바라반
뒷담화	за́дняя мысль 자드냐야 므이슬	드리다	дава́ть-дать 다바찌 다찌

뒤에 있는 사람들   лю́ди, стоя́щие в за́дней стороне́
류지 스따야쉬에 브 자드네이 스따라네

뒤죽박죽인   беспоря́дочный
비스빠랴더츠느이

뒤집다(안을 밖으로)   перевора́чивать-переверну́ть
뻬리바라치바찌   뻬리비르누찌

드라이브하다   прока́тываться-прокати́ться
쁘라까뜨이바짜   쁘라까짜

드라이하다(머리)   де́лать укла́дку фе́ном
젤라찌 우끌라뜨꾸 페넘

드세요.(어른에게)   Попро́буйте.
빠쁘로부이쩨

득점이 나질 않았어요.   Не заби́ть го́ла.
니 자비찌 골라

듣기로는   поско́льку я слы́шал(-а)
빠스꼴꾸 야 슬르이샬(라)

듣기 좋은	звучи́т хорошо́ 즈부칫 하라쇼	들어가도 돼?	Мне войти́? 므녜 바이찌
들다.(손에)	брать-взять 브라찌 브쟈찌	들판	по́ле 뽈레
들르다	заходи́ть-зайти́ 자하지찌 자이찌	등(인체)	спина́ 스삐나
들어가다	входи́ть-войти́ 프하지찌 바이찌	등급	класс; сте́пень 끌라스; 스쩨뻰

듣다　　　　　　　　слу́шать-послу́шать
　　　　　　　　　　슬루샤찌　　빠슬루샤찌

들다(역기를)　　　поднима́ть-подня́ть шта́нгу
　　　　　　　　빠드니마찌　빠드냐찌　쉬딴구

등급에 도달하다　дости́гнуть (како́й-то) сте́пени
　　　　　　　　다스찌그누찌　까꼬이떠　스쩨뻬니

등기우편　　　　　　　　заказно́е письмо́
　　　　　　　　　　　자까즈노예　삐시모

등기우편으로 보내려고요. Я хочу́ посыла́ть э́то
письмо́ заказно́й по́чтой.
　　　　야 하추 빠쉴라찌 에따 삐시모 자까즈노이 뽀츠떠이

등록증　　　　　свиде́тельство о регистра́ции
　　　　　　스비제쩰스뜨바　아　레기스뜨라찌이

등록하다
регистри́роваться-зарегистри́роваться
　　　레기스뜨리라바짜　　　자레기스뜨리라바짜

100

등대	маяк 마약	따뜻하다	тёплый 쬬쁠르이
디스크(전산)	диск 디스크	따로	отдельно 앗젤너
디자인하다	делать дизайн 젤라찌 디자인	딱딱한	твёрдый 뜨뵤르드이
디지털	цифровой 찌프라보이	딸	дочь 도치

디지털카메라	цифровой фотоаппарат 찌프라보이 파따아빠라트
따다(과일)	срывать-сорвать 스르이바찌 사르바찌
따뜻하게 하다(난방)	натапливать-натопить 나따쁠리바찌 나따삐찌
따라가다	следовать-последовать 슬례다바찌 빠슬례다바찌
따르다(명령)	следовать-последовать 슬례다바찌 빠슬례다바찌
따르다(액체)	наливать-налить 날리바찌 날리찌
따르지 않다	не следовать-последовать 니 슬례다바찌 빠슬례다바찌
따지다	придираться-придраться 쁘리지라쨔 쁘리드라쨔

딸기	клубни́ка 클루브니까	때때로	иногда́ 이나그다
딸꾹질	ико́та 이꼬따	때려!	Бей! 베이
땅	земля́ 지믈랴	때리다	бить-поби́ть 비찌 빠비찌
땅콩	земляно́й оре́х 지믈리노이 아레흐		

땀을 흘리다   поте́ть-вспоте́ть
　　　　　　빠쩨찌   프스빠쩨찌

땅을 갈다   возде́лывать-возде́лать зе́млю
　　　　　바즈젤르이바찌   바즈젤라찌   지믈류

땅을 밟다   ступа́ть-ступи́ть зе́млю
　　　　　스뚜빠찌   스뚜삐찌   지믈류

때문에 / 나 때문이라고 생각해.
　　по причи́не; из-за/ из-за меня́
　　빠 쁘리치네   이자   이자   미냐

ㄹ

라디오	ра́дио 라지오
라오스(나라)	Лао́с 라오스
라이터	зажига́лка 자쥐갈까
라임	лайм 라임
러시아	Росси́я 라시야
러시아어	ру́сский язы́к 루스끼 이직크
러시아워	час пик 차스삑
레몬주스	лимо́ный сок 리몬느이 속
레벨	ярлы́к 야르리크
레스토랑	рестора́н 리스따란

라디오 방송국   радиоста́нция
                             라지오스딴찌야

라면   рамён
(коре́йская ла́пша бы́строго приготовле́ния)
                                                           라묜

라이스페이퍼   ри́совая бума́га
                             리사바야 부마가

랍스터   мя́со ракообра́зных/ома́р
                    먀사 라까아브라즈니흐/ 아마르

레드카드   кра́сная карто́чка
                     끄라스나야 까르또츠까

렌터카회사   компа́ния взя́того напрока́та
                깜빠니야   브쟈따버   나쁘라까따

로그인(전산)	ло́гин 로긴
로맨틱한	романти́ческий 라만찌체스끼
로비	вестибю́ль 베스띠뷸
루마니아	Румы́ния 루므니야
루비	руби́н 루빈
리더	ли́дер 리제르
리듬	ритм 리듬
리셉션	приём 쁘리욤
리스트	лист/спи́сок 리스트/ 스삐석
립스틱	губна́я пома́да 구브나야 빠마더

로딩 용량(전산)   погру́зочная ёмкость
빠그루조츠나야 욤꺼스찌

로마에 가면 로마법을 따라야지.
В Ри́ме поступа́йте так, как римля́нне/
Не перевози́ть самова́р в Ту́лу.
브 리메 빠스뚜빠이쩨 딱, 깍 림랴녜/니 뻬리바지찌 사마바르 프 뚤루.

롤 / 휴지 3롤   ро́лик/3 ро́лика туале́тных бума́г
롤리끄/ 뜨리 롤리까 뚜알롓드늬흐 부마크

룸서비스   обслу́живание но́мера
압슬루쥐바니예   노메라

리모컨   дистанцио́нное управле́ние
디스딴찌온나예   우쁘라블레니예

리터 / 물 1리터   литер/1 литер
리쩨르

	마시다. **пить** 삐찌
	마실 것 **напиток** 나삐떡
마늘 **чеснок** 치스녹	마약 **наркотик** 나르꼬찍
마땅히 ~해야 한다. **должен** 돌젠	마우스(전산) **мышка** 믜쉬까
마르다. **сохнуть** 소흐누찌	마을 입구 **вход в деревню** 프호트 드 제레브뉴
마른(건조) **сухой** 수호이	마을 **деревня** 제레브냐
마술 **колдовство** 깔돕스뜨보	마음 **сердце** 세르쩨
마스크 **маска** 마스까	마음에 드는 **нравиться** 느라빗챠

마리 / 닭 3마리   **несколько животных** 니스꼴리꺼 쥐보뜨니흐

마우스 오른쪽 클릭하다.(전산)
    кликовать правую сторону мышки.
    끌리까바찌 쁘라부유 스따라누 믜쉬끼.

마음대로   **по всему желанию**
                        빠 프시무 젤라니유

한국어	러시아어	한국어	러시아어
마음이 아파.	горе́ю 가레유	마찬가지로	всё равно́ 프쇼 라브노
마음이 아픈	горева́ть 가리바찌	마천루	набоскрёб 나바스끄료프
마지막	коне́ц 까녜쯔	마치다	кончива́ть 깐치바찌

마음에 드는 물건	люби́мый предме́т 류비므이 쁘리드메뜨
마음에 드십니까?	Вам нра́вится? 밤 느라빗짜
마음에 안 들어요.	Мне не нра́вится. 브녜 니 느라빗짜
마음을 다해서	по всей ду́ше 빠 프세이 두셰
마음이 따뜻한	доброду́шный 다브라두쉬느이
마음이 평온한	споко́йно се́рце 스빠꼬이너 세르쩨
마이너스의	мину́совый 미누사브이
마중 나가다	идти́ встреча́ть 이찌 프스뜨레차찌
마취하다	подве́ргнуть нарко́зу 빠드베르그누찌 나르꼬주

106

막(연극)	палáтка 빨라뜨까	만나다	встрéтиться 프스뜨레찌짜
막내	послéдний 빠슬레드니	만두	пельмéни 뻴메니
막다	закрывáть 자끄릐바찌	만들다	дéлать 젤라찌
만(바다)	залив 잘리프	만들어 내다	производить 쁘라이즈바지찌
만기가 되다	истекáть 이스찌까찌	만약	éсли 예슬리

마침표를 찍다   постáвить тóчку
                       빠스따비찌 또츠꾸

막 ~하려하다   тóлько что собирáться.
                    똘꺼   쉬떠   사비랏짜

막 2년 되었어요. тóлько что испóлнилось 2 гóда.
                    똘꺼   쉬떠   이스뽈닐라씨 드바 고다

막 뛰어가다   тóлько что поднимáться
                   똘꺼   쉬떠   빠드니맛짜

막 일어났어요.   тóлько что прыгать
                   똘꺼   쉬떠   쁘릐가찌

만나고 싶다. / 이반씨를 만나고 싶어요.
                 хочý встречáться с Ивáном.
                 하츄   프스뜨레챳짜   식바남

만약 그렇다면	Éсли бы 예슬리 븨	많은 곳	мнóгие местá 므노기에 메스따
만족해요.	довóльный 다볼느이	많은 사람	мнóгие лю́ди 므노기에 류지
많은	мнóго 므노거	많이	мнóго 므노거

만약 그렇지 않다면   Éсли нет так
예슬리 니옛 따끄

"만약 바쁘지 않으시면, 같이 가요."
"Éсли вы не занятá, вмéсте поидём."
"예슬리 브이 니 자니따, 브메스쩨 빠이죰."

만약 필요하다면 ~   Éсли ну́жно -
예슬리 누즈너

만족스러워.   кáзется довóльным
까젯짜 다볼늼

만족시키다   удоволетворя́ть
우다발례뜨바랴찌

만족하는   удоволетворённый
우다발례뜨바료느이

만화영화   мультипликациóнный фильм
물띠쁠리까찌온느이   필름

많이 돌봐주시기 바랍니다.
    Прошу́ вас люби́ть и жáловать.
    쁘라슈 바스 류비찌 이 좔로바찌

많이 먹다.	мно́го ку́шать. 므노거 꾸샤찌
맏아들	пе́рвый сын 뻬르브이 쉰
말(언어)	язы́к 이즈끄
말 자르지마.	не перебива́й 니 뻬리비바이
말(동물)	лоша́дь 로샤찌
말도 안돼.	Э́то не пра́вда. 에떠 니 쁘라브다.
말레이시아	Мала́зия 말라지야
말리다(건조)	суши́ть 수쉬찌

많이 들어도 하나도 이해하지 못하다.
Слу́шал мно́го, но ничего́ не понима́ет.
슬루샬 므노거, 노 니치보 니 빠니마옛

많이 먹고 많이 커라.(어린이에게 덕담)
Ку́шай мно́го и ра́сти кре́пко.
꾸샤이 므노거 이 라스찌 끄레쁘꺼

많이 먹었어.	мно́го ку́шал(-а). 모노거 꾸샬(라)
많이 바쁘지 않아.	не о́чень за́нят(-а). 니 오친 자냣(자니따).
말띠	зе́мная ветвь Ло́шади 젬나야 베뜨비 로샤피
말라보여요.	вы́глядит то́нким 븨이글랴짓 똔낌
말라지다.(체중)	осу́нуться/худе́ть 아수눗짜/ 후제찌

말씀	слóво 슬로버	말하다.	говори́ть 가바리찌
말을 자르다.	перебивáть 뻬리비바찌	말해봐.	говори́те 가바리쩨
말자하면	Если отмéчу 예슬리 아뜨메추	맛	вкус 프꾸스
말하기를	По словáм 빠 슬라밤	맛보다.	прóбовать 쁘로바바찌

"말씀하실 것이 있으면, 제가 전해 드릴게요."
"Éсли у вас есть слóво, я могý передáть."
"예슬리 우 바스 예스찌 슬로버, 야 마구 뻬리다찌"

말씀해 주실 수 있나요?
　　　　　　　　　Вы мóжете передáть слóво?
　　　　　　　　　븨　모제쩨　뻬리다찌　슬로버?

말을 타다.　　　　　　　　　сесть на лóшадь
　　　　　　　　　　　　　세스찌 나　로샤찌

말하고 싶은 기분이 아니야.　Я не хочý говори́ть.
　　　　　　　　　　　　　야 니　하츄　가바리찌

말할 필요가 없다.　　　　　не нýжно говори́ть.
　　　　　　　　　　　　　니　누즈너　가바리찌

말했잖아요.　　　　　　　　ужé говори́л(-а)
　　　　　　　　　　　　　우제　가바릴(-라)

맑은(날씨)　　　　　　　　хорóшая погóда
　　　　　　　　　　　　　하로쇠야　빠고더

110

한국어	러시아어	한국어	러시아어
맛보세요.	попро́буйте 빠쁘로부이쩨	망고	ма́нго 만고
맛이 좋은	хоро́ший вкус 하로쉬 프꾸스	망고스틴	мангоста́н 만가스딴
맛있어?	Вку́сно? 프꾸스너	맞나요?	пра́вильно? 쁘라빌너
망가뜨리다	лома́ть 라마찌	맞추다.	прила́живать 쁘릴라쥐바찌

맛없다.   невку́сный : безвку́сный 니프꾸스느이 : 베스프꾸스느이

맛없어 보여.   вы́глядит невку́сно 븨글랴짓 니프꾸스너

맛있게 먹어.   Прия́тного аппети́та. 쁘리야뜨너버 아뻬찌따

맛있겠다.   Вы́глядит вку́сно. 븨글랴짓 프꾸스너

망치다. / 다 망쳐 버렸잖아.   губи́ть 구비찌

맞는 길로 가고 있나요?   Сейча́с пра́вильно я иду́? 시차스 쁘라빌너 야 이두

맞는지 보려고 입어봤어.   Я приме́рил(-а). 야 쁘리메릴(라).

맞은편   противополо́жная сторона́ 쁘라찌바빨로즈나야 스따라나

맡기다	возложить 바즐라쥐찌	매력	очарование 아치라바니예
매너	манеры 마녜릐	매우	очень 오친
매년	каждый год 까즈드이 고트	매우 조금	очень мало 오친 말러
매니큐어	маникюр 마니뀨르	매일	каждый день 까즈드이 젠

맡아서 해나가다.   нести ответственность.
           니스찌   아뜨베스뜨벤너스찌.

매다.(넥타이)   носить ѓалстук
          나시찌   갈스뚜크

매력 있는   очаровательный
          아치라바쩰느이

매우 당황하다   очень смущаться
          오친   스무샤짜

매일 2알씩   каждый день 2 таблетки
          까즈드이 젠 드베 따블례뜨끼

매일 몇 시부터 몇 시까지 일해요?
    С какого до какого времени вы работаете?
    스 까꼬버 도 까꼬버 브레메니 븨 라보따이쩨?

매진   полностью распродано
          뽈너스찌유   라스쁘라단너

매트	матра́с 마뜨라스	맥주	пи́во 삐버
매트리스	матра́с 마뜨라스	맥주 4병	4 буты́ки пи́ва 취띠레 부띨끼 삐버
매표소	прода́жа биле́та 쁘라다좌 빌례따	맵다.	о́стрый 오스뜨로이
매혹시키다.	увлека́ться 우블레깟짜	맺다.(약혼등)	заключа́ть 자끌류차찌
매화	цветы́ сли́вы 쯔비띄 슬리븨	머리	голова́ 갈라바
맥박	пульс 뿔스	머리가 나쁜	плоха́я голова́ 쁠로하야 갈라바

맥주 많이 마시면 배 나올 거야.
Е́сли пьёте пи́во мно́го, живо́т у тебя́ бу́дет больши́м.
예슬리 삐요쩨 삐버 므노거, 쥐보뜨 우 찌뱌 부젯 발쉼

맥주나 술을 드시겠어요?	Вы хоти́те пить пи́во? 브이 하찌쩨 삐찌 삐버
머리가 아프다	голова́ заболе́ет 갈라바 자발레옛뜨
머리가 좋다	хоро́шая голова́ 하로샤야 갈라바
머리를 가로 젓다.(거절)	отка́зываться 아뜨까즤밧짜

한국어	러시아어	한국어	러시아어
머리가 벗겨지다	лысе́ть 릐쎄찌	머물다(숙박)	ночева́ть 나체바찌
머리를 감다	мыть го́лову 므이찌 갈라부	먹다	есть 예스찌
머리카락	во́лосы 볼러식	먼(거리)	далеко́ 달레꼬
머리를 기르다	отра́щивать во́лосы 아뜨라쉬바찌 볼러식		
머리를 묶다	привя́зывать во́лосы 쁘리뱌즤바찌 볼러식		
머리를 숙이다	пону́рить го́лову 빠누리찌 갈라부		
머리를 스타일링하다	причёсывать 쁘리쵸씌바찌		
머리를 풀다	распуска́ть во́лосы 라스뿌스까찌 볼러식		
먹고 마시다	ку́шать и пить 꾸샤찌 이 삐찌		
먹어봐도 되요?	мо́жно ку́шать? 모즈너 꾸샤찌?		
먼가요?	Далеко́ ли отсю́да? 달레꼬 리 앗슈다?		

먼저	снача́ла 스나찰라	멀지.	так далеко́ 딱크 달레꼬
먼지	пыль 쁠	멈추다.	прекраща́ть 쁘레끄라샤찌
멀리뛰기	пры́жки в длину́ 쁘릐스끼 브 들린누	멋진	прекра́сный 쁘렠끄라스느이

먼저 가도 되지?   могу́ ли я пе́рвый пойти́?
마구 리 야 뻬르브이 빠이찌?

먼저 가도 될까요?   могу́ ли я пе́рвый пойти́?
마구 리 야 뻬르브이 빠이찌?

먼저 간다   вперёд я пойду́.
프뻬료트 야 빠이두

먼저 도착하다   пришёл пе́рвым
쁘리숄 뻬르븸

멀미를 멈추게 하다   вы́лечить морску́ю боле́знь
븨레치찌 마르스꾸유 발레즌

멀미하다.   заболе́ть морско́й боле́знью
자발레찌 마르스꼬이 발레즈뉴

멈칫하다.   вдруг останови́ться
브드루크 아스따나빗짜

멍청하지 않다.   не рате́рянный
니 라쩨랸느이

메뉴판	меню 메뉴	메모	записка 자삐스까
메다.	брать 브라찌	메모리(전산)	память 빠먀찌
메달	медаль 미달	메스꺼운	тошнота 따쉬나따
메뚜기	кузнечик 꾸즈네칙	멜로디	мелодия 밀로지야
메론	тантьема 딴찌예마	멤버	член 츨렌

메뉴판을 보여주세요.
"Покажите, пожалуйста меню."
"빠까쥐쩨, 빠찰루이스따 메뉴"

메달을 따다
получать медаль
빨루차찌 미달

메달을 수여하다
присуждать медаль
쁘리수즈다찌 미달

메모를 남기다
оставлять записку
아스따블랴찌 자삐스꾸

메시지를 보내다
отправлять послание
아뜨쁘라블랴찌 빠슬라니예

멜로영화
мелодраматический фильм
멜러드라마찌체스끼 필름

며느리	сноха́ 스나하
며칠	ско́лько дней 스껄꺼 드녜이
며칠에?	На како́е число́? 나 까꼬예 치슬러
면도기	бри́тва 브리뜨바
면도칼	ле́звие бри́твы 레드비예 브리뜨븨
면도하다.	бри́ться 브릿짜
면적	пло́щадь 쁠로샤찌
면접	интервью́ 인쪠르뷰
명 / 10명	10 люде́й 지시찌 류제이
명령	прика́з 쁘리까스
명령체계	режи́м прика́за 리짐 쁘리까자
명성	изве́стность 이즈베스너스찌

며칠 표를 사려고 하나요?
На како́е число́ вы хоти́те купи́ть биле́т?
나 까꼬예 치슬러 븨 하찌쩨 꾸삐찌 빌롓

면도용 크림	крем по бри́тве 끄림 빠 브리뜨베
면밀히 검토하다.	дета́льно рассма́тривать 제딸너 라스마뜨리바찌
면세점	беспо́шлинный магази́н 베스뽀쉴리느이 마가진
명부	спи́сок имён и фами́лий 스삐썩 이묜 이 파밀리이
명사	и́мя существи́тельное 이먀 수쒜스뜨비쩰너예

명예와 지위	честь и статус 체스찌 이 스따뚜스	명확한	ясный 야스느이
명절	праздник 쁘라즈니끄	몇 가지	несколько 네스껄꺼

명중하다. попадать в цель
 빠빠다찌 프쩰

명승고적
 замечательные исторические памятники
 자미차쩰늬예 이스따리체스끼예 빠먀뜨니끼

명승지 достопримечательность
 다스따쁘리미차쩰너스찌

명절에 가족모두 모여서 즐겁게 보낸다.
 На празднике собирается вся семья и
 나 쁘라즈니께 사비라옛짜 프샤 시먀 이
 отмечает праздник приятно.
 아뜨미차옛 쁘라즈니크 쁘리야뜨너

명절에 러시아사람들은 전통음식을 먹는다.
 На празднике русские едят традиционные еды.
 나 쁘라즈니께 루스끼예 이쟛 뜨라지찌오늬예 이드

명절을 쇠다 отмечать праздник
 아뜨메차찌 쁘라즈니크

명함이 있다 есть визитная карточка
 예스찌 비찌뜨나야 까르또츠꾸

몇 가지 소개 좀 해주세요.
 Покажите, пожалуйста, несколько.
 빠까쥐쩨 빠좔루이스따 네스껄꺼

| 몇 년 | несколько лет
네스껄꺼 렛 | 몇 년도에? | В каком году?
프 까꼼 가두 |

몇 가지 의견   несколько мнений
                                      네스껄꺼 므녜니

몇 개 있는   есть несколько
                                예스찌 네스껄꺼

몇 곳을 소개해 주세요.   "Познакомьте меня с
                      несколькими местами, пожалуйста."
"빠즈나꼬미쩨 미냐 스 네스껄끼미 메스따미, 빠좔루이스따."

몇 년 후 다시 열려요?
          Через несколько лет вновь откроется?
          체레즈 네스껄꺼 렛 브노피 아뜨그로잇짜

몇 년 후에   Через несколько лет?
                              체레즈 네스껄꺼 렛

몇 번   Какой номер? : Сколько раз?
                 까고이 노메르 : 스꼴꺼 라스

몇 살이세요?   Сколько вам лет?
                           스꼴꺼 밤 렛

몇 살이야?   Сколько тебе лет?
                          스꼴꺼 찌베 렛

몇 시 비행기 인데?   На какое время самолёт?
                         나 까꼬예 브레먀 사말룟뜨

몇 시에 도착해요?   Когда приезжает?
                       까그다 쁘리예자옛

몇 시에?	Сколько часов? 스꼴꺼 치솝	몇몇의	несколько 네스껄꺼
몇 층?	Какой этаж? 까꼬이 에따쉬?		

몇 시에 떠나요?   Когда уезжает?
까그다 우예자옛

몇 시에 시작하나요?   Когда начнётся?
까그다   나츠놋짜

몇 시에 우리 가요?   В котором часу мы уедем?
프 까또럼 치수 믜 우예짐

몇 시에 일어나요?   Когда встаём?
까그다 프스따욤

몇 일전에   несколько дней назад
네스껄꺼 드네이 나자트

몇 장씩 현상하시겠어요?
Сколько снимков вы хотите проявить?
스꼴꺼   스님꺼프 븨 하찌쩨 쁘라야비찌

몇 주(동안)   несколько недель
네스껄꺼   니젤

몇 컵   несколько стаканов
네스껄꺼   스따까너프

모기장	се́тка от кома́ров 세뜨까 아뜨 까마러프	모델	моде́ль 마델
모니터	контролёр 껀뜨랄료르	모두	все 프세

모계제도   систе́ма матери́нской ли́нии
시스쩨마   마쩨린스꺼이   리니이

모기가 물다   кома́ры куса́ют.
까마릐   꾸샤윳

모기에 물리다   кома́ры куса́ли.
까마릐   꾸샬리

모기에 물린 자국   комари́ный уку́с.
까마리느이   우꾸스

모니터하다   де́лать контролёр
젤라찌   깐뜨랄료르

모두 당신을 위한 거라고요.   Все для вас
프쇼 들랴 바스

모두 뜻대로 이루어지길 바랍니다.
Жела́ю вам успе́хов
젤라유   밤 우스뻬허프

모두 앉으세요.   "Все сади́тесь, пожа́луйста."
"프세 사지쩨시,   빠좔루이스따"

모두 같다.	всё равно́ 프쇼 라브노	모레	послеза́втра 뽀슬레자프뜨라
모두들 가요.	Поидём 빠이죰	모방하다.	подража́ть 빠드라좌찌
모래	песо́к 삐속	모으다.	собира́ть 사비라찌

모두 얼마예요?   Ско́лько сто́ит всё?
스꼴꺼 스또잇 프쇼?

모든 가게가 문을 닫다.
Все магази́ны закрыва́ются.
프세 마가지늬이 자끄릐바윳짜

모든 것을 포함하다.   Все содержа́ются.
프세   사제르좌윳짜

모든 여자들은 흰 피부를 가지고 싶어 한다.
Все же́щины хотя́т име́ть бе́лые ко́ьжи.
프세 젠쉬늬 하쨧 이메찌 벨릐예 꼬쥐

"모르겠는데, 거기까지는 생각해보질 않았어."
"не зна́ю, еще я не поду́мал(-а) об этом."
"니 즈나유 잇쇼 야 니 빠두말(라) 아브 에떰."

모르는 사람   незнако́мный челове́к
            니즈나꼼늬이   칠라벡

모르다 / 잘 모르다 не знать/нехорошо́ знать
                  니 즈나찌 / 니하라쇼 즈나찌

모를 심다   выса́живать ри́совую расса́ду
            븨사쥐바찌   리사부유   라사두

모이다	собира́ться 사비랏짜	목(구멍)	го́рло 고를러
모자	шля́па, ке́ьпка "쉴랴빠, 께쁘까"	목걸이	бу́сы 부씨
모자라는	недоста́точный 니다스따떠츠느이	목격자	свиде́тель 스비제쩰
모조품	имита́ция 이미따찌야	목도리	шарф 샤르프
모퉁이	у́гол (у́лицы) 우골 (울리찌)	목록	спи́сок 스삐석

모자 쓰세요. надева́йте шля́пу
나제바이쩨 쉴랴뿌

모자가 끼다 Это шля́па теснова́то.
에떠 쉴랴빠 쩨스나바떠

모자가 좀 커야 할 것 같아요
Мне побо́льше разме́ра.
므녜 빠볼쉐 라즈메라

모자를 쓰다 надева́ть шля́пу
나제바찌 쉴랴뿌

목걸이를 차다 носи́ть бу́сы
나시찌 부식

목격하다 ви́деть свои́ми глаза́ми
비쩨찌 스바이미 글라자미

목소리	го́лос 골로스	목재	лесоматериа́лы 리사마쩨리알릐
목수	столя́р 스딸랴르	목적	цель 쩰
목요일	четве́рг 치뜨베르크	목표	цель 쩰
목욕하다	купа́ться 꾸빳짜	몰두하다	увлека́ться 우블례깟쨔
목욕하다	мы́ться 믓짜	몰라.	не зна́ю 니 즈나유
목이 쉬다	хри́плый 흘리쁠르이	몰래	незаме́тно 니자몌뜨너
목이버섯	у́хо де́рева 우허 졔례버	몰래 먹다	незаме́тно есть 니자몌뜨너 예스찌

목마른   испы́тывать жа́жку/хоте́ть пить
이스쁴띄바찌 좌쉬꾸/ 하쩨찌 삐찌

목소리가 왜 그래요?   Почему́ ваш го́лос тако́й?
빠치무 바쉬 골로스 따꼬이

목의 염증   отвраще́ние го́рла
아뜨브라쉐니예 고를러

목적을 달성하다   дости́гнуть це́ли
다스띠그누찌 쩰리

몰래 도망 오다   незаме́тно избегать
니자몌뜨너 이즈베가찌

몸	те́ло 쩰러	못생긴(여자)	некраси́вая 니끄라시바야
몸매	фигу́ра 피구라	묘비	моги́льная плита́ 마기길나야 쁠리따
못(도구)	гвоздь 그보쉬	묘사하다.	опи́сывать 아삐싀바찌
못생겼어.	некраси́во 니끄라시버	무거워.	тежёлый 찌죨르이
못생긴	некраси́вый 니끄라시브이	무겁다.	тежёлый 찌죨르이
못생긴(남자)	некраси́вый 니끄라시브이	무게가 나가다.	ве́сить 베시찌

몰래 훔치다.   незаме́тно красть
니자메뜨너 끄라스찌

몸무게가 얼마야?   Ско́лько ты ве́сишь?
스꼴꺼 띄 베시쉬?

못 참겠어.   не могу́ терпе́ть
니 마구 쩨르뻬찌

무관심하다.   равноду́шный, невнима́тельный
"라브너두쉬느이, 니브니마쩰느이"

무너지다.   ру́шиться, обва́ливаться
"루쉿쨔, 아브발리밧쨔"

한국어	러시아어	한국어	러시아어
무대(연극)	спекта́кль 스뻭따끌	무선의	беспроволо́чная 베스쁘라발로츠나야
무덤	моги́ла 마길라	무설탕	без са́хара 베스 사하라
무력한	бесси́льный 베스실느이	무슨 일	В чём де́ло? 프 쵬 젤러
무료	беспла́тный 베스쁠라뜨느이		

무단횡단하다.   перейти́ у́лицу незако́нно.
뻬레이찌 울리추 니자꼰너

무슨 급한 일이 있어요?   У вас спе́шные дела́?
우 바스 스뻬쉬늬예 젤라

무슨 노랜지 아세요?
Вы зна́ете, кака́я э́то пе́сня?
븨 즈나이쩨, 까까야 에떠 뻬스냐

무슨 말인지 모르겠어.   Я не понима́ю.
야 니 빠니마유

무슨 얘기 중이야?   О чём ты расска́зываешь?
아 쵬 뜨이 라스까쥐바예쉬

무슨 얘기를 하시는 거예요?
О чём вы расска́зываете?
아 쵬 브이 라스까쥐바이쩨

무슨 언어로?   На како́м языке́?
나 까꼼 이즤께

무엇	что 쉬떠	무한한	безграничный 베스그라니츠늬이
무역	торговля 따르고블랴	묵다(숙박)	ночевать 나체바찌
무역하다	весть торговлю 베스찌 따르고블류	묶다	навязать 나뱌자찌
무죄	невиновность 니비노브너스찌	문	дверь 드베리

무슨 일로 오셨어요?   Зачем вы пришли?
자쳄 븨 쁘리쉴리

무슨 일이건   несмотря ни на что
네스마뜨랴 니 나 쉬또

무슨 일이야?   Что случилось?
쉬떠 슬루칠라시

무슨 책 출판해요?   Какие книги издают?
까끼에 끄니기 이즈다웃

무엇을 드시고 싶으세요?   Что вы хотите есть?
시떠 븨 하찌쩨 예스찌

무역법   закон по торговли
자꼰 빠 따르고블리

무역부   Торговое представительство
따르고버예 쁘리쯔스따비쩰스뜨버

무협영화   рыцарский фильм
릐짜르스끼 필름

127

문맹의	безгра́мотность 베즈그라모뜨너스찌	문서	докуме́нт 다꾸멘뜨
문명	цивилиза́ция 찌빌리자찌야	문자	пи́сьменный знак 삐스멘느이 즈낙
문묘(유적)	оста́тки 아스따뜨끼	문장	предложе́ние 쁘리들라줴니예
문법	грамма́тика 그라마찌까	문제	вопро́с 바쁘로스

문 좀 열어줘요.	Открыва́й дверь. 아뜨끄릐바이 드베리
문을 닫다	закрыва́ть дверь 자끄릐바찌 드베리
문을 두드리다	стуча́ть в дверь 스뚜차찌 브 드베리
문을 열다	открыва́ть дверь 아뜨끄릐바찌 드베리
문을 잠갔어요?	закры́л дверь? 자끄릴 드베리
문자 보내줘.	отправля́й пи́сьменный знак 아뜨쁘라블랴이 삐스멘느이 즈낙
문자를 보내다.	отправля́ть пи́сьменный знак 아뜨쁘라블랴찌 삐스멘느이 즈낙
문제가 되질 않다.	Э́то не пробле́ма. 에떠 니 쁘라블레마

문제가 있다	есть лробпре́ма 예스찌 쁘라블레마	묻다.(땅에)	погреба́ть 빠그레바찌
문학	литерату́ра 리쩨라뚜라	묻다.(질문)	спра́шивать 스쁘라쉬바찌
문화	культу́ра 꿀뚜라	물	вода́ 바다
문화원	Дом культу́ры 돔 꿀뚜릐	물가	це́ны 쩨늬

문제를 풀다   реша́ть вопро́с
                        리샤찌 바쁘로스

문화유산   культу́рное насле́дие
                      꿀뚜르나예 나슬레지예

물 더 주세요.   Пожа́луйста, ещё воды
                      빠잘루이스따 잇쇼 바듸

물가가 갑자기 올랐어.   вдруг повысились це́ны.
                      브두르크 빠븨실리시 쩨늬

물가가 많이 오르다   значи́тельно повыша́ются це́ны.
                      즈나치쩰너 빠븨샤윳짜 쩨늬.

물가도 올랐으니 수고비도 올라야죠.   По ме́ре
повыше́ния цен ну́жно повы́сить зарпла́ту.
빠 메레 빠븨쉐니야 첸 누즈너 빠븨시찌 자르쁠라뚜

물가를 모르니 비싸게 사게 돼.
То́чно не зна́ю сто́имость, и покупа́ю доро́же.
또츠너 니 즈나유 스또이머스찌 이 빠꾸빠유 다로줴

129

물고기	рыба 릐바	물소	буйвол 부이볼
물다(곤충)	жа́лить 잘리찌	물약	миксту́ра 미끄스뚜라
물들이다.	кра́сить 끄라시찌	물어볼 것이다	спроси́ть 스쁘라쉬찌
물러서!	отступи́ наза́д! 앗스뚜삐 나자트	물이 맑다.	чи́стая вода́ 치스따야 바다
물리	фи́зика 피지까	물이 얼다.	Вода́ замерзла́ 바다 자메르즐라
물리다.(곤충)	искуса́ть 이수꾸사찌	물질	вещество́ 비쉐스뜨보
물리학	фи́зика 피지까	물체	предме́т 쁘리드메드
물리학자	фи́зик 피지크	물품	предме́т 쁘리드메드

물건을 모두 정리하셨어요?

        Все вещи упоря́дочивали?
        프세 베쉬 우빠랴다치발리

물고기를 잡다.

            лови́ть рыбу
            라비찌 릐부

뭐 더 마실래?

        Что вы хоти́те ещё пить?
        쉬떠 븨 하찌쩨 잇쑈 삐찌

뭐 먹어요?	Что ты ешь? 쉬떠 띄 예쉬	뭐더라? 뭐지?	Что? Что? 쉬떠 쉬떠
뭐 좀 드셨어요?	Вы съéли? 븨 시옐리	뭐야?	Что? 쒸떠

뭐 드시겠어요?   Что вы хотúте есть?
쉬떠 븨 하찌쩨 예스찌

뭐 이상한 거 못 느끼겠어?
Не замечáл(-а) что-то стрáнное?
니 자미찰(라) 쉬떠–떠 스뜨란나예

뭐 필요해?   Что тебé нýжно?
쉬또 찌베 누즈너

뭐 하나만 도와 줬으면 좋겠어요.
Мне нýжна вáша пóмощь
므녜 누즈나 바샤 뽀머쉬

뭐 하느라 신경도 안 쓴 거야?
Почемý не обратúл(-а) внимáния?
빠체무 니 아브라찔(라) 브니마니예

뭐 하려고?   Что ты бýдешь дéлать?
쉬떠 띄 부제쉬 젤라찌

뭐가 과학적 이예요.   Что наýчное?
쉬떠 나우츠너예

뭐에 대해 말하지?   О чём я скажý?
아 촘 야 스까주

뭐하고 계세요?   Что вы дéлаете?
쉬떠 브이 젤라이쩨

한국어	러시아어	한국어	러시아어
뭐해?	Что ты де́лаешь? 쉬떠 뜨이 젤라예쉬	미끄러지다	скользи́ть 스깔지찌
뭘 먹어?	Что ты ешь? 쉬떠 띄 예쉬	미끄럼틀	де́тская го́рка 젯스까야 고르까
미국	США/Аме́рика 쎄쉐아/아메리까	미래	бу́дущее 부두쉬예
미국인	Америка́нец 아메리까네츠	미리 말하다	зара́нее говори́ть 자라니예 가바리찌

뭐하느라 바빴어요?　　Почему́ ты так за́нят(-á)?
　　　　　　　　　　　빠치무　띄 따끄 자냣(자니따)

뭔가 수상해.　　Как-то подозри́тельный
　　　　　　　깍끄-떠　　빠다즈리쩰느이

뭘 먹는 것을 제일 좋아하세요?
　　　Что вы пре́жде всего́ хоти́те ку́шать?
　　　쉬떠 븨　쁘레줴 프세보　하찌쩨　꾸샤찌

뭘 타고 '후에'에 갈 거예요?　　На чём вы пое́дете?
　　　　　　　　　　　　　　　나　춈 브이 빠예지쩨

뭘 탈건데?(교통편)　　На чём ты пое́дешь?
　　　　　　　　　　　나　춈 뜨이 빠예지쉬

미남의　　краси́вый мужчи́на/краса́вец
　　　　　끄라시브이　무쉬나/　끄라사비츠

미대륙　　америка́нский контине́нт
　　　　　아메리깐스끼　　깐띠넨뜨

한국어	러시아어	발음
미리 말해.	Заранее говори.	자라니예 가바리
미소	улыбка	울릐쁘까
미술관	картинный музей	까르찌느이 무제이
미스	госпожа : мисс	가스빠자 : 미스
미식축구	футбол	풋볼
미원(조미료)	МНГ	엠엔게
미지근한	тепловатый	찌쁠라바뜨이
미술	изобразительное искусство	이자브라지쩰나예 이스꾸스뜨버
미안할 필요는 없어요.	Нечего извиниться.	니치보 이즈비닛짜
미용실	салон красоты: парикмахерская.	살론 끄라사띄: 빠리끄마헤르스까야
미원 넣지 마세요.	Мне без МНГ.	므네 베즈엠엔게
미치겠네.	Я с ума сошёл(-шла)	야 수마 사숄(사쉴라)
미친	сумасшедший	수마쉐드쉬이
미터/30 미터	метр	미뜨르
믹서	мешалка/миксер	미샬까/ 믹세르
민간	частный	차스느이
민요	народная песня	나로드나야 뻬스냐
민족	народ	나로트
민주	демократия	디마끄라찌야

민중	наро́д 나로트	믿지 마.	не вери. 니 베리
믿다.	ве́рить 베리찌	밀도(비중)	пло́тность 쁠로뜨너스찌
믿어봐.	Ве́ри. 베리		

믿을 수 없어.　　　не могу́ ве́рить
　　　　　　　　　　니　마구　베리찌

밀수하다　　　занима́ться контраба́ндой
　　　　　　　자니맛짜　　　깐뜨라반다이

밉다　　　ненави́стный/отврати́тельный
　　　　　니나비스느이/　　아뜨브라찌쩰느이

밑줄 긋다　　　проводи́ть ни́жнюю ли́нию
　　　　　　　쁘라바지찌　　나즈누유　리니유

ㅂ

밝은	све́тлый 스베뜰르이
밝히다(밝게)	просня́ться 쁘라스냣짜
밝히다(입장)	разъясня́ть 라즈야스냐찌
밟다	ступа́ть 스뚜빠찌
밤(때)	ночь 노치
밤늦게	до по́здней но́чи 다 뽀즈드녜이 노치
밥	варёный рис 바료느이 리스
밥 먹어.	Куша́й. 꾸샤이
밥 먹었어요?	Вы ку́шали? 븨 꾸샬리
밥이 타다	Рис гори́т. 리스 가릿
밥하다	вари́ть рис 바리찌 리스
방	ко́мната 꼼나따

발휘하다　　вы́явить : прояви́ть
　　　　　　　븨이비찌 : 쁘라야비찌

밤 새지마.　　Не сиди́ всю но́чь.
　　　　　　　니 시지 프슈 노치

밥 사주고 싶어.　Я хочу́ угоща́ть тебя́ обе́дом.
　　　　　　　　야 하쮸 우가샤찌 찌뱌 아베덤

밥이나 먹으러가자.　Пойдём закуси́ть
　　　　　　　　　빠이죰 자꾸시찌

방 번호가 어떻게 되는데?
　　　Како́й но́мер ва́шей ко́мнаты?
　　　까꼬이 노메르 바쉐이 꼼나띄

방 번호	но́мер ко́мнаты 노메르 꼼나띄	방문하다	посеща́ть 빠시샤찌
방귀뀌다	испуска́ть газы 이스뿌스까찌 가즤	방법	ме́тод 메떠트
방금 전	то́лько что 똘꺼 쉬떠	방송국	лерерадиоста́нция 뻬레라디오스딴치야

방문하다 / 이반 방문하러가.
насеща́ть / я бу́ду насеща́ть Ива́на.
나시샤찌   야 부두   나시샤찌   이바나

방부제 (의학)   антисепти́ческое сре́дство
안띠시쁘찌체스꺼예 스레드스뜨버

방송하다   передава́ть по телевизору
뻬레다찌 빠 쩰레비조루

방안에 에어컨이 있나요?
В ко́мнате есть кондиционе́р?
프 꼼나쩨 예스찌 깐디찌아네르

방영하다 передава́ть телевизио́нную програ́мму
뻬레다바찌   쩰레비지온누유   쁘라그라무

방을 빌리다   снять ко́мнату
스냐찌 꼼나뚜

방이 답답하다   В ко́мнате ду́шно.
프 꼼나쩨 두쉬너

방이 몇 개 있나요?   Ско́лько ко́мнат у вас?
스껄꺼 꼼나뜨 우 바스

방콕	Бангкок 반꼭	배(인체)	живот 쥐봇
방향	направле́ние 나쁘라블레니예	배고파.	Хочу́ есть. 하츄 예스찌
배(과일)	гру́ша 그루샤	배고프다	голо́дный 갈로드느이
배(교통)	кора́бль 까라블	배구	волейбо́л 발레이볼

방이 엉망이다	ко́мната в беспоря́дке 꼼나따 브 베스빠랴더께
배 나온	у́толщённый живо́т 우팔쉔느이 쥐봇
배가 고파지다	проголода́ться 쁘라갈라닷짜
배가 아프다	живо́т боли́т. 쥐봇 발릿
배고파 죽겠다	голо́ден, как волк. 갈로젠 까끄 볼끄
배고픔을 참다	терпе́ть го́лод. 쩨르뻬찌 골로트
배구경기	соревнова́ние по волейбо́лу 싸레브너바니예 빠 발레이볼루
배달해주실수 있나요?	Мо́жно ли доставля́ть? 모즈너 리 다스따블랴찌

배낭	рюза́к 류작	배웅하다	провожа́ть 쁘라바자찌
배를 타다	сесть на су́дно 세스찌 나 수드너	배추	листо́вая капу́ста 리스또바야 까푸스따
배반자	преда́тель 쁘레다쩰	배터리	батаре́я 바따레야
배부르다	быть сы́тым 븨찌 싀띰	백(100)	сто 스또
배불러.	быть сы́тым 븨찌 싀띰	백금	пла́тина 쁠라찌나
배우	арти́ст / актёр 아르찌스뜨 악쬬르	백년	сто лет 스또 렛

배를 젓다   ката́ться на ло́дках
                             까땃짜 나 로드까흐

배불러서 더 못 먹겠어요.
               Я сыт(-а), и не могу́ бо́льше ку́шать.
               야 싀뜨 싀따 이 니 마구 볼쉐 꾸샤찌

배영(수영법)   пла́вание на спине́
                             쁠라바니예 나 스삐네

배웅 나오지 마세요. 돌아가세요.
               не провожа́й. Возвра́шайся.
               니 쁘라바자이 바즈브라샤이짜

배은망덕한 일이야.   Э́то неблагода́рное.
                             에따 네블라가다르노에

백만(숫자)	миллио́н 밀리온	뱀띠	зе́мная ветвь Змеи 젬나야 비뜨프 즈메이
백만장자	миллионе́р 밀리아네르	버려.	Броса́й! 브라사이
백조	ле́бедь 레버찌	버리다	броса́ть 브라사찌
백합	ли́лия 릴리야	버섯	грибы́ 그리븨
뱀	змея́ 즈메야	버스	авто́бус 아프또부스

백번은 얘기했겠다. Я уже́ не́сколько раз сказа́л.
야 우제 니스껄꺼 라스 스까짤

백혈구 бе́лые кровяны́е ша́рики
벨릐예 끄라뱌늬예 샤리끼

백화점 универса́льный магази́н; универма́г
우니베르살느이 마가진; 우니베르마크

버섯을 따다 собира́ть грибы́
사비라찌 그리븨

버스 39번 авто́бус но́мер 39
아프또부스 노메르 뜨리싸지찌 제빗

버스는 거의 타질 않아요.
Я почти́ не по́льзуюсь авто́бусом.
야 빠츠찌 니 뽈주유씨 아프떠부섬

번 / 세번째	тре́тий 뜨레찌	번역하다	переводи́ть 뻬레바지찌
번 / 한번	раз 라스	범위	сфе́ра / о́бласть 스페라 오블라스찌
번개	мо́лния 몰니야	범죄	преступле́ние 쁘레스뚜쁠레니예
번식하다	размножа́ться 라즈므나잣짜	법(방법)	спо́соб 스빠소프

버스를 타고 갈 수 있나요?

    Мо́жно е́хать на авто́бусе?
    모즈너 예하찌 나 아프또부쎄

버스를 타다

    е́хать на авто́бусе
    예하찌 나 아프또부쎄

버스정류장

    авто́бусная остано́вка
    아프또부스나야 아스따노브까

번 / 세 번 해야 해.

    раз / На́до три ра́за
    라스 나다 뜨리 라자

벌 / 양복 한벌

    компле́кт: па́ра / компле́кт костю́ма
    깜쁠렉트 빠라 깜쁠렉트 까스쮸마

벌 받다

    подве́ргну́ть наказа́нию
    빠드베르그누찌 나까자니유

벌써 3월 말이다.

    уже́ коне́ц ма́рта.
    우제 까녜쯔 마르따

법률	зако́н 자꼰	벽(집)	стена́ 스찌나
벗겨지다(머리)	лы́сеть 릐세찌	벽돌	кирпи́ч 끼르삐치
베다	ре́зать 레자찌	벽시계	насте́нные часы́ 나스쩬늬예 치싁
베란다	вера́нда 베란다	변호사	адвока́т 아드보까뜨
벨소리	звоно́к 즈바노크	변화하다.	изменя́ться 이즈미냐짜
벨트	поясно́й реме́нь 빠이스노이 레멘	별장	да́ча 다차
벽	стена́ 스찌나	병(질병)	боле́знь 발레즌

법적공휴일	выходно́й день 븨하드노이 젠
벗기다(사과등)	снима́ть кожуру́ 스니마찌 까주루
벽에 걸다	висе́ть на стене́ 비세찌 나 스찌네
변색하다	обесцве́чивать(ся) 아베스쯔베치바찌(쨔)
별말씀을요.	не́ за что / пожа́луйста 니 자 쉬떠 빠좔루이스따

병마개(코르크)	про́бка 쁘라쁘까	병에 걸리다	заболе́ть 자발레찌
병맥주	буты́лка пи́ва 부띨까 삐버	보건소	медпу́нкт 메드뿐끄뜨

병주고 약주고   Даёт лека́рство больно́му, кото́рого сам вогна́л в боле́знь
다요뜨 레까르스뜨보 발노무 까또로보 삼 바그날 브발레즌

병 / 맥주 3병   буты́лка/ 3 буты́лки пи́ва
부띨까 뜨리 부띨끼 삐바

병원   го́спиталь : больни́ца
고스삐딸 : 발니짜

병원에 가야해.   Мне на́до сходи́ть в больни́цу.
므네 나다 스하지찌 브 발니쭈

병의 원인   причи́на боле́зни
쁘리치나 발레즈니

병이 차도가 있다   опра́виться от боле́зни
아쁘라빗짜 오드 발레즈니

보고서 번역을 도와달라고 하려고요.   Я хочу́ попроси́ть их помога́ть в перево́де докла́да.
야 하츄 빠쁘라시찌 이흐 빠마가찌 프 뻬리보제 다끌라다

보고서를 작성하고 있어요.   Сейча́с я пишу́ докла́д.
시이차스 야 삐슈 다끌라트

보고서를 작성했어요?   Вы писа́ли докла́д?
븨 삐살리 다끌라트

보고하다	докла́дывать 다끌라드바찌	보름달	по́лная луна́ 뽈나야 루나
보내다	посыла́ть 빠스일라찌	보리	ячме́ня 야츠메냐
보너스	бо́нус 보누스	보리밭	ячме́нное по́ле 야츠멘너예 뽈레
보너스를 주다	дать бо́нус 다찌 보누스	보살피다	присма́тривать 쁘리스마뜨리바찌
보다(비교)	посмотре́ть 빠스마뜨레찌	보상	компенса́ция 깜뻰사찌야
보다	смотре́ть 스마뜨레찌	보어	дополне́ние 다빨네니예
보라색	фиоле́товый цвет 피알레따브이 쯔벳	보여줘.	Покажи́! 빠까쥐

보관하다 / 잘 보관하다
 сохраня́ть / сохраня́ть хорошо́
 사흐라냐찌   사흐라냐찌   하라쇼

보관했다가 다음에 써요.
 Сохраня́йте, пото́м испо́льзуете.
 사흐라냐이쩨   빠똠   이스뽈주이쩨

보름동안 계속 비가 오지 않았어.
 Дожди́ не шли 15 дней
 다즈지 니 쉴리 삣뜨나짜찌 드네이

보리차   отва́р поджа́ренного ячме́ня
        아뜨바르   빠드자레나버   야츠메냐

143

보조개 ямочки(на щёках) 야마츠끼 (나 쇼까흐)	보조개 ямочки на щеках 야마츠끼 나 쉐까흐
보존하다 сохранить 사흐라니찌	보존 сохранение 사흐라네니에
보여줘! Покажи! 빠까쥐	보지 않다 не смотреть 니 스마뜨레찌
보장하다 обеспечивать 아베스뻬치바찌	보충하다 пополнять 빠빨냐찌

보장하다 гарантировать : обеспечивать
가란찌러바찌 : 아베스뻬치바찌

보조하다 оказывать помощь
아까쥐바찌 뽀모쉬

보증 гарантия
가란찌야

보증하다 гарантировать : обеспечивать
가란찌러바찌 : 아베스뻬치바찌

보증금 денежное обеспечение
제네즈나예 아베스뻬체니예

보통 9시 부터 6시 까지
обычно с 9 часов до 6 часов
아븨츠너 즈 제빗 치소프 다 쉐스찌 치소프

보통 말하다 обычио говорить
아븨츠너 가바라찌

한국어	러시아어	한국어	러시아어
보증기간	срок гарантии 스록 가란찌이	복권	лотерейный билет 라떼레이느이 빌렛
보통 키	средний рост 스레드니 로스트	복사	копирование 까삐라바니예
보통이 아닌	необычный 니아븨츠느이	복숭아(과일)	персик 뻬르시크
보편적이다	повсеместный 빠프세메스느이	복습하다	повторять 빠브따랴찌
보행자	странник 스뜨라니크	복싱	бокс 복스
보험	страхование 스뜨라하바니예	복잡한	сложный 슬로즈느이
보호하다	защищать 자쉬샤찌	복잡한 일	сложное дело 슬로즈노에 젤러

보통 것은 꽉 낀다고. Обычный размер тесноват.
아브이츠느이 라즈메르 쩨스너바뜨

보통의(불만족의 어감) кое-как
꼬예 까끄

복사할 줄 알아요? вы умеете делать копии?
브이 우메예쩨 젤라찌 꼬삐

복수(단위) множественное число
므노제스뜨벤너예 치슬러

복잡하게 얽힌 сложно связанный
슬로즈너 스뱌잔느이

한국어	러시아어	한국어	러시아어
복잡해	сло́жно 슬로즈너	봄	весна́ 비스나
복잡해지다	осложня́ться 아슬로즈냣짜	봉급	зарпла́та 자르쁠라따
복지	благополу́чие 블라가빨루치예	봉지 / 사탕 한봉지	паке́т 빠켓
본사	гла́вный офис 글라브느이 오피스	봉투	конве́рт 깐베르뜨
본질	су́щность 수쉬너스찌	봐주다	помога́ть 빠마가찌
볼펜	ру́чка 루츠까	봤어요?	Вы смотре́ли? 브이 스마뜨렐리

복잡한(교통)	си́льное движе́ние тра́нспорта 실너예 드비줴니예 뜨란스뽀르따
복통	желу́дочное заболева́ние 쥘루다츠너예 자발레즈바니예
본적은 없어.	никогда́ не ви́дел. 니까그다 니 비젤
볼륨을 줄이다	снизи́ть гро́мкость. 스니지찌 그롬꺼스찌
봉하다	запеча́тывать - запеча́ть 자뻬차띄바찌 자뻬차찌
봉하다(편지)	запеча́тывать - запеча́ть 자뻬차띄바찌 자뻬차찌

부	министе́рство 미니스쩨르스뜨보	부두	при́стань 쁘리스딴
부(재산)	бога́тство 바가뜨스뜨버	부드러운	мя́гкий 먀흐끼
부끄러운	сты́дно 스띄드너	부드럽다	мя́гкий 먀흐끼

봐주세요.(넘어가 주세요.)
　　　　　Закро́йте глаза́ на э́то де́ло.
　　　　　자끄로이쩨 글라자 나 에떠 젤러

부 / 정치부　　　отде́л : департаме́нт /
полити́ческий департаме́нт
　　　앗젤 : 지빠르따멘뜨 빨리찌체스끼 지빠르따멘뜨

부가세　　　дополни́тельный нало́г
　　　　　다빨니쩰느이　　　날로크

부계　　　отцо́вская ли́ния ро́дства
　　　　　앗쫍스까야　　리니야　로뜨스뜨바

부담스럽게 하고 싶지 않아.
　　　　　не хоте́л чу́вствовать бре́мя
　　　　　니　하쩰　춥스뜨바바찌　브레먀

부동산　　　недви́жимое иму́щество
　　　　　니드비지마예　　이무쉐스트버

부드러운 피부　　　　мя́гкая ко́жа
　　　　　　　　　　먀까야　꼬좌

부르다	звать 즈바찌	부상당한	ра́неный 라네느이
부모	роди́тели 라지쩰리	부어 오르다	пу́хнуть 뿌흐누찌
부문	о́бласть 오블라스찌	부엉이(새)	сова́ 사바
부부	супру́ги 수쁘루기	부엌	ку́хня 꾸흐냐
부분	часть 차스찌	부유한	бога́тый 바가뜨이
부사	наре́чие 나레치예	부인하다	отрица́ть 아뜨리짜찌

부르다 / 그녀를 불러 올게요.　　звать / Вы́зову её
　　　　　　　　　　　　　　　즈바찌　브이자부 이요

부모님과 살고 있어.　　　　　Живу́ с роди́телями
　　　　　　　　　　　　　　쥐부　스　라지쩰랴미

부인과 아이는 건강하시죠?
　　　　Как здоро́вье ва́шей жены́ и де́тей?
　　　　까끄　즈다로이에　바쉐이　줴느이 이　젯쩨이

부자 / 그녀 집은 부자예요. бога́ч / Ее дом бога́тый
　　　　　　　　　　　　　바가치

부작용　　　　　　　　　побо́чное де́йствие
　　　　　　　　　　　빠보츠너예 제이스뜨비예

148

부재중이다	отсу́тствует 앗수스뜨부옛
부처	Будда 부다
부추기다	побужда́ть 빠부즈다찌
부탁하려하다	поруча́ть 빠루차찌
부합하다	совпада́ть 삽빠다찌
북경(도시)	Пеки́н 삐낀
북부지역	се́верная зо́на 쎄비르나야 조나
북위선	се́верная широта́ 세비르나야 쉬라따
북쪽	се́верная сторона́ 세비르나야 스따라나
북한	Се́верная Коре́я 세비르나야 까례야
분(시간)	мину́та 미누따
분개하다	возмуща́ться 바즈무샷짜
분석하다	анализи́ровать 아날리지로바찌
분침	мину́тная стре́лка 미누뜨나야 스또렐까
부족하다	нехвата́ть / недостава́ть 니흐바따찌　　니다스따바찌
부주의한	невнима́тельный 니브니마쩰느이
부탁드릴 일이 있습니다.	У меня́ про́сьба 우　미냐　쁘로즈바
북아메리카	Се́верная Аме́рика 세비르나야　아메리까
분별 있는	рассуди́тельный 라수지쩰느이

분홍색 ро́зовый цве́т
로자브이 쯔베트

불 ого́нь
아곤

불공평한 несправедли́вый
니스쁘라베들리브이

불구가 된 инвали́дный
인발리드느이

불다(바람) дуть
두찌

불면증 бессо́нница
베소니짜

불빛 отсве́т
앗스베뜨

불안한 беспоко́йный
베스빠꼬이느이

분필로 쓰다 писа́ть ме́лом
삐사찌 멜럼

분홍색이 더 좋아. Я люблю бо́льше ро́зовый цве́т.
야 류블류 볼세 로자브이 쯔베트

불륜의 남녀관계 амора́льные отноше́ния
아마랄리늬예 아뜨나쉐니야

불만족한 неудовлетвори́тельный
니우다블뜨바리쩰느이

불면증에 걸리다 страда́ть бессо́нницей
스뜨라다찌 베손쩨이

불안정한 неусто́йчивый : неста́бильный
니우스또치브이 : 니스따빌느이

불을 붙이다. разводи́ть ого́нь
라즈바지찌 아곤

불이 깜박깜박하다. Мелька́ют ого́ньки.
멜까윳 아곤끼

불운한	несча́стный 니샤스느이	불행하다	несча́стливый 니샤슬리브이
불쾌한	неприя́тный 니쁘리야뜨느이	붓	кисть 끼스찌
불편하다	неудо́бный 니우도브느이	붓다.(액체)	влива́ть 블리바찌
불평하다	ворча́ть 바르차찌	붕대	бинт 빈드
불필요한	нену́жный 니누즈느이	붙이다	накле́ивать 나끌레이바찌
불행	несча́стье 니샤스찌예	브라질	Брази́лия 브라질리야

불이 깜박깜박해야 충전이 되는 거예요. 아니면 문제 있는 건데요.
Когда́ пита́ется электри́чеством, мелька́ются огóньки. Éсли не так, возника́ет пробле́ма.
까그다 삐따잇짜 일렉뜨리체스뜨범, 멜까윳 아곤끼. 예슬리 니딱, 바즈니까옛 쁘라블레마.

불합격하다		прова́ливаться 쁘라발리밧짜
불효		непочте́ние к роди́телям 니빠츠쩨니예 끄 라지쩰럄
붕대를 감다		перевя́зывать би́нтом 뻬레뱌즤바찌 빈땀

브래지어	бюстга́льтер 뷰스뜨갈쩨르	비가 오다.	Идёт до́ждь. 이죠뜨 도쉬

브랜드　　　торго́вая ма́рка / бренд
　　　　　　따르고바야　마르까　　브렌드

브로콜리　　спа́ржевая капу́ста
　　　　　　스빠르제바야　까뿌스따

비 그쳤어?　　Дождь переста́л?
　　　　　　도쉬　　뻬레스딸

비가 갑자기 내리다.　　Вдруг пошёл до́ждь.
　　　　　　　　　　브드루크　빠숄　도쉬

비가 갑자기 퍼붓다. До́ждь вдруг льёт как из ведра́.
　　　　　　　　　도쉬　브드루크 리욧 깍 이즈 비드라

비가 그치다.　　Дождь переста́л.
　　　　　　　도쉬　　뻬리스딸

비가 퍼붓다.　　До́жди льёт стено́й.
　　　　　　　도쉬　리욧　스띠노이

비결이 뭐야?　　Что твой секре́тный спо́соб?
　　　　　　　쉬떠 뜨보이 시끄레뜨느이 스빠소프

비공식적인　　неофициа́льный
　　　　　　니아피찌알느이

비공식휴일이라서 회사마다 달라.
Э́то неоффициа́льный выходно́й день,
поэ́тому ка́ждая компа́ния отлича́ется.　　에떠
니아피찌알느이 븨하노이,　빠에따무 까즈다야 깜빠니야 아뜰리차잇짜.

152

비결	secréтный спóсоб 시끄레뜨느이 스빠소프	비누	мы́ло 밀러
비관하다	разочарова́ться 라스차라밧짜	비듬	пе́рхоть 뻬르하찌
비교적	сравни́тельно 스라브니쩰너	비디오	ви́део 비데오
비교하다	сра́внивать 스라브니바찌	비범한	незауря́дный 니자우랴드느이
비기다	сыгра́ть вничью́ 싀그라찌 브니치유	비서	секрета́рь 시끄레따리

비교적 쉽다	сравни́тельно лёгко 스라브니쩰너 료흐꺼
비린내가 나다	па́хнет сыро́й ры́бы 빠흐넷 싀로이 릐이보이
비밀 / 이거 비밀이야.	та́йна, секре́т / Э́то секре́т. 따이나 시끄레트 에따 시끄레트
비밀스럽게	та́йно : секре́тно 따이너 : 시끄레뜨너
비밀을 지키다	храни́ть в та́йне 흐라니찌 프 따이네
비밀이야.	Сохрани́ в та́йне. 사흐라니 프 따이네
비빔밥	рис с овоща́ми 리스 사바샤미

비스킷	бискви́т
	비스크빗

비슷하다.	похо́жий
	빠호쥐

비올거야.	Пойдёт дождь.
	빠이죳 도쉬

비와.	Идёт дождь.
	이돗 도쉬

비용	расхо́ды
	라스호듸

비우다(자리)	опорожня́ть
	아빠라즈냐찌

비율	пропо́рция
	쁘라뽀르찌야

비자	ви́за
	비자

비서를 뽑다　　　　　　　принима́ть секретарём
　　　　　　　　　　쁘리니마찌　　시끄레따룜

비싸게 팔다　　　　　　　продава́ть до́рого
　　　　　　　　　　쁘라다바찌　　도러거

비싸요, 좀 깎아주세요.　　Сли́шком до́рого,
не могли́ бы уступи́ть немно́го?
　　슬리쉬껌 도러거 니 마글리 브이 우스뚜삐찌 님노거

비오는 날씨　　　　　　　дождева́я пого́да
　　　　　　　　　　다즈제바야　　빠고다

비자를 연장하다　　　　　продлева́ть визу
　　　　　　　　　　쁘라들레바찌　　비주

비즈니스 관계를 맺다
　　　　　заключа́ть деловые конта́кты
　　　자끌류차찌　　젤로브이에　　깐딱뜨이

비탈길　　　　　　доро́га по круто́му скло́ну
　　　　　　다로가　빠　꼬루또무　스글로누

비평하다	критикова́ть 끄리찌까바찌	빌다	жела́ть 젤라찌
비프스테이크	бифште́кс 비프쉬떽스	빌딩	зда́ние 즈다니예
비행기	самолёт 사말료트	빌리다	сдавать в аре́нду 즈다바찌 바렌두
비행기 편	рейс самолёта 레이스 사말료따	빗	гре́бень 그레빈
빈곤한	бе́дный 베드느이	빗자루	ве́ник 베니크
빈혈(의학)	малокро́вие 말라끄로비예	빙하가 녹다	ле́дник та́ет 레드니크 따옛

비행기 표는 샀어요?
　　　　Вы купи́ли биле́т на самолёт?
　　　　브이 꾸뻴리 빌레트 나 사말료트

비행기멀미(비행기 멀미하다)　　　укача́ть в самолёте
　　　　　　　　　　　　　　우까차찌 프 사말료쩨

빈 공간　　　　　　　пу́стое простра́нство
　　　　　　　　　　뿌스떠예 쁘라스뜨란스뜨버

빌려주다.　　　дава́ть в долг / сдава́ть в аре́нду
　　　　　　　다바찌 브 돌그　　즈다바찌 　바렌두

빌려주신다면 정말 좋겠어요.　　Мне бу́дет о́чень
прия́тно, что вы сда́дите мне в аре́нду.
　므녜 부젯 오친 쁘리야뜨너 쉬떠 븨 즈다지쩨 므녜 바렌두

빛	свет 스베트	빠르게	бы́стрый 븨스뜨로이

빛나는 눈   све́тлые глаза́   빠지다(열정)   попа́сться
             스벳뜰릐예 글라자   빠빳스짜

빛이 충만한   по́лный света́ми
                          뽈늬이   스베따미

빠른 / 두 시간 빠른   бы́стрый / спеши́ть на 2 часа́
                           븨스뜨르이   스뻬쉬찌   나 드바 치사

빠른 속도로   бы́стрыми те́мпами
                          븨스뜨릐미   뗌빠미

빠를수록 좋다.   Чем быстре́е, тем лу́чше.
                          쳄   븨스뜨례   쩸   루취쉐

빨간 펜으로 밑줄 긋다
                    подчёркивать кра́сным перо́м.
                    빳쵸르끼바찌   끄라스늼   뻬롬

빨래가 안 말라요.   Бельё не со́хнет.
                         벨리요 니   소흐닛

빨래를 널다   разве́шивать бельё
                          라즈비쉬바찌   벨리요

빨래를 해서 널다   разве́шивать бельё
                          라즈비쉬바찌   벨리요

빨랫줄
   верёвка для разве́шивания и су́шки белья́
   비료프까 들랴   라즈베쉬바니야   이   수쉬끼   벨리야

빨간색	красный цвет 끄라스느이 쯔베트	빼앗아 차지하다	отнимать 아뜨니마찌
빨리	быстрый 븨스뜨르이	뺨	щека 쉐까
빨리와.	Быстро иди. 븨스뜨러 이지	뽑다	выбирать 븨비라찌
빵	хлеб 흘레쁘	뾰족한	острый 오스뜨르이
빼내다	вынимать 븨니마찌	삐다	вывихнуть ногу 븨비흐누찌 노구
빼앗다	отнимать 아뜨니마찌	삐졌어	подулся 빠둘샤

빨리 회복하기를 바랍니다.　　выздоравливайте.
　　　　　　　　　　　　　　　　븨즈다라블리바이쩨

빵 잘라주세요.　　　　　　　отрéзайте кусок хлеба.
　　　　　　　　　　　　　　아뜨레자이쩨 꾸속 흘레바

ㅂ

ㅅ

사(숫자)	четы́ре 치띠레
사거리	перекрёсток 뻬리끄료스떡
사건	собы́тие 사븨찌예
사격하다	стреля́ть 스뜨렐랴찌
사고	происше́ствие 쁘라이스쉐스뜨비예
사공	ло́дочник 로더츠니꼬
사과(과일)	я́блоко 야블러꺼
사귀다	обща́ться 압샤짜
사나운	злой 즐로이
사는 방식	о́браз жи́зни 오브라스 지즈니
사다	покупа́ть 빠꾸빠찌
사대양	4 гла́вных океа́на 쵀뜨레 글라브느이흐 아께아나
사라지다	исчеза́ть 이쉐자찌
사람	челове́к 칠라베크

4년 후에 다시 개최돼.

Че́рез 4 го́да вно́вь откро́ется.
체레즈 치뜨레 고다 브노피 앗뜨끄로잇짜

사등(등수)   четвёртое ме́сто
치뜨뵤르따예 메스떠

사다 / 내가 이 식사 살께.

покупа́ть / Я заплачу́ за э́тот обе́д.
빠꾸빠찌   야 자쁠라추 자 에떠트 아베트

158

사람들	лю́ди 류지	사랑하다	люби́ть 류비찌
사랑	любо́вь 류보피	사랑해요.	Люблю́. 류블류
사랑에 빠지다	влюби́ться 블류빗짜	사망	смерть 스메르찌

사람들이 그러는데 이 영화 재미있는데. Все лю́ди говори́ли, что э́тот фильм о́чень интере́сный.
프쎄 류지 가바릴리 쉬떠 에떠뜨 필름 오친 인쩨레스느이

사람들이 말하기를   как говоря́т
까끄 가바랴뜨

사람들이 바글바글하네.   Мно́го наро́ду.
므노거 나로두

사람마다 다르다.
Э́то отлича́ется от ка́ждого челове́ка.
에떠 아뜨리차옛짜 오뜨 까즈다바 칠라베까

사람마다 좋아하는 것은 다르다.
У ка́ждого челове́ка свой вкус.
우 까즈다버 칠라베까 스보이 프꾸스

사람이 만든   сде́ланный челове́ком
즈젤란느이   칠라베껌

사랑스러운(아기나 애인)   ми́лый
밀르이

사랑스러운(어른에게)   люби́мый
류비므이

사무실	о́фис 오피스	사실	факт 팍뜨
사물	предме́т 쁘리드멧뜨	사십	со́рок 소록
사방	все стороны́ 프쎄 스따라늬	사업하다	вести́ би́знес 베스찌 비즈네스

사망하다   умира́ть / погиба́ть
                               우미라찌   빠기바찌

사무실에서 그 문제에 대해 논의 하죠.
    Дава́йте обсу́дим тот вопро́с в о́фисе.
    다바이쩨   압수짐   똣   바프로스   보피세

사별하다   смерть разлучи́ла.
                            스메르찌   라즐루칠라

사생활을 존중하다
    уважа́ть ча́стную(ли́чную) жи́знь
    우바좌찌   차스누유   리츠누유   지즌

사생활을 캐묻다
    вме́шиваться в чужу́ю(ли́чную) жизнь.
    브메쉬밧짜   프 추주유   리츠누유   쥐즌

사실을 말하다   говори́ть фа́кты
                              가바리찌   팍띄

사실적인   действи́тельный
                               제이스뜨비쩰느이

사업이 번창하다.   Би́знес процвета́ет
                                비즈네스   쁘라츠비따옛

사와.	Покупáй. 빠꾸빠이	사이에	мéжду 메즈두
사용자	пóльзователь 뽈조바쩰	사이클 선수	велосипедúст 벨라씨뻬지스뜨
사월	апрéль 아쁘렐	사자(동물)	лев 레프
사위	зять 쨔찌	사장	президéнт 쁘레지젠뜨
사육하다	выкáрмливать 븨까르믈리바찌	사전	словáрь 슬라바리

사용법   мéтод испóльзования
메떠드   이스뽈자바니야

사용안내   сопровождéние пóльзования
사쁘라바즈제니예   뽈자바니예

사용하다
испóльзовать : пóльзоваться : употреблять
이스뽈조바찌 :   뽈조밧쨔 :   우빠뜨레블랴찌

사용하지 않다   не испóльзовать
니   이스뽈자바찌

사원(사람)   слýжащие (фúрмы)
슬루자쉬예   (피르므이)

사원(절)   буддúйский храм
부지스끼   흐람

사진 한장	один снимок	사찰	буддийский храм
	아진 스니마끄		부지스끼 흐람

사장님 스트레스 받겠다.
 Может быть, директор получает стресс.
 모젯 븨찌 지렉떠르 빨루차옛 스뜨레스

사장님께 허락받다
 получать разрешение от директора
 빨루차찌 라즈리쉐니예 아뜨 디렉떠라

사직하다   выходить в отставку
 븨허지찌   밧스따프꾸

사진 3X4사이즈 한 장
 один снимок в размере 3X4
 아진 스니마끄 브 라즈메레 뜨리 치띄레

사진 한 장씩 인쇄해 주세요.
 Проявите, пожалуйста, снимок по одному.
 쁘라야비쪠 빠좔루이스따 스니마끄 빠 아드나무

사진기를 준비할게요.   Приготовлю фотоаппарат
 쁘리가또블류   파따아빠라트

사진을 찍다   фотографировать
 파따그라피라바찌

사진을 찍어서 기념으로 남기자.
 Давай сфотографируем на память.
 다바이 스파따그라피루옘 나 빠먀찌

사진촬영금지   Запрещено фотографировать.
 자쁘레쉔너   파따그라피라바찌

162

사탕	конфéта 깐페따	산 정상	верши́на горы́ 베르쉬나 가릐
사투리	диалéкт 디알렉드	산림	горá и лес 가라 이 레스
사학	истóрия 이스또리야	산맥	гóрный хребéт 고르느이 흐레베트
사학자	истóрик 이스또릭	산모	роди́вщая ребёнка 라지브샤야 리본까
사회	óбщество 옵쉐스뜨버	산업	промы́шленность 쁘라믜쉴렌너스찌
삭제하다	исключáть 이스끌류차찌	산책하다	гуля́ть 굴랴찌
산	горá 가라	산파	акушёр 아꾸쇼르

사탕 드세요. Попрóбуйте конфéты, пожáлуйста.
　　　　　빠쁘로부이쩨　깐페띄　　빠좔루이스따

사탕수수　　　　　　　сáхарный тростни́к
　　　　　　　　　　사하르느이　뜨라스닉

사회경험이 없을 거예요.
По-мóему, у негó нет óпыта в общéственной жизни.
　　　　빠모예무 우 니보 니옛 오쁴따 밥쉐스뜨벤노이 지즈니

산부인과　　　　　　акушéрство и гинеколóгия
　　　　　　　　　아꾸쉐르스뜨바 이　기니깔로기야

살 / 30살	год, лет / 30 лет 고트 레트 뜨리짯찌 레트
살구	абрикóс 아브리꼬스
살다	жить 쥐찌
살인	убúйство 우비스뜨버
살찌다	полнéть 빨네찌
삶	жизнь 지즌
삶은 계란	варёное яйцó 바룐나예 이쪼
삼(숫자)	три 뜨리
삼거리	трёхдорóжный 뜨료흐다로즈느이
삼십	трúдцать 뜨리짜찌
삼월	март 마르뜨
삼일	3 дня 뜨리 드냐

산출량 объём произвóдства : объём вы́пуска
아비욤 쁘라이즈보뜨스뜨버 : 아비욤 븨뿌스까

살 / 두 살 난 아들 двухлéтний сын
드부흐렛뜨니이 쉰

살이 많이 찐 것 같아.(혼잣말)
Кáжется, я пополнéл(-a).
까젯짜 야 빠빨넬(라)

삶은 고구마 варёный батáт
바룐느이 바따뜨

삶의태도 отношéние к жúзни
아뜨나쉐니예 끄 쥐즈니

삼촌	дядя 쟈쟈	상대적인	относительный 아뜨나시쩰느이
상(우승)	премия 쁘레미야	상품의(고급)	товарный 따바르느이
상관없이	независимо от 니자비스마 오뜨	상사병	болезнь от любви 발레즌 아뜨류비
상담	консультация 깐술따찌야	상상하다	воображать 바브라자찌
상당히	довольно 다볼리너	상세히	подробный 빠드로브느이
상대선수	конкурент 깐꾸렌뜨	상을 타다	получать приз 빨루차찌 쁘리스

상담하다(업무)　　　　　консультироваться
　　　　　　　　　　　　깐술찌라밧짜

상당하는(금액)　　　　　изрядная (сумма деньги)
　　　　　　　　　　　　이즈랴드나야　(수마　 젠기)

상반신을 찍다.
　фотографировать верхнюю половину тела.
　파따그라피라바찌　베르흐뉴　빨라비누　쩰라

상업채권　　　　　　　коммерческая облигация
　　　　　　　　　　　까메르체스까야　아블리가찌야

상영하다(영화, 드라마)　　идёт фильм(драма)
　　　　　　　　　　　　이죠트 필름 (드라마)

상응하다 соответствовать	상태 состояние
사아뜨베스뜨바바찌	사스따야니예
상의(옷) верхняя одежда	상품 товар
베르흐냐야 아제즈다	따바르
상처 рана	상형문자 иероглиф
라나	이에로글프

상용하다　　　　　　　　постоянно употреблять
　　　　　　　　　　빠스따얀나　　우빠뜨레블랴찌

상자/ 맥주 1 상자

　　　　　　　　　ящик / один ящик пива
　　　　　　　　야쉬끄　아진　야쉬끄　삐바

상자처럼 생겼어.　　　Это выглядит ящиком.
　　　　　　　　에떠　븨글랴짓　야쉬껌

상점은 아침 8시에 문을 연다.
　　　　Магазин открывается в 8 часов утром.
　　　　마가진　아뜨끄릐바옛짜 브 보심 치솝　우뜨럼

상점은 저녁 9시에 문을 닫는다.
　　　　Магазин закрывается в 9 часов вечера.
　　　　마가진　자끄릐바옛짜 브 제빗 치솝　베체라

상징하다　　　　　　　　　　　символизировать
　　　　　　　　　　　　　심발리지로바찌

상처를 받다(마음)　　　　　　　　　ушибаться
　　　　　　　　　　　　　　　우쉬밧짜

한국어	러시아어	한국어	러시아어
상호간에	взаи́мно 브자임너	새롭다	но́вый 노브이
상황	ситуа́ция 시뚜아찌야	새벽	рассве́т 라스베트
새 단어	но́вое сло́во 노바예 슬로버	새우	креве́тки 끄레베뜨끼
새(동물)	пти́ца 쁘찌짜	새해	но́вый год 노브이 고트
새 것의	но́вый 노브이	색깔	цвет 쯔베트
새끼를 낳다	рожда́ть 라즈다찌	색소폰	саксофо́н 삭사폰

상품목록을 첨부하다　прилага́ть спи́сок това́ров.
　　　　　　　　　쁘릴라가찌　스뻬석　따바로프

상품을 진열하다　выставля́ть това́ры на витри́не
　　　　　　　븨스따블랴찌　따바릐　나　비뜨리녜

상품을 팔다　　　　　　　　продава́ть това́р
　　　　　　　　　　　　쁘라다바찌　따바르

새 집으로 이사하다
　　переéхать на но́вую кварти́ру
　　뻬레예하찌　나　노부유　끄바르찌루

새콤달콤한　　　　　　　сла́дкий и ки́слый
　　　　　　　　　　슬라뜨끼　이　끼슬르이

167

색종이	цве́тная бума́га 쯔벳뜨나야 부마가	생각	мысль 믜슬
샐러드	сала́т 살라트	생각나다.	вспомина́ться 프스빠미낫짜
샘플(상품)	образе́ц 아브라제쯔	생각하다	ду́мать 두마찌

새해 복 많이 받으세요. С но́вым го́дом.
스 노븸 고덤

색은 예쁜데, 좀 크네요.
Цвет краси́вый, но мне э́то велико́.
쯔베트 끄라시븨이 노 므녜 에떠 벨리꺼

샘플을 보여주세요.
Покажи́те образе́ц, пожа́луйста.
빠까쥐쩨 아브라제쯔 빠찰루이스따

생각보다 무겁네요. Э́то тяжёлее, чем ожи́данное.
에떠 찌죨리예 쳄 아지단나예

생각보다 비싸다고요? Э́то сли́шком до́рого?
에떠 슬리쉬껌 도러거

생각이 있어요? 없어요?
Есть ли у вас мысль или нет?
예스찌 리 우 바스 믜슬 일리 니옛

생각지도 않게 Об э́том я и не мы́слю.
아브 에떰 야 이 니 믜슬류

168

한국어	러시아어	한국어	러시아어
생각해 볼게요.	Я поду́маю 야 빠두마유	생물	живо́е существо́ 쥐보예 수쉐스뜨보
생강	имби́рь 임비르	생산물	проду́кция 쁘라둑찌야
생맥주	разливно́е пи́во 라블리브노이 삐보	생산하다	производи́ть 쁘라이즈바지찌
생각할 시간이 필요해.	Мне ну́жно вре́мя поду́мать. 므녜 누즈너 브레먀 빠두마찌		
생계를 위해 일하다	рабо́тать на жизнь 라보따찌 나 쥐즌		
생계비를 벌다	зараба́тывать на жизнь 자라바띄바찌 나 쥐즌		
생과일주스	флукто́вый напи́ток 프룩또브이 나삐떠크		
생리(여성)	ме́сячы: менструа́ция 메샤취 : 민스뜨루아찌야		
생리용품	санита́рые изде́лия 사니따르늬에 이즈젤리야		
생명을 구하다	спасти́ жизнь 스빠스찌 쥐즌		
생방송	пряма́я трансля́ция 쁘랴마야 뜨란슬랴찌야		
생방송하다	проводи́ть пряму́ю трансля́цию 쁘라바지찌 쁘랴무유 뜨란슬랴찌유		

생수	натуральная вода́ 나뚜랄나야 바다	샤워기	душ 두쉬
생일	день рожде́ния 젠 라즈제니야	샴푸	шампу́нь 샴푼
생태계	экосисте́ма 에까시스쩨마	서기장	секрета́рь 시끄레따리
생활	жизнь 쥐즌	서늘한	прохла́дный 쁘라흘라드느이
생활(방식)	о́браз жи́зни 오브라스쥐즈니	서두르다	спеши́ть 스뻬쉬찌

생산성   производи́тельность
빠라이즈바지쩰너스찌

생일 케이크   торт ко дню́ рожде́ния
또르뜨 까 드뉴 라즈제니야

생일카드를 그녀에게 드리려고요.
    Я дам ей откры́тку для́ дня рожде́ния.
    야 담 예이 아뜨끄릐뜨꾸 들랴 드냐 라즈제니야

생활이 점점 우울해져요.
    Жизнь стано́вится ещё грустнее.
    쥐즌 스따노빗짜 잇쑈 그루스녜

서럽다   печа́льный; огорчённбій
    뻬찰느이   아가르촌느이

서로 같은   одина́ковый : схо́дный
    아지나까브이 : 스호드느이

서로	ме́жду собо́й 메즈두 사보이	서명	по́дпись 뽀드삐시
서로 서로	друг дру́га 드루크 드루가	서민	просто́й наро́д 쁘라스또이 나로트
서로 섞다	сме́шиваться 스메쉬밧짜	서술하다	излага́ть 이즐라가찌
서류	докуме́нт 다꾸멘뜨	서양의	за́падный 자빠드느이

서로 다른   разли́чный : несхо́дный
               라즐리츠느이 : 니스호드느이

서로 밀착된   те́сно свя́занный
               쩨스너 스뱌잔느이

서로 부딪히다   ста́лкиваться
               스딸끼밧짜

서로 싸우다   сража́ться друг с дру́гом
               스라잣짜 드루크 즈드루감

서로 아세요?   Вы уже́ зна́ли друг дру́га?
               븨 우제 즈날리 드룩 드루가

서비스(전자제품 등)

    се́рвис : услу́га : обслу́живание
     세르비스 : 우슬루가 : 압슬루쥐바니예

서비스가 엉망이다.   Обслу́живание по́ртилось.
               압슬루쥐바니예 뽀르찔라시

서비스요금   пла́та за обслу́живание
               쁠라따 자 압슬루지바니예

서점	кни́жный магази́н 끄니즈느이 마가진	선두에 선	стоя́ть во главе́ 스따야찌 바 글라베
서커스	цирк 찌르크	선물	пода́рок 빠다록
서행	ме́дленный ход 메드레느이 호뜨	선물하다.	дари́ть пода́рок 다리찌 빠다록
석사	маги́стр 마기스뜨르	선반	по́лка 뽈까
석유	не́фть 네프찌	선수	спортсме́н 스빠르뜨멘

서비스하다(전산)	обслу́живать 압슬루쥐바찌
서빙하다	пода́ть : обслу́живать 빠다찌 : 압슬루쥐바찌
선글라스	солнцезащи́тые очки́ 손체자쉬뜨이에 아츠끼
선글라스를 쓰다	носи́ть солнцезащи́тые очки́. 나시찌 손체자쉬뜨이에 아츠끼
선물을 살 수가 없다	не мочь купи́ть пода́рок 니 모치 꾸삐찌 빠다록
선물하고 싶었어요.	Я хоте́л бы подари́ть в пода́рок 야 하쪨 브이 다리찌 프 빠다록
선발팀	отбо́рная кома́нда 앗보르나야 까만다

| 선조 | пре́док
쁘레독 | 선택하다 | выбира́ть
븨비라찌 |
|---|---|---|---|
| 선진적이다 | передово́й
뻬레다보이 | 선풍기 | вентиля́тор
벤찔랴떠르 |
| 선출하다 | выбира́ть
브이비라찌 | 설립하다 | осно́вывать
아스노브이바찌 |
| 선크림 | крем от со́лнца
끄렘 아뜨 쏜짜 | 설명하다 | объясня́ть
아비스냐찌 |

선생님(남자)　преподава́тель : учи́тель
　　　　　　　쁘리빠다바쪨 :　우치쪨

선생님(여자)　преподава́тельница : учи́тельница
　　　　　　　쁘리빠다바쪨니차　　우치쪨니차

선을 긋다　　　　　проводи́ть ли́нию
　　　　　　　　　쁘라바지찌　리니유

선착순　　　в поря́дке о́череди : по о́череди
　　　　　　프 빠랴뜨께 오체레지 :　빠 오체레지

선착순으로 티셔츠를 주다
　　дать футбо́лку в поря́дке о́череди.
　　다찌　풋볼꾸　프 빠랴뜨께 오체레지

선크림을 계속 바르다　ма́заться кре́мом от со́лнца
　　　　　　　　　　마잣쨔　끄리맘 아뜨 쏜짜

선사시대　　　　　Доистори́ческие времена́
　　　　　　　　다이스또리체스끼에　브레메나

| 설사 | понос
빠노스 | 설탕이든 | со сáхаром
사-하람 |
|---|---|---|---|
| 설익은 | недовáренный
니다바렌느이 | 섬 | óстров
오스뜨로프 |
| 설탕 | сáхар
사하르 | 성(이름) | фамúлия
파밀리야 |

설 쇠러 고향에 가? Вы вернётесь на роднóй гóрод, чтóбы отмéтить Нóвый год?
븨 베르뇨쎼씨 나 라드노이 고라트 쉬떠븨 아뜨메띠찌 노븨이 고트

설(음력) нóвый год(по лýнному календарю́)
노브이 고트 빠 룬노무 깔렌다류

설날음식 новогóдние блю́да
노바고드니예 블류다

설명서 пúсьменное объяснéние
삐스멘너예 아비스녜니예

설사약 слабúтельное срéдство
슬라비쩰나예 스레드스뜨버

설사하다 страдáть понóсом
스뜨라다찌 빠노섬

설을 재미있게 쇴어요? Вы приятно прáздновали(отмечáли) Нóвый год?
븨 쁘리야뜨너 쁘라즈나발리 (아뜨미찰리) 노브이 고트

설치하다(전산) устанáвливать
우스따나블리바찌

성격	хара́ктер 하락쩨르	성장하다	расти́ 라스찌
성공하다	удава́ться 우다밧짜	성적	успева́емость 우스뻬바에모찌
성냥	спи́чки 스삐츠끼	성조	тон 똔
성립하다	образо́вывать 아브라조븨바찌	성질	хара́ктер 하락쩨르

성 잘 내는   раздражи́тельный
                              라즈드라쥐쩰느이

성가신 일 더는 없을 거예요.
           Бо́льше не доставлю́ хлопоты́.
           볼셰   니 다스따블류   홀라빠띄

성격이 발랄하고 좋은
           весёлый и хоро́ший хара́ктер
           비숄르이 이   하로쉬   하락쩨르

성공하시기를 바랄게요.   Жела́ю вам успе́хов.
                                 쥊라유 밤 우스뻬호프

성교하다   име́ть полову́ю связь :
име́ть половы́е отноше́ния
     이메찌 빨라부유 스뱌지 : 이메찌 빨라븨예 아뜨너쉐니야

성은 박 입니다. 이름은 박민수입니다.
           Моя́ фами́лия Пак, и́мя Пак Мин Су.
           마야 파밀리야   박 이먀 박 민 수

세 번째	третий 뜨레찌	세금	нало́г 날로크
세 시간	3 часа 뜨리 치사	세기(기간)	век 베끄
세게 때리다	бить си́льно 비찌 실너	세다(숫자)	счита́ть 쉬따찌
세계	мир 미르	세달	три ме́сяца 뜨리 메샤짜
세계에서	в ми́ре 브 미레	세대	поколе́ние 빠깔레니예
세관	тамо́жня 따모쥐냐	세미나	семина́р 세미나르

성탄절	Рождество́ (Христо́во) 라즈줴스뜨보 (흐리스또버)
성함을 알려주시겠어요?	Могу́ ли узна́ть ва́ше и́мя? 마구 리 우즈나찌 바쉐 이먀
성형수술	пласти́ческая опера́ция 쁠라스찌체스까야 아뻬라찌야
세관신고	тамо́женная деклара́ция 따모줸나야 제끌라라찌야
세권 주세요.	Да́йте, пожа́луйста, три кни́ги. 다이쩨 빠좔루이스따 뜨리 끄니기
세금을 내다	плати́ть нало́г. 쁠라찌찌 날로크

세모	треугольник 뜨레우골니끄	세포	клетка 끌레뜨까
세면기	умывальник 우므이발니끄	셋(숫자)	три 뜨리
세탁소	химчистка 힘치스뜨까	소	корова 까로바
세탁하다.	стирать 스찌라찌	소견	мнение 므녜니예

세를 주다	сдавать в аренду 즈다바찌 바렌두
세배	новогодний поклон 노바고드느이 빠끌론
세배하다	поклоном поздравлять с Новым годом 빠끌로놈 빠즈드라블랴찌 스노브임 고돔
세일(할인판매)	продажа на скидки 쁘라다좌 나 스끼뜨끼
세탁기	стиральная машина 스찌랄나야 마쉬나
세탁세제	стиральный порошок 스찌랄느이 빠라쇽
소개하다	познакомить кого с кем 빠즈나꼬미찌

소고기	говя́дина 가뱌지나
소극적인	пасси́вный 빠시브느이
소금	соль 솔
소나기	ли́вень 리벤
소득	при́быль 쁘리빌
소득세	подохо́дный нало́г 빠다호드느이 날로크
소리	звук 즈부크
소리를 듣다	слу́шать звук 슬루샤찌 즈부크
소멸하다	исчеза́ть 이스체자찌
소변	моча́ 마차
소변보다.	мочи́ться 마칫짜
소비자	потреби́тель 빠뜨레비쩰
소개해 드릴게요.	Разреши́те предста́вить вам. 라즈리쉬쩨 쁘리쯔스따비찌 밤
소나기를 만나다	пасть под ли́венем 빠스찌 빠드 리베넴
소름끼치는	мура́шки бе́гают по спине́ 무라쉬끼 비가윳 빠 스삐녜
소리치다(도움을 구하러)	крича́ть 끄리차찌
소매치기	ме́лкое воровство́ 멜꼬예 바롭스뜨보
소매업하다	продава́ть в ро́зницу 쁘라다바찌 브 라즈니쭈

178

| 소비하다 | потреблять
빠드레블랴찌 | 소유 | собственность
솝스뜨벤너스찌 |
|---|---|---|---|
| 소설 | роман
라만 | 소포 | почтовая посылка
빠츠또바야 빠쒈까 |
| 소식 | известия
이즈베스찌야 | 소화 | пищеварение
삐셰바레니예 |
| 소아마비 | детский паралич
젯스끼 빠랄리치 | 소화불량 | диспепсия
디스뻽시야 |
| 소원 | желание
쥘라니예 | 속눈썹 | ресница
레스니짜 |

소송에서 이기다   выиграть на иске
븨이그라찌 나 이스께

소수민족   расовые меньшинства
라시브예   멘쉰스뜨바

소식이 없는(사라진)   безвестный
베즈베스느이

소음이 조금 있네.   Немношко шумно.
님노쉬까   슘너

소파 어디에 둬요?   Куда класть диван?
꾸다 끌라스찌   지반

소프트웨어(전산)   программное обеспечение
쁘라그람너예   아베스삐체니예

소화에 좋다   Полезно для пищеварения.
빨레즈너 들랴   삐셰바레니야

속담	посло́вица 빠슬로비짜	손가방	портфе́ль 빠르뜨펠
속도	ско́рость 스꼬라스찌	손녀	вну́чка 브누츠까
속삭이다.	шепта́ть 쉬쁘따찌	손님	гость 고스찌
속이다.	обма́нывать 아브마뉘바찌	손목시계	ру́чные часы́ 루츠늬예 치싀
속하다.	принадлежа́ть 쁘리나들레자찌	손수건	носово́й плато́к 나사보이 쁠라똑
손	рука́ 루까	손실	убы́ток 우븨떠크
손가락	па́лец 빨레쯔	손으로 누르다.	нажа́ть 나좌찌

속닥거리다   гро́мко шепта́ться
그롬꺼   쉬쁘땃짜

속도를 줄이다   уме́ньшить ско́рость
우멘쉬찌   스꼬라스찌

속성으로   уско́ренными ме́тодами
우스꼬렌늬미   메떠다미

속어   просторе́чие : вульгари́зм
쁘라스따레치예 :   불가리즘

속이려하지 마.   Не обма́нывай!
니   아브마늬바이

손자	внук
	브누크

손톱	ноготь
	노가찌

손잡이	ручка
	루츠까

손해	ущерб
	우셰르쁘

손전등	ручная лампочка
	루츠나야 람빠츠까

솔직한	откровенный
	아뜨끄로벤느이

손님에게 좋은 서비스를 제공하기 위해 우리 직원들은 노력하고 있다.
Наши сотрудники прилагают усилия для оказания клиентам хороших сервисов.
나쉬이 사뜨루드니끼 쁘릴라가윳 우실리야 들랴 아까자니야 끌리엔땀 하로쉬흐 세르비소프

손등	тыльная сторона́ ладо́ни
	띨나야 스따라나 다도니

손을 올리다	поднима́ть руки́
	빠드니마찌 루끼

손을 흔들어 인사하다
приве́тствовать, маха́я рука́ми.
쁘리베스뜨보바찌 마하야 루까미

손재주가 있다	У него́ золоты́е руки́
	우 니보 잘라띠예 루끼

손톱깎이	маникю́рные но́жницы
	마니뀨르늬예 나즈니쯔이

손해를 보다	тепе́ть ущерб
	쩨르뻬찌 우셰르쁘

솜씨 좋은	искусный 이스꾸스느이
쇼윈도	витрина 비뜨리나
쇼핑	покупки 빠꾸쁘끼
수건	платок 쁠라똑
수고비	плата за труд 쁠라따 자 뜨루트
수공의	рукодельный 루까젤느이
수군	морской военный 마르스꼬이 바옌느이
수근거리다	болтать 발따찌
수년(기간)	несколько лет 니스껄꺼 레트
수다스러운	болтливый 발뜰리브이
수단	средство 스레쯔스뜨버
수도(도시)	столица 스딸리짜

솔직히 말하자면,	говоря откровенно 가바랴 아뜨끄로벤너
솔질을 하다	чистить щёткой. 치스찌찌 쇼뜨꺼이
송년회	проводы Старого года 쁘로바듸 스따로보 고다
송별회	прощальный вечер 쁘라샬느이 베체르
송별회를 열다	провести прощальный вечер 쁘라베스찌 쁘라샬느이 베체르
송이 / 장미 3송이	головка цветка розы 갈로쁘까 쯔비뜨까 로즤

| 수동의 | ручной
루츠노이 | 수백의 | несколько сот
니스껄꺼 소트 |
|---|---|---|---|
| 수량 | количество
깔리체스뜨버 | 수상해 | Сомнительно.
삼니쩰너 |
| 수련 | тренировка
뜨레니로프까 | 수선하다 | ремонтировать
레만찌로바찌 |
| 수류탄 | ручная граната
루츠나야 그라나따 | 수송하다 | перевозить
뻬레바지찌 |
| 수리하다 | ремонтировать
리반찌로바찌 | 수수료 | комиссионные
까미시온늬예 |
| 수박 | арбуз
아르부스 | 수술 | операция
아뻬라찌야 |

| 수도요금 | плата за воду
쁠라따 자 보두 |
|---|---|
| 수력 | гидравлическая сила
기드라블리체스까야 실라 |
| 수면(물) | поверхность воды
빠베르흐너스찌 바듸 |
| 수산업 | рыбная промышленность
릐브나야 쁘라믜쉴렌너스찌 |
| 수상(직위) | премьер-министр
쁘리메르 미니스뜨르 |
| 수속절차 | порядок процедуры
빠랴덕 쁘라쩨두르이 |

한국어	러시아어	한국어	러시아어
수습하다	справля́ться 스쁘라블럇짜	숙박하다	ночева́ть 나체바찌
수신인	адреса́т 아드레사트	숙제	дома́шнее зада́ние 다마쉬녜예 자다니예
수여하다	присужда́ть 쁘리수즈다찌	순서	поря́док 빠랴덕
수영	пла́вание 쁠라바니예	순탄한	ро́вный 로브느이
수요(필요)	спрос 스쁘로스	숟가락	ло́жка 로쉬까
수요일	среда́ 스레다	술	спиртно́й напи́ток 스삐르뜨노이 나삐떡
숙모	тётя 쬬쨔	술 취한	пья́ный 삐야느이

수십 여의	не́сколько деся́тков 니스껄꺼 지샤뜨까프
수영장	бассе́йн для пла́вания 바쎄인 들랴 쁠라바니야
수영할 줄 알아요?	Вы уме́ете пла́вать? 븨 우메이쩨 쁠라바찌
비행기 번호가 몇번입니까?	Како́й но́мер ре́йса? 까꼬이 노메르 레이싸
순서대로(선착순)	по поря́дку 빠빠랴뜨꾸

184

술집	паб;бар 빱 ; 바르
숨기다	прятать 쁘랴따찌
숫자	цифра 찌프라
숲	лес 레스
쉬운	лёгкий 료흐끼이
쉽다	лёгко 료흐꺼
쉽죠?	лёгко? 료흐꺼
슈퍼마켓	супермаркет 수뻬르마르께트

순회하다   совершить турне
               사베르쉬찌 뚜르녜

술 도수가 세요.   Это вино крепкое.
                에떠 비노 끄례쁘까예

술 많이 마시지 마.   Не пей много.
                니 뻬이 므노거

술 잘하시네요.   Вы хорошо пьёте.
                븨 하라쇼 삐요쩨

술어   предикат : сказуемое
                쁘레지까트 : 스까주에마에

술을 끊다   бросить пьянство
                브라시찌 삐얀스뜨버

숨쉬기 어려운   тяжело дышащий
                찌를로 드이샤쉬이

쉬다 / 잘 쉬었어?
    отдыхать / Ты хорошо отдыхал(-а)?
     앗드이하찌   띄 하라쇼   앗드이할(라)

스물(숫자)	двáдцать 드바짜찌	스타일(남성)	стиль 스찔
스스로에게	себé 시볘	스탬플러	стáплер 스따쁠레르
스위치(남성)	выключáтель 브이끌류차쩰	스페인어	испáнский язы́к 이스빤스끼 이직크
스케줄	расписáние 라스삐사니예	스포츠	спорт 스뽀르뜨
스키장	лы́жный курóрт 르이쥐느이 꾸로르뜨	스프	суп 수쁘
스타(인물)	звездá 즈비즈다	스프레이	водянáя пыль 바지나야 쁘일

쉽게 믿는 лёгко увéренный
료흐꺼 우볘렌느이

쉽게 상하다 лёгко пóртиться
료흐꺼 뽀르찌짜

슈퍼마켓에 자주가. Я чáсто хожý в супермáркет.
야 차스떠 하쥬 프수뻬르마르께트

스키를 타다 катáться на лы́жах
까따짜 나 르이좌흐

스트레스 받다 находи́ться под стрéссом
나호지짜 뽀드 스뜨례섬

스포츠 신문 спорти́вная газéта
스빠르찌브나야 가제따

한국어	러시아어	한국어	러시아어
스프링	пружи́на 쁘루쥐나	승리	побе́да 빠베다
스피커	громкоговори́тель 그롬꺼가바리쩰	승리하다	побежда́ть 빠베쥐다찌
슬퍼하지 마.	Не печа́ли! 니 뻬찰리	승무원(여자)	стюарде́сса 스뜌아르데사
슬픈	печа́льный 뻬찰느이	승자(남성)	победи́тель 빠베지쩰
슬픔(여성)	печа́ль 뻬찰	시(도시)	го́род 고라트
습격당하다	напада́ться 나빠다짜	시(문학)	стихи́ 스찌히
습관	привы́чка 쁘리브이츠까	시(시간)	час 차스
습도(여성)	вла́жность 블라쥐너스찌	시간	вре́мя 브레먀
승객	пасажи́р 빠사쥐르	시간선	изохро́ны 이자흐로느이

습도가 높아서 힘들어.
О́чень вла́жно, и не прия́тно.
오친 블라쥐나 이 니 쁘리야뜨너

시간 / 한 시간
час / оди́н час
차스 아진 차스

시간당	за час 자 차스	시금치	шпинáт 쉬삐나트
시간이 되다	порá 빠라	시기	срок 스록
시계	часы́ 치스이	시끄러운	шýмный 슘느이
시계를 차다	носи́ть часы́ 나시찌 치스이	시끄러운걸.	Шýмно. 슘너

시간당 300km   три́ста киломéтров за час
뜨리스따 낄라몌뜨러프 자 차스

시간도 없고 바빠.
У меня́ нет врéмени и зáнят(занятá).
우 미냐 니엣 브례메니 이 자냐뜨 (자니따)

시간약속을 해 주세요.   Назначáйте врéмя встрéчи.
나즈나차이쩨 브례먀 프스뜨례치

시간을 낼 수가 없다.   У меня́ нет врéмени.
우 미냐 니엣 브례메니

시간을 약속하다
договори́ться о врéмени встрéчи
다가바리짜 아 브례메니 프스뜨례치

시간을 절약하다   эконóмить врéмя
이까노미찌 브례먀

시간이 걸리다   трéбоваться врéмени
뜨레버바짜 브례메니

한국어	러시아어	한국어	러시아어
시내(도시)	центр 쩬뜨르	시어머니	свекровь 스비끄로피
시내중심	центр города 쩬뜨르 고로다	시원하다	прохладно 쁘라흘라드너
시다(맛)	кислый 끼슬르이	시원한	прохладный 쁘라흘라드느이
시도	попытка 빠쁘이뜨까	시월(10월)	октябрь 악쨔브리
시들다	вянуть 뱌누찌	시작하다	начинать 나치나찌
시민	гражданин 그라쥐다닌	시장	рынок 르이너크
시샘하다	ревновать кого 레브나바찌 까보	시점	точка времени 또츠까 브레메니
시스템(전산)	система 시스쩨마	시청자(남성)	зритель 즈리쩰
시아버지	свёкор 스뵤까르	시체	труп 뜨루쁘

시간이 오래 걸리네. Требовалось много времени.
뜨례버발러시 므노거 브레메니

시간이 정말 빠르다. Время идёт очень быстро.
브레먀 이죳 오친 브이스뜨러

시위하다 демонстрировать
지만스뜨리라바찌

시행하다	исполнять 이스빨냐찌	식량	продовольствие 쁘라다볼스뜨비예
시험	экзамен 에그자멘	식사	еда; обед 이다; 아볘트
시험지	лист экзамена 리스뜨 에그자메나	식사하다	обедать 아볘다찌
식당	столовая; ресторан 스딸로바야; 레스따란	식용유	съедобное масло 스에도브나예 마슬러

시장에 자주가세요? Вы часто ходите на рынок?
브이 차스떠 하지쩨 나 르이너크

시키지 마세요. Не вручайте.
니 브루차이쩨

시험 문제 вопросы экзамена
바쁘로스이 에그자메나

시험 봤어요? Вы здавали экзамен?
브이 즈달리 에그자멘

시험결과가 어때요?
Какой результат экзамена вы получили?
깍이 리줄땃 에그자메나 브이 빨루칠리

시험삼아하다. делать на эксперимент
젤라찌 나 엑스뻬리멘뜨

시험에 떨어지다 провалиться на экзамене
쁘라발리짜 나 에그자메녜

식초	уксус 욱수스	신고	декларирование 제끌라리로바니에
식탁	стол 스똘	신고서	декларация 제끌라라찌야
신(종교)	бог 복	신랑	жених 쥐니흐
신경 쓰다	заботиться 자보찌짜	신랑 측	сторона жениха 스따라나 쥐니하

식당차(기차)   вагон-ресторан
                         바곤   레스따란

식이요법하다   сидеть на диете
                         시제찌 나 지엣쩨

식중독   пищевое отравление
                   삐셰보예   아뜨라블레니예

식품   пища; продовольственные продукты
       삐샤;   쁘라다볼스뜨벤느이에   쁘라둑뜨이

신경 쓰지 않다   не заботиться
                         니   자보찌짜

신경써주시는군요.
   Вы обращаете большое внимание на меня.
   브이 아브라샤예쩨   발쇼예   브니마니예 나 미냐

신경쓰지 마.
                         Не обращай внимания.
                            니 아브라샤이   브니마니야

신뢰하다	ве́рить 베리찌	신비	таи́нственность 따인스뜨벤노스찌
신문	газе́та 가제따	신사(남자)	джентльме́н 젠뜰멘
신발(여성)	о́бувь 오부피	신선하다	све́жий 스베쥐이
신발을 신다	обува́ться 아부바짜	신앙	ве́ра 베라
신병	новичо́к 나비촉	신용	креди́т 끄레지트
신부 측	сторона́ неве́сты 스따라나 니베스뜨이	신중한	осторо́жный 아스따로쥐느이
신부(결혼)	неве́ста 니베스따	신청서	заявле́ние 자이블례니예

신고서를 작성하셨나요?
Вы запо́лнили деклара́цию?
브이   자뽈닐리   제끌라라찌유

신고서를 작성해 주세요.
Заполни́те, пожа́луйста, деклара́цию.
자뽈니쩨   빠좔이루스따   제끌라라찌유

신문을 보면 알게 될 거예요.
Е́сли просма́триваете газе́ту, вы узнаёте.
예슬리   쁘라스마뜨리바예쩨   가제뚜   브이 우즈나요쩨

신물이 넘어오다   чу́вствовать отвраще́ние
                    춥스뜨버버찌   아뜨브라셰니예

신호	сигна́л 시그날	실수하다	ошиба́ться 아쉬바짜
신호등	светофо́р 스비따포르	실습하다	практикова́ться 쁘락찌까바짜
신혼	но́вый брак 노브이 브라크	실시하다	выполня́ть 브이빨냐찌
실(여성)	нить 니찌	실장(지위)	заве́дующий 자볘두유쉬이
실망이다	Огорчён(-на́). 아가르촌(아가르첸나)	실제가격	реа́льная цена́ 리알나야 쩨나
실무자	рабо́чая гру́ппа 라보차야 그루빠	실제로	факти́чески 팍찌체스끼
실물	настоя́щий предме́т 나스따야시이 쁘레드메트	실제수입	реа́льный дохо́д 레알느이 다호트
실수	оши́бка 아쉬쁘까	실제의	реа́льный 레알느이

신용장	креди́тное письмо́ 끄레지뜨너예 삐시모
신용카드	креди́тная ка́рточка 끄레지뜨나야 까르떠츠까
신하가 되다	стать чино́вником 스따찌 치노브니껌
신형이다	Э́то но́вая моде́ль. 에떠 노바야 마델

실크	шёлк 숄끄
실패하다	прова́ливаться 쁘라발리바짜
실행하다	исполня́ть 이스빨냐찌
싫어하다	не люби́ть 니 류비찌
심다	сажа́ть 사좌찌
심리	пси́хика 프시히까
심리학	психоло́гия 프씨할로기야
심장	се́рдце 세르쩨
심판(경기)	судья́ 수지야
십억(숫자)	миллиа́рд 밀리아르트
십이(숫자)	двена́дцать 드비나짜찌
십이월(남성)	дека́брь 지까브리

실례합니다.	Извини́те. ; Прости́те. 이즈비니쩨. ; 쁘라스찌쩨
실제로 있었던 일	реа́льное собы́тие 리알노예 사브이찌예
실직하다	теря́ть рабо́ту; уйти́ с рабо́ты 쩨랴찌 라보뚜; 우이찌 스 라보뜨이
실크를 생산하다	производи́ть шёлк 쁘라이즈바지찌 숄그
싫음 말고	Если не нра́вится, пуска́й. 예슬리 니 느라비짜 뿌스까이
심장병	заболева́ние се́рдца 자발레바니예 세르짜

십일(숫자)	одиннадцать 아진나짜찌
십일월(남성)	ноябрь 나야브리
싱겁다	несолёный 니살룐느이
싱글룸	номер на одного 노메르 나 아드나보
싱싱한	свежий 스볘쥐이
싸 주세요.	Завёртывайте! 자뵤르뜨이바이쩨
싸다(커버)	завёртывать 자뵤르뜨이바찌
싸우다(논쟁)	спорить 스뽀리찌
싸우다(투쟁)	бороться 바롯쨔
쌀	рис 리스
쌀을 씻다.	мыть рисы 므이찌 리스이
싸우다(불화)	конфликтовать 깐플릭따바찌
쌍 / 완벽한 한 쌍	пара 빠라
쌍꺼풀	двойные веки 드바이느이예 볘끼
쌍둥이의	близнецы 블리즈녜쯔이
썩다(이)	портиться 뽀르찌짜
쏟다	проливать 쁘랄리바찌
쓰다(글씨를 쓰다.)	писать 삐사찌
쓰다(기록)	записывать 자아삐스이바찌
쓰다(맛)	горький 고리끼
쓰레기통	мусорный ящик 무사르느이 야식
쓸모없는	бесполезный 베스빨례즈느이
씨름하다	бороться 바롯쨔

씹다	жева́ть	씻다	мыть
	줴바찌		므이찌

씹을 수 없다   не возмо́жно жева́ть
                                   니   바즈모쥐너   줴바찌

О

아, 그렇군요.	Ах, так. 아흐 딱
아가씨	де́вушка 제부쉬까
아기	малы́ш 말르이쉬
아내	жена́ 쥐나
아니(대답)	нет 니엣
아닐 거야.	Невозмо́жно 니바즈모쥐너
아들	сын 스인
아래	низ 니스
아래층	ни́жний эта́ж 니쥐니 에따쉬
아름다운	краси́вый 끄라시브이

아! 그리고 파란색도 있어.   Ах, и си́ний цвет есть.
아흐 이 시니이 쯔베트 예스찌

아깝잖아. 버리지 마.   Жа́лко. Не брось.
좔꺼 니 브로시

아랑곳 하지 않고   не обраща́я никако́го внима́ния
니 아브라샤야 니까꼬바 브니마니야

아르바이트가다   де́лать непо́лную рабо́ту
젤라찌 니뽈누유 라보뚜

아름다운 사람   краси́вый челове́к
끄라시브이 칠라볙

아마   мо́жет быть; наве́рно
모쥇 브이찌; 나베르너

아마 될 거야	Возмо́жно. 바즈모쥐너	아무 때나	когда́-нибудь 까그다 니부찌
아마추어(남성)	люби́тель 류비쩰	아무것도 아니야.	Ничего́. 니치보

아마 25살 일걸요?　　　　　Наве́рно, два́дцать пять лет.
　　　　　　　　　　　　　나볘르너　드바짜찌　빠찌　롓

아마 그럴걸.　　　　　　　Вполне́ вероя́тно.
　　　　　　　　　　　　　프빨녜　베라야뜨너

아마 전화했어도 통화 못했을 거야.
Хотя́ ты звони́л, но не мог бы соедини́ться с ним по телефо́ну.
하쨔 뜨이 즈바닐 노 니 모크 브이 사이에지닛쨔 스님 빠쩰레포누

아마도　　　　　　　　　　мо́жет быть; наве́рно
　　　　　　　　　　　　　모쪧　브이찌;　나볘르너

아무 뜻 없이　　　　　　　без како́го значе́ния
　　　　　　　　　　　　　베스　까꼬바　즈나체니야

아무 말도 하지 마.　　　　Не скажи́ каку́ю-нибу́дь.
　　　　　　　　　　　　　니　스까쥐　까꾸유　니부찌

아무 맛이 없다.　　　　　　Нет никако́го вку́са.
　　　　　　　　　　　　　니엣　니깍꼬바　프꾸사

아무것도 몰라.　　　　　　Я совсе́м не зна́ю.
　　　　　　　　　　　　　야 사브솀　니　즈나유

아무것도 변하지 않을 것이다.
Ничего́ не бу́дет изменя́ться.
니치보　니　부젯　이즈미냐짜

아빠	отéц 아쪠쯔	아이를 낳다	рождáть 라쥐다찌
아쉬워하다	жалéть 좔례찌	아이스크림	морóженое 마로줴나예
아시아	Áзия 아지야	아저씨	дя́дя 쟈쟈
아이	ребёнок 리뵤넉	아침에	у́тром 우뜨럼

아무데나 앉으세요. Сади́тесь где-нибу́дь.
사지쪠씨 그제 니부찌

아이 돌보면서 일하는 건 너무 피곤하잖아.
Забóтясь о ребёнке, óчень трýдно дéлать свою́ рабóту.
자보쨔시 아 리뵨께 오친 뜨루드너 젤라찌 스바유 라보뚜

아이가 있어요? У вас есть дéти?
우 바스 예스찌 졔찌

아이스녹차 зелёный чай со льдом
질료느이 차이 살덤

아주 맑을 거예요. Бýдет óчень светлó.
부젯 오친 스비뜰로

아줌마, 뭣 좀 물어 볼게요.
Тётя, у меня́ есть вопрóс.
쬬쨔 우 미냐 예스찌 바쁘로스

아직 길이 익숙지 않다.
     Я ещё не привы́к(-ла) к но́вой доро́ге.
     야 잇쇼 니 쁘리브이끄(끌라) 끄 노버이 다로게

아직 대화해 본적이 없다.   Я ещё не бесе́довал(-а).
          야 잇쇼 니 비세다발(라)

아직 러시아에 대해 많이 이해하지 못해요.
     Я ещё не хорошо́ понима́ю о Росси́и.
     야 잇쇼 니 하라쇼 빠니마유 아 라시이

아직 안 골랐어요.   Я ещё не вы́брал(-а).
     야 잇쇼 니 브이브랄(라)

아직 안 먹다.   Ещё не ку́шал(-а).
     잇쇼 니 꾸샬(라)

아직 익숙지 않다.   Ещё не могу́ привы́кнуть.
     잇쇼 니 마구 쁘리브이끄누찌

아직도 배불러.   Ещё сыт (-а́).
     잇쇼 스이뜨(스이따)

아직도 러시아어가 어려워서 우울해.   Мне тяжело́,
что ещё не привы́к(-ла) к ру́сскому языку́.
므녜 찌젤로 쉬또 잇쇼 니 쁘리브이끄(끌라) 끄 루스까무 이즈이꾸

아침 6시부터 아침식사가 가능합니다.
     Вы мо́жете за́втракать с 6 часо́в у́тра.
     비 모줴쩨 자프뜨라까찌 스쉐스찌 치숍 우뜨라

아침에 보통 뭘 먹어요?
     Обы́чно что вы за́втракаете?
     아브이치너 쉬또 비 자프뜨라까예쩨

아침을 먹다	завтракать 자프뜨라까찌	아픔(여성)	боль 볼
아파.	У меня́ боли́т. 우 미냐 발릿	아홉 번째	девя́тый 지뱌뜨이
아프리카	А́фрика 아프리까	아홉(숫자)	де́вять 제비찌
아픈	боле́зненный 발례즈녠느이	악몽	кошма́р 까쉬마르

아침에 안개가 끼다.　　У́тром тума́нно.
　　　　　　　　　　우뜨럼　뚜만너

아파서 밥을 못 먹겠어.　Я не могу́ есть и́з-за бо́ли.
　　　　　　　　　　야 니　마구 예스찌 이즈 자 볼리

아파서 일찍 집에 가야해.
　　Я до́лжен ра́но пойти́ домо́й и́з-за бо́ли.
　　야　돌젠　라너　빠이두 다모이 이즈 자 볼리

아파트　　　　　　　　многокварти́рный дом
　　　　　　　　　　므노거끄바르찌르느이　돔

아픈 게 나아졌나요?　　Боль облегчи́лась?
　　　　　　　　　　볼　　아블렉칠라시

아픈지 얼마나 됐어요?　Как до́лго вы боле́ли?
　　　　　　　　　　깍　돌거　비　발롈리

악기　　　　　музыка́льный инструме́нт
　　　　　　무즈이깔느이　인스뜨루몐뜨

악수	рукопожа́тие 루까빠좌찌예	안 어울려.	Не идёт тебе́. 니 이죠트 찌베
악어	крокоди́л 끄라까질	안개	тума́н 뚜만

악기를 치다.
игра́ть на музыка́льном инструме́нте
이그라찌 나 무즈이깔넘 인스뜨루몐쩨

악필이네요.　　　　　　　　Плохо́й по́черк.
　　　　　　　　　　　　　　뿔라호이 뽀치르끄

안 나갔어요?　　　　　　　　Не вы́шел(-шла)?
　　　　　　　　　　　　　　니　브이쉘(쉴라)

안 돼. 비밀이야. 얘기해 줄 수 없어.
Не могу́. Э́то секре́т. Я не могу́ сказа́ть вам.
니 마구 에떠 시그레트 야 니 마구 스까자찌 밤

안 만나다 / 나 안본지 꽤 됐잖아요.
не ви́деться / Мы давно́ не ви́делись.
니 비젯짜 　 의 다브노 니 비젤리시

안 먹으면 되지 뭐.　　　　　　Не на́до есть.
　　　　　　　　　　　　　　　니 나더 예스찌

안 어울려. 사지마.　　　　Не идёт тебе́. Не купи́.
　　　　　　　　　　　　니 이죠트 찌베 니 꾸뻬

안 좋은 결과　　　　　　　　плохо́й результа́т
　　　　　　　　　　　　　　뿔라호이 리줄따트

안(내부)　　　　　　　　вну́тренняя сторона́
　　　　　　　　　　　　브누뜨렌냐야 스따라나

안경을 쓰다	носи́ть очки́ 나시찌 아츠끼	안되다	не удава́ться 니 우다바짜
안내소	спра́вочное бюро́ 스쁘라바치너예 뷰로	안락하다	комфо́ртный 깜포르뜨느이
안내하다	пока́зывать 빠까즈이바찌	안심하다	успоко́иться 우스빠꼬이짜

안개가 짙다.   Тума́н густо́й.
    뚜만 구스또이

안과에 가다   пойти́ в офтальмоло́гию
    빠이찌 바프딸마로기유

안내책자(남성)   путеводи́тель
    뿌쩨바지쩰

안녕. 다시 만나.   Пока́. До встре́чи.
    빠까 다 프스트레치

안녕하세요.   Здра́вствуйте.
    즈드라스프부이쩨

안녕히 계세요. 저는 가겠습니다.
    До свида́ния. Я уйду́.
    다 스비다니야 야 우이두

안녕히 계십시오.   До свида́ния.
    다 스비다니야

안약을 넣다   применя́ть гла́зное лека́рство
    쁘리미냐찌 글라즈나예 리까르스바

안에	внутри́ 브누뜨리	알고 싶다.	Я хочу́ знать. 야 하츄 즈나찌
안전(여성)	безопа́сность 베즈아빠스너스쓰찌	알레르기	аллерги́я 알레르기야
안정된	успоко́енный 우스빠꼬옌느이	알려주다	дава́ть знать 다바찌 즈나찌
안쪽의	вну́тренний 브누뜨렌니	알리다	сообща́ть 사압샤찌
앉다	сиде́ть 시제찌	알아들었어요.	По́нял. 뽀닐
앉을 자리	сиде́ние 시제니예	알약	табле́тка 따블례뜨까
알게 하다	знако́мить 즈나꼬미찌	알코올중독자	алкого́лик 알까골릭

안타요.　　　　　　　　　　　　　Я не сажу́сь.
　　　　　　　　　　　　　　　　　야 니 사쥬시

알 / 매일 2알씩　табле́тка / две табле́тки в день
　　　　　　　　따블례뜨까 드볘 따블례뜨끼 브 젠

알고 지내다　　　　　　　　　знако́миться с кем
　　　　　　　　　　　　　　즈나꼬미짜 스 껨

알다 / 잘 알겠어.　поня́ть / Хорошо́ по́нял.
　　　　　　　　　빠냐찌　　하라쇼 뽀닐

알아 맞혀 보세요.　　　　　　Догадывайтесь.
　　　　　　　　　　　　　　다가드이바이쩨시

암	рак 라크
암산하다	вычислять в уме 브이치슬랴찌 부메
암탉	курица 꾸리짜
앞 사무실	передний офис 뻬례드니 오피스
앞의	передний 뻬례드니
앞질러가다	опережать 아뻬레좌찌
앞쪽	передняя сторона 뻬례드냐야 스따라나
앞치마	фартук 파르뚝
애니메이션	анимация 아니마찌야
애무하다	ласкать 라스까찌
애석하다	сожалеть 사좔례찌
애원하다	молить 말리찌
애인	любимый 류비므이
애정(여성)	любовь 류보피

알아보다 / 나 알아보시겠어요?
узнавать / Вы узнаёте меня?
우즈나바찌   븨 우즈나요쩨 미냐

알았어. 알았어.(재촉당할때)   Понятно, понятно.
빠냐뜨너 빠냐뜨너

알코올중독   алкогольное отравление
알까골나예   아뜨라블레니예

압력을 넣다   оказать давление на что
아까자찌 다블례니예 나 쉬또

애착을 가지다	привя́зывать 쁘리뱌즈이바찌	야박하다	чёрствый 쵸르스뜨브이
애호가(남성)	люби́тель 류비쩰	야생의	ди́кий 지끼
액션	де́йствие 제이스뜨비예	야참을 먹다	есть но́чью 예스찌 노치유
액션영화	боеви́к 바예비크	약	лека́рство 리까르스뜨바
앵두	ви́шня 비쉬냐	약(대략)	приме́рно 쁘리메르너
앵무새	попуга́й 빠뿌가이	약간	немно́го 니므노거
야구	бейсбо́л 베이스볼	약국	апте́ка 압쩨까
야기하다	вызыва́ть 브이즈이바찌	약도	маршру́тная карта 마르쉬루뜨나야 까르따

애프터서비스 послепрода́жное обслу́живание
　　　　　쁘슬레쁘라다쥐나예　압슬루쥐바니예

야단맞다 получи́ть головомо́йку
　　　　빨루치찌　　걸라바모이꾸

약30분 걸려요. Приме́рно тре́буется полчаса́.
　　　　　쁘리메르너　뜨레부엣짜　빨치싸

약간만 할 줄 알아요. Я могу́ немно́го де́лать.
　　　　　　야 마구　니므노거　젤라찌

한국어	Русский	발음
약사	фармацевт	파르마쩨프트
약속	обещание	아베샤니예
약속어음	простой вексель	쁘라스또이 벡셀
약속하다.	обещать	아베샤찌
얄미워	омерзительный	아메르지쩰느이
얇은	тонкий	똔끼
얇은 종이	тонкая бумага	똔까야 부마가
양념	приправа	쁘리쁘라바
양념장	соус	소우스
양말	носки	나스끼

약국에 가서 약을 가져가세요.
Возьмите лекарство в аптеке.
바지미쩨 리까르스뜨바 밥쩨께

약속을 지키다
исполнить обещание
이스빨니찌 아베샤니예

약속이 있어.
У меня встреча.
우 미냐 프스뜨레차

약을 먹다
принимать лекарство
쁘리니마찌 리까르스뜨바

약혼식을 하다
провести помолвку
쁘라베스찌 빠몰프꾸

양력
солнечный календарь
손네츠느이 깔렌다리

207

양배추	капу́ста 까뿌스따
양보하다	уступа́ть 우스뚜빠찌
양복	костю́м 까스쯤
양상추	сала́т 살라트
양식	фо́рма 포르마
양식(식량)	прови́зия 쁘라비지야
양심(여성)	со́весть 소베스찌
양쪽	о́бе сто́роны 오베 스또라느이
양초	свеча́ 스비차
양파	лук 루크
양해하다.	соглаша́ться 사글라샤짜
얘기해줘.	Скажи́. 스까쥐
어!(감탄사)	Ой! 오이
어깨	плечо́ 쁠레초

양말을 신다 одева́ть носо́к
아제바찌 나소크

양성하다 воспита́ть; подгото́вить; образова́ть
바스삐따찌; 빠드가또비찌; 아브라자바찌

얘기 할게 있어요. Мне на́до говори́ть.
므녜 나다 가바리찌

얘기해 줄 수 없어. Я не могу́ говори́ть.
야 니 마구 가바리찌

어감 отте́нки значе́ния сло́ва
아쪤끼 즈나체니야 슬로바

어느	какой 까꼬이	어느 곳이나	где-нибудь 그졔 니부찌
어느 것	какой-то 까꼬이 떠	어느 날	какой день 까꼬이 젠

어느 나라 사람입니까? Вы откуда?
비 앗꾸다

어느 나라 제품 이예요 Какого производства?
까꼬바 쁘라이즈봇스뜨바

어느 나라에서 в какой стране
프 까꼬이 스뜨라녜

어느 언니요? Какая сестра?
까까야 시스뜨라

어느 정도까지 до некоторой степени
다녜까떠러이 스쩨뻬니

어느 종목에서 в каком видах спорта
프까꼼 비다흐 스뽀르따

어느 종목에서 금메달을 땄어?
В каком виде спорта получил(-а) золотую медаль?
프까꼼 비졔 스뽀르따 빨루칠 잘라뚜유 메달

어느 지역을 가면 좋은지 조언 좀 해 주세요.
Посоветуйте, какое место хорошо посещать.
빠사볘뚜이쩨 까꼬예 몌스떠 하라쇼 빠쎼샤찌

209

어느 팀?	Какая команда? 까까야 까만다	어디	где 그졔
어두운	тёмный 쬼느이	어디 가다	пойти куда 빠이찌 꾸다

어느 지역을 방문하셨어요?

Какой регион вы посещали?
까꼬이 리기온 븨 빠세샬리

어느 팀이 이겼어?   Какая команда выиграла?
까까야 까만다 브이이그랄라

어느 호텔이 제일 커요?

Какая гостиница самая большая?
까까야 가스찌니짜 사마야 발샤야

어디 둬요?   Где можно положить?
그졔 모쥐너 빨라쥐찌

어디 머물 거예요?   Где вы пробудете?
그졔 븨 쁘라부졔쩨

어디 약속 있어?   У вас есть встреча?
우 바스 예스찌 프스뜨례차

어디다 뒀더라. 잃어버렸나?

Я положил(-а) куда-то, или потерял(а)?
야 빨라질(라) 꾸다 떠 일리 빠쩨랼(라)

어디를 가든지 비옷을 가지고 다녀야해요.

Куда-нибудь вы идёте, нужно взять с собой дождевик.
꾸다 니부지 븨 이죠쩨, 누쥐너 브쟈찌 사보이 다쥐졔빅

210

어때?	Как ты думаешь?	어떤 것?	Какие товары?
	깍 뜨이 두마예쉬		까끼예 따바르이

어디서 배웠어요?   Где вы научились?
그졔 븨 나우칠리시

어디서 사야하는지 모르겠어.
Я не знаю где можно купить.
야 니 즈나유, 그졔 모쥐너 꾸삐찌

어디서 살 수 있어요?   Где можно купить?
그졔 모쥐너 꾸삐찌

어디서 샀는지 물어볼게.
Я спрошу, где можно купить.
야 스쁘라슈 그졔 모쥐너 꾸삐찌

어디서 일하세요?   Где вы работаете?
그졔 븨 라보따예쩨

어디에 가세요?   Куда вы идёте?
꾸다 븨 이죠쩨

어디에 쓰는 거야?   На что это употребляют?
나 쉬또 우빠뜨레블랴윳

어디에서 돌아오는 거예요?   Откуда вы вернулись?
앗꾸다 븨 베르눌리시

어때? 예뻐?   Как ты думаешь? / Красива?
깍 띄 두마예쉬   끄라시바

어떤 것들이 면세가 되나요?   Какие товары не облагаются таможенной пошлиной?
까끼예 따바르이 니 아블라가유짜 따모줴너이 뽀쉴리너이

어떤 게 더 키가 커요? Что вы́ше чем други́е?
쉬또 브이쉐 쳄 드루기예

어떤 게 더 편하게 갈까? Како́й ви́дой тра́нспорта бу́дет удо́бным?
까꼬이 비도이 뜨란스뽀르따 부젯 우도브느임

어떤 운동을 하세요? Каки́м ви́дом спо́рта вы занима́етесь?
까낌 비덤 스뽀르따 븨 자니마예쩨시

어떤 음악 좋아해요? Каку́ю му́зыку вы лю́бите?
까꾸유 무즈이꾸 븨 류비쩨

어떤 종류의 물건이 있는지 모릅니다.
Я не зна́ю, каки́е това́ры есть.
야 니 즈나유 까끼예 따바르이 예스찌

어떤 종류의 책이에요? Кака́я э́та кни́га?
까까야 에따 끄니가

어떤 호텔이 가장 화려한가요? Кака́я гости́ница са́мая роско́шная?
까까야 가스찌니짜 사마야 라스꼬쉬나야

어떤지 좀 보다 посмотре́ть, как э́то
빠스마뜨레찌 깍 에떠

어떻게 как
깍

어떻게 구분해요? Как мо́жно разделя́ть?
깍 모쥐너 라즈젤랴찌

어떻게 하지?	Как де́лать? 깍 젤라찌	어려운	тру́дный 뜨루드느이

어떻게 나를 속여?   Как ты обма́нываешь меня́?
                              깍 띄 아브마느이바예쉬 미냐

어떻게 된 거예요?   Что произошёл?
                              쉬또 쁘라이자슐

어떻게 먹는 거예요?   Как ку́шать э́то?
                             깍 꾸샤찌 에떠

어떻게 생각해요?   Как вы ду́маете?
                             깍 븨 두마이쩨

어떻게 생겼어?   Как он(она́) вы́глядит?
                           깍 온(아나) 브이글리짓

어떻게 쓰는 거야?   Как мо́жно испо́льзовать?
                           깍 모쥐너 이스뽈자바찌

어떻게 알았어요?
     Как вы зна́ли? / Отку́да вы зна́ли?
       깍 븨 즈날리   앗꾸다 븨 즈날리

어떻게 '장동건'을 들어 본적이 없어요.
Как вы ни ра́зу не слы́шали об актёре Зан Дон Гон?
            깍 븨 니 라주 니 슬르이샬리 아박쬬레 장동건

어려운 시기   тру́дный пери́од
                           뜨루드느이 뻬리오트

어르신	ста́ршие 스따르쉬예	어릿광대	кло́ун 끌로운
어른	взро́слый 브즈로슬르이	어선	рыболо́вное су́дно 르이발로브나예 수드너
어리둥절한	расте́рянный 라스쩨랸느이	어제	вчера́ 프치라
어리석은	глу́пый 글루쁘이	어제 저녁	вчера́ ве́чером 프치라 볘체럼
어린	молодо́й 말라도이	어젯밤	вчера́ но́чью 프치라 노치유
어린이	ребёнок 리뵤넉	어찌됐건	всё же 프쇼 줴

어렵지 만은 않다. Не так тру́дно.
   니 딱 뜨루드너

어리다 / 두 살 어리다.
   молодо́й / моло́же на два го́да
   말라도이 말로줴 나 드바 고다

어우. 너무 달아. Ах! Сли́шком сла́дко.
   아흐 슬리쉬껌 슬라뜨꺼

어울리다 подходи́ть к кому́-чему́ ; идти́ кому́
   빠드하지찌 까무-치무; 이찌 까무

어젯밤에 분명하게 말했잖아요.
   Вчера́ но́чью я уже́ то́чно сказа́л(-ла).
   프치라 노치유 야 우줴 또츠너 스까잘(라)

어휘	ле́ксика 렉시까	언어	язы́к 이즈익
언니, 누나	сестра́ 시스뜨라	언제	когда́ 까그다

어젯밤에 잘 잤어요?
                Вчера́ но́чью хорошо́ спа́ли?
                프치라 노치유 하라쇼 스빨리

어쨌든 젖었을 거야.
                Всё же был мо́крым.
                프쑈 줴 브일 모끄르임

어쩌다 그렇게 됐네.   Всё же э́то произошло́ так.
                프쑈 줴 에떠 쁘라이자쉴로 딱

어쩔 수 없이 ~ 하다
                Не могу́ не…
                니 마구 니

어쩔 수 없이 자다.
                не могу́ не спать
                니 마구 니 스빠찌

언니 집에 갈게요.
                Я пойду́ домо́й сестры́.
                야 빠이두 다모이 시스뜨르이

언니나 동생 있어요?
                У вас есть сестра́ и́ли мла́дший брат?
                우 바스 예스찌 시스뜨라 일리 믈랏쉬이 브라트

언제 납품합니까?   Когда́ поставля́ют э́ти това́ры?
                까그다 빠스따블랴읏 에찌 따바르이

언제 돌아가시나요?
                Когда́ вы вернётесь?
                까그다 븨 베르뇨쩨시

얻다.	получать 빨루차찌	얼굴이 타다.	лицо́ гори́т 리쪼 가릿
얼굴	лицо́ 리쪼	얼다	замерза́ть 자메르자찌
얼굴에	на лице́ 나 리쩨	얼룩	пятно́ 삐뜨노

언제 우리 집에 오실 거예요?
    Когда́ вы прихо́дите к нам в го́сти?
    까그다 븨 쁘리호지쩨 끄남 브고스찌

언제 졸업했어요?
    Когда́ вы око́нчили шко́лу/университе́т?
    까그다 븨 아꼰칠리 쉬꼴루 우니베르시쩨트

언제 찾아 갈 수 있나요?
    Когда́ мне мо́жно посети́ть?
    까그다 므녜 모쥐너 빠쎄찌찌

언제부터   с каки́х времён; с каки́х пор
    스 까끼흐 브레몬; 스 까끼흐 뽀르

언제요?(과거)   Когда́ бы́ло?
    까그다 브일러

언제요?(미래)   Когда́ бу́дет?
    까그다 부젯

얼굴을 가리다   закрыва́ть лицо́
    자끄르이바찌 리쪼

얼굴표정   выраже́ние лица́
    브이라줴니예 리짜

얼마	сколько 스꼴꺼	얼마나 오래	как до́лго 깍 돌거
얼마나 먼	как далеко 깍 달리꼬	얼마나?	Ско́лько? 스꼴꺼

얼마 전 남자친구와 헤어졌어.
Неда́вно я разошла́сь с дру́гом.
니다브너 야 라자쉴라시 즈드루검

얼마 전에 출장 갔다 왔다면서요?
Неда́вно вы верну́лись из командиро́вки?
니다브너 븨 베르눌리시 이스까만지로프끼

얼마 후에　　　　　**че́рез не́сколько вре́мени**
　　　　　　　　　　체레스   녜스꼴꺼   브레메니

얼마나 걸려?　　**Ско́лько вре́мени тре́буется?**
　　　　　　　　스꼴꺼   브레메니   뜨례부옛짜

얼마동안 러시아에 있을 건가요?
Ско́лько вре́мени вы прибу́дете в Росси́и?
스꼴꺼   브레메니 븨 쁘리부제쩨   브라시이

얼마를 투자 하실 건가요?
Каку́ю су́мму вы бу́дете вкла́дывать?
까꾸유   수무   븨 부제쩨   프끌라드이바찌

얼마예요?　　　　　　　　**Ско́лько сто́ит?**
　　　　　　　　　　　　　스꼴꺼 스또잇

얼마정도 알고 있다.　　　**Немно́го зна́ет**
　　　　　　　　　　　　니므노거 즈나옛

얼음	лёд 료트	업무	рабо́та 라보따
엄격하군요.	Суро́вый. 수로브이	없어.	(У меня́) нет. 우 미냐 니엣
엄금하다	стро́го запреща́ть 스뜨로고 짜쁘레샤찌	없어지다	исчеза́ть 이셰자찌
엄마	ма́ма; мать 마마; 마찌	엎지르다	распле́скивать 라스쁠레스끼바찌
엄중한	стро́гий 스뜨로기	에스컬레이터	эскала́тор 에스깔라떠르
엄청나게	невероя́тно 니베라야뜨너	에어컨	кондиционе́р 깐지찌아녜르

엄마를 닮았네요.   Похо́ж(-жа́) на ма́му.
빠호쉬 (빠호좌) 나 마무

업데이트하다.(전산)   обновля́ть
아브나블랴지

없네요. 그런데 파란색은 있어요.
У нас нет. Но, си́ний есть.
우 나쓰 니엣 노 시니이 예스찌

엉망진창으로   беспоря́дочно
베스빠랴더치너

에어컨 켜주세요.   Включи́те кондиционе́р.
프끌류치쩨 깐지찌아녜르

엘리베이터	лифт 리프트	여기 돈이요.	Вот де́ньги. 보트 젠기
여권	па́спорт 빠쓰뻐르뜨	여기다.	Вот здесь. 보트 즈제시

에티켓을 지키다 соблюда́ть этике́т
사블류다찌 에찌께뜨

엑스레이를 찍다 сде́лать рентге́новский сни́мок
즈젤라찌 렌트게놉스끼 스니먹

여권 준비했어요? Вы гото́вили па́спорт?
븨 가또빌리 빠스뻬르트

여기 금연지역이야.
Здесь запрещено́ куре́ние / кури́ть.
즈제시 자쁘리쉔노 꾸레니예 꾸리찌

여기 있어요.(돈 드릴 때) Вот, пожа́луйста.
봇 빠좔루이스따

여기 혼자 왔어요? Вы одни́ пришли́ сюда́?
븨 아드니 쁘리쉴리 슈다

여기가 어느 도로 인가요? Кака́я доро́га здесь?
까까야 다로가 즈제시

여기근처에 버스정류장이 있어요?
Где ближа́йшая остано́вка авто́буса?
그제 블리좌이샤야 아스따노프까 아프또부사

여기는 남편 분 회사예요?
Ваш муж рабо́тает в э́той фи́рме?
바쉬 무쉬 라보따옛 브에떠이 피르메

여기에	здесь 즈제시	여드름(남성)	у́горь 우거리
여덟 번째	восьмо́й 바시모이	여러 가지	разли́чный 라즐리츠느이
여덟(숫자)	во́семь 보심	여러 해	мно́го лет 므노거 레트
여동생	мла́дшая сестра́ 믈랏샤야 시스뜨라	여름	ле́то 례떠

여기서 멀어요?
Далеко́ ли отсю́да?
달리꼬 리 앗슈다

여기서 세워주세요.(택시)
Останови́те здесь.
아스따나비쩨 즈제시

여기에 버스정류장이 있어요?
Здесь есть остано́вка авто́буса?
즈제시 예스찌 아스따노프까 아프또부사

여기에 빈방 있어요?
У вас есть свобо́дный но́мер?
우 바스 예스찌 스바보드느이 노메르

여기에 재미있게 놀만한 곳이 있나요?
Есть ли здесь развлека́тельное ме́сто?
예스찌 리 즈제시 라즈블리까쩰너예 메스떠

여동생은 나보다 2살 어려.
Моя́ сестра́ моло́же меня́ на два го́да.
마야 시스뜨라 말로줴 미냐 나 드바 고다

여름에	ле́том 례떰	여성	же́нский пол 쥉스끼 뽈
여름휴가	ле́тний о́тпуск 례뜨니이 옷뿌스크	여왕	короле́ва 까랄례바
여보세요.(전화)	Алло́. 알로	여우	лиса́ 리사
여선생님	учи́тельница 우치쩰니짜	여자	же́нщина 쥉쉬나
여섯 번째	шесто́й 쉐스또이	여자들	же́нщины 쥉시느이
여섯(숫자)	шесть 쉐스찌	여전히	по-пре́жнему 빠 쁘례쥐네무

여러분 모두 즐거운 휴일 보내세요.
Проводи́те, пожа́луйста, выходны́е прия́тно.
쁘라보지쩨   빠좔루이스따   브이하드느이예 쁘리야뜨너

여론   обще́ственное мне́ние
                          압셰스뜨벤나에   므녜니에

여름 방학   ле́тние кани́кулы
                          례뜨니에   까니꿀르이

여전히 잘 지내.
По-пре́жнему я хорошо́ пожива́ю.
빠 쁘례쥐네무 야 하라쇼 빠쥐바유

여전히 잘 지내세요?
У вас всё по-пре́жнему хорошо́?
우 바스 프쇼 빠 쁘례쥐네무 하라쇼

여행	путеше́ствие 뿌쩨쉐스뜨비예	여행하다	путеше́ствовать 뿌쩨쉐스뜨바바찌
여행가방	чемода́н 치마단	역	ста́нция 스딴찌야
여행가이드	гид 기트	역량(여성)	спосо́бность 스빠소브너스찌
여행자	тури́ст 뚜리스뜨	역사	исто́рия 이스또리야

여행 비자　　　　　　　　 ви́за на путеше́ствие
　　　　　　　　　　　　　비자　나　뿌쩨쉐스뜨비예

여행사　　　　　　　　　　тури́стическое бюро́
　　　　　　　　　　　뚜리스찌체스꼬에　뷰로

여행사가 일체의 수속을 해 줄 것 입니다.
Тури́стическое бюро́ бу́дет оформля́ть все ну́жные процеду́ры.
뚜리스찌체스까야 뷰로 부젯 아파르믈랴찌 프세 누쥐느이예 쁘라쩨두르이

여행자를 위한　　　　　　　　для тури́стов
　　　　　　　　　　　　　들랴　뚜리스떠프

여행자수표　　　　　　　　　доро́жный чек
　　　　　　　　　　　　　다로쥐느이　첵

여행팀과 함께 가는 것이 가장 좋아요.
　　　　　　　Путеше́ствовать с гру́ппом хорошо́.
　　　　　뿌쩨쉐스뜨바바찌　　즈그루쁨　　하랴쇼

역무원　　　　　　　　　　 станцио́нный слу́жащий
　　　　　　　　　　　스딴찌온느이　　슬루좌쉬

한국어	러시아어	한국어	러시아어
역할(여성)	роль 롤	연극(남성)	спектáкль 스뻭따끌
연결	соединéние 사예지네니예	연근	кóрень лóтоса 꼬롄 로따사
연계	контáкт 깐딱뜨	연꽃	лóтос 로따스
연관(여성)	связь 스뱌시	연료	тóпливо 또쁠리버
연구하다	исслéдовать 이슬례다바찌	연립의	квартúрный 끄바르찌르느이

역사를 이해할수록 당신의 여행이 더 즐거워질 것입니다.
Чем бóльше знáет истóрию, тем бóльше бýдет интерéсным вáше путешéствие.
쳄 볼쉐 즈나옛 이스또리유, 쩸 볼쉐 부졧 인쩨례스느임 바쉐 뿌쩨쉐스뜨비예.

연결하다	свя́зывать; соединя́ть 스뱌즈이바찌; 사예지냐찌	
연기되다(시간)	откла́дываться - отложи́ться 앗끌라드이바짜 앗뜰라쥐짜	
연기하다(공연)	откла́дываться - отложи́ться 앗끌라드이바짜 앗뜰라쥐짜	
연기하다(영화)	откла́дываться - отложи́ться 앗끌라드이바짜 앗뜰라쥐짜	
연락 가능한	мóжно сообщáть 모쥐너 삽샤찌	

연말	коне́ц го́да 까녜쯔 고다	연약하다	хру́пкий 흐루쁘끼
연못	пруд 쁘루트	연어(남성)	лосо́сь 라소시
연설	выступле́ние 브이스뚜쁠례니예	연초(때)	нача́ло го́да 나찰라 고다
연소자	малоле́тний 말라례뜨니	열 번째	деся́тый 지샤뜨이
연속하다	после́довать 빠슬례다바찌	열(숫자)	де́сять 제시찌
연애하다	влюбля́ться 블류블랴짜	열개(가 한 묶음)	деся́ток 지샤떡

연봉이 정말 세다.

Годово́й окла́д явля́ется о́чень больши́м.
가다보이 아끌라트 이블랴예짜 오친 발쉼

연습 많이 한 것 맞죠?

Мно́го ли вы практикова́лись?
므노거 리 븨 쁘락찌까발리시

연습하다	практикова́ться; упражня́ться 쁘락찌까바짜; 우쁘라쥐냐짜
연장하다	продлева́ть - продли́ть 쁘라들리바찌 쁘라들리찌
연회를 베풀다	дава́ть банке́т; устро́ить пир 다바찌 반께트; 우스뜨로이찌 삐르

열다섯	пятна́дцать 삐드나짜찌
열둘(숫자)	двена́дцать 드비나짜찌
열쇠	ключ 끌류치
열심히	усе́рдно 우세르드너
열악한	ху́дший 훗쉬이
열악한 환경	ху́дшая среда́ 훗샤야 스리다

열거하다 перечисля́ть - перечисли́ть
베레치슬랴찌 베레치슬리찌

열다 открыва́ть - откры́ть
앗끄르이바찌 앗끄르이찌

열쇠 잃어버린 것 같아.
Мне ка́жется, что я потеря́л(-ла) ключ.
므녜 까줴짜 쉬또 야 빠쩨랼(라) 끌류치

열심히 설명하다 усе́рдно объясня́ть
우세르드너 아비스냐찌

열심히 하다 усе́рдно рабо́тать
우세르드너 라보따찌

열심히 할게요. Я бу́ду рабо́тать усе́рдно.
야 부두 라보따찌 우세르드너

열이 납니까? У вас есть температу́ра?
우 바스 예스찌 쩸뻬라뚜라

열이 내리다. снижа́ется температу́ра
스니좌엣짜 쩸뻬라뚜라

열정(여성)	страсть 스뜨라스찌	염증	воспале́ние 바스빨례니예
열차	по́езд 뽀예스트	엽서	откры́тка 앗끄르이뜨까
열하나(숫자)	оди́ннадцать 아진나짜찌	영광	сла́ва 슬라바
염소	коза́ 까자	영리한	у́мный 움느이
염전	солёное по́ле 살료나예 뽈례	영상	изображе́ние 이자브라줴니예

열이 있는   высокотемперату́рный
         브이사까쩸뻬라뚜르느이

열이 있어서 일하러 가지 못했다.
    Я не мог рабо́тать из-за температу́ры.
    야 니 모크   라보따찌 이즈 자   쩸뻬라뚜르이

열이 조금 나다   температу́рить немно́го
         쩸뻬라뚜리찌   니므노거

열중하다   увлека́ться - увле́чься
         우블리까짜   우블례치샤

영문판 여행서적
   кни́га путеше́ствия на англи́йском языке́
   끄니가   뿌쩨쉐스뜨비야   나   안글리스껌   이즈이께

영문학   англи́йская литерату́ра
         안글리스까야   리쩨라뚜라

영수증	квита́нция 끄비딴찌야	영업하다	торгова́ть 따르가바찌
영어	англи́йский язы́к 안글리스끼 이즈이크	영웅	геро́й 게로이
영어로?	По-англи́йски? 빠 안글리이스끼	영원히	ве́чно 베츠너

영수증 좀 주세요. Да́йте квита́нцию, пожа́луйста.
다이쩨 끄비딴찌유 빠좔루이스따

영양을 주다 снабжа́ть пита́нием
스나브좌찌 삐따니옘

영어 할 줄 아세요?
Вы мо́жете говори́ть по-англи́йски?
븨 모줴쩨 가바리찌 빠안글리스끼

영어로 이야기하다 говори́ть по-англи́йски
가바리찌 빠안글리스끼

영어를 할 수 있어요?
Вы мо́жете говори́ть по-англи́йски?
븨 모줴쩨 가바리찌 빠안글리스끼

영어학원비
пла́та за ча́стное обуче́ние англи́йскому языку́
쁠라따 자 차스너예 아부체니예 안글리스까무 이즈이꾸

영업 액에 따라 세금을 납부해야한다.
На́до заплати́ть нало́г за объём торго́вли.
나다 자쁠라찌찌 날로크 자 아비욤 따르고블리

한국어	러시아어	한국어	러시아어
영토 내	на территории 나 쩨리또리이	옆의	боковой 바까보이
영향	влияние 블리야니예	예를 들자면	например 나쁘리메르
영화	кино;фильм 끼노; 필름	예물	свадебный подарок 스바제브느이 빠다러크
영원히 떠나다	уехать вечно 우예하찌 베츠너		
영하 / 영하 11도	минус / минус одиннадцать 미누스 / 미누스 아진나짜찌		
영화가 싱겁다.	Это кино вздорное. 에떠 끼노 브즈도르나예		
영화를 보다	смотреть фильм 스마뜨례찌 필름		
영화를 촬영하다	снимать фильм 스니마찌 필름		
영화제(남성)	кинофестиваль 끼노페스찌발		
예(보기)	пример; в качестве примера 쁘리메르; 프까체스뜨베 쁘리메라		
예금통장	сберегательная книжка 즈베레가쩰나야 끄니쉬까		
예를 드세요.	Возьмите пример. 바지미쩨 쁘리메르		

예쁘다	краси́вый 끄라시브이	예술	иску́сство 이스꾸스뜨버
예산	бюдже́т 뷰줴뜨	예술가	арти́ст 아르찌스뜨

예매권 predvari̇́tel'no prȯ́dannyy bilé̇t
предвари́тельно про́данный биле́т
쁘레드바리쩰너 쁘라단느이 빌롓

예방 접종서 сертифика́ция о приви́вке
쎄르찌피까찌야 아쁘리비프께

예방 주사를 맞다. сде́лать приви́вку
즈젤라찌 쁘리비프꾸

예방하다. предотвраща́ть - предотврати́ть
쁘리다뜨브라샤찌 쁘리다뜨브라찌찌

예배 богослуже́ние; це́рковная слу́жба
바가슬루줴니예; 쩨르꼬브나야 슬루즈바

예보하다.(날씨) предска́зывать - предсказа́ть пого́ду / прогно́з пого́ды
쁘레드스까즈이바찌 쁘레뜨스까자찌 빠고두 쁘라그노스 빠고드이

예뻐 보이네요. Мне ка́жется, она́ краси́ва.
므녜 까줴짜 아나 끄라시바

예쁜 사람이라고 들었어요.
Я слы́шал(-ла), что она́ краси́вая.
야 슬르이샬(라) 쉬또 아나 끄라시바야

예술가이실 것 같아요. Ка́жется, что вы арти́ст.
까줴짜 쉬또 븨 아르찌스뜨

예약하다	зака́зывать 자까즈이바찌	오(감탄)	ой 오이
예의 있게	ве́жливо 베즐리버	오(숫자)	пять 빠찌
예의가 없는	неве́жливый 니베즐리브이	오는(시기)	приходя́щий 쁘리하쟈쉬
예전에	ра́ньше 란쉐	오늘	сего́дня 시보드냐
옛날	про́шлое 쁘로쉴러예	오늘날	настоя́щее вре́мя 나스따야셰예 브례먀

예의를 지키다 соблюда́ть этике́т
사블류다찌 에찌께트

예의상 그런 거죠. По ве́жливости так де́лал(-ла).
빠 베즐리바스찌 딱 젤랄(라)

예측하다 предска́зывать - предсказа́ть
쁘레드스까즈이바찌 쁘레드스까자찌

옐로우 카드 жёлтая карто́чка
죨따야 까르또츠까

오는 길이 편했어요? Как пое́здка?
깍 빠예스뜨까

오는 길에 по доро́ге домо́й
빠 다로게 다모이

오는 길에 계란 사와. Купи́ я́йцы по доро́ге домо́й.
꾸삐 이쯔이 빠 다로게 다모이

오늘 가시나요?	Сегодня вы уедете?
	시보드냐 븨 우예제쩨

오늘 고마웠어요.	Сегодня я вам благодарен.
	시보드냐 야 밤 블라가다롄

오늘 공기가 맑아요.	Сегодня воздух чистый.
	시보드냐 보즈두흐 치스뜨이

오늘 날씨가 나빠요	Сегодня плохая погода.
	시보드냐 쁠라하야 빠고다

오늘 날씨가 좋아요	Сегодня хорошая погода.
	시보드냐 하로샤야 빠고다

오늘 예뻐 보이네요.	Сегодня выглядит красиво.
	시보드냐 브이글리짓 끄라시버

오늘 오후는 쉬어. 집에 있을 거야.
Сегодня я буду отдыхать во второй половине дня. Я буду дома.
시보드냐 야 부두 앗드이하찌 바 프따로이 빨라비녜 드냐. 야 부두 도마

오늘 일을 끝냈어요?
　　　　Вы закончили сегодняшнюю работу?
　　　　븨 자꼰칠리 시보드냐쉬뉴유 라보뚜

오늘 재미없었어.	Сегодня было скучно.
	시보드냐 브일러 스꾸츠너

오늘 정말 재밌다.	Сегодня очень интересно.
	시보드냐 오친 인쩨례스너

오늘 즐거웠어요.	Сегодня мне было интересно.
	시보드냐 므녜 브일러 인쩨례스너

오늘밤에	сегодня вечером 시보드냐 베체럼	오래됐지.	Было давним. 브일러 다브님
오다	приходить 쁘리하지찌	오래된 친구	старый друг 스따르이 드루크
오락(물)	развлечение 라즈블리체니예	오랫동안	в долгое время 브돌거예 브례먀
오래	долго 돌가	오렌지	апельсин 아뻴씬

오늘은 내가 한 턱 낼게요.
Сегодня я хочу угощать вас.
시보드냐 야 하추 우가샤찌 바스

오늘은 당신 뜻대로 하세요.
Сегодня делайте, как вы хотите..
시보드냐 젤라이쩨 깍 브이 하찌쩨

오늘이 3번째야.
Сегодня третье.
시보드냐 뜨례찌예

오래 가지 않다.
Не продолжаться долго
니 쁘라달좌짜 돌거

오래 기다리게 해서 미안합니다.
Извините, что заставил вас долго ждать.
이즈비니쩨 쉬또 자스따빌 바스 돌거 쥐다찌

오래간 만이예요. Сколько лет, сколько зим.
스꼴꺼 레트 스꼴꺼 짐

오렌지 주스 апельсиновый сок
아뻴시나브이 소크

232

오르다	подниматься 빠드니마쨔	오빠, 형	старший брат 스따르쉬이 브라트
오르다(가격)	повышаться 빠브이샤쨔	오세요.	Приезжайте. 쁘리예좌이쩨
오른쪽	правая сторона 쁘라바야 스따라나	오염	загрязнение 자그랴즈네니예
오른편	правая сторона 쁘라바야 스따라나	오월	май 마이
오리	утка 우뜨까	오이	огурец 아구례쯔
오만한	наглый 나글르이	오케스트라	оркестр 아르께스뜨르

오렌지 한쪽
кусок апельсина
꾸석 아뻴시나

오르다.(나무등)
подниматься
빠드니마쨔

오른쪽으로 가야하는 거죠? Надо пойти направо?
나다 빠이찌 나쁘라바

오이로 팩을 하다
применять косметическую маску из огурца
쁘리미냐찌 까스메찌체스꾸유 마스꾸 이자구릇짜

오전
первая половина дня
뻬르바야 빨라비나 드냐

233

오타	ошибочный шрифт	옥(보석)	нефрит
	아쉬버츠느이 쉬리프트		네프릿
오토바이	мотоцикл	옥수수	кукуруза
	마따찌끌		꾸꾸루자

오지 않는다면   если не прийдёт
예슬리 니 쁘리죳

오토바이 좀 봐주세요.(자리비울동안)
Наблюдайте этот мотоцикл.
나블류다이쩨 에또뜨 마따찌끌

오토바이가 무서워.   Я боюсь мотоцикла.
야 바유시 마따찌끌라

오토바이로 여기에서 집까지 얼마나 걸려요?
Сколько времени занимает дорога отсюда до дома на мотоцикле? / Сколько времени езды на мотоцикле отсюда до дома?
스꼴꺼 브레메니 자니마옛 다로가 앗슈다 다 도마 나 마따찌끌레 스꼴꺼 브레메니 예즈드이 나 마따찌끌레 앗슈다 다 도마

오토바이와 차가 추돌하다.
Мотоцикл и машина столкнулись
마따찌끌 이 마쉬나 스딸끄눌리시

오해하다   неправильно понимать
니쁘라빌너 빠니마찌

오해하셨어요.   Вы неправильно поняли.
비 니쁘라빌너 뽀닐리

한국어	러시아어	한국어	러시아어
온도	температу́ра 쨈뻬라뚜라	올해	в э́том году́ 베떰 가두
온도계	термо́метр 쩨르모메뜨르	옮기다	дви́гать 드비가찌
온라인	онла́йн 온라인	옳다	пра́вильный 쁘라빌느이
온화한	мя́гкий 먀흐끼	옷	оде́жда 아제쥐다
올 거죠?	Прие́здите? 쁘리예지쩨	옷가게	магази́н оде́жды 마가진 아제쥐드이
올가미	пе́тля 뻬뜰랴	옷감	мате́рия 마쩨리야

오후   втора́я полови́на дня
프따라야 빨라비나 드냐

온도를 재다   измеря́ть температу́ру
이즈메랴찌 쨈뻬라뚜루

온수기   горячево́дный кла́пан
가랴체보드느이 끌라빤

올림픽   олимпи́йские и́гры
알림삐이스끼에 이그르이

올해 몇 살이세요?   В э́том году́ ско́лько вам лет?
베떰 가두 스꼴꺼 밤 레트

옷 따뜻하게 입어.   Одева́йсь потепле́е.
아제바이시 빠찌쁠레예

옷걸이	ве́шалка 베샬까
옷을 벗다.	раздева́ться 라제바짜
옷을 입다	одева́ться 아제바짜
옷이 끼다.	оде́жда жмёт 아제쥐다 쥐못
옷을 갈아입다	переодева́ться 뻬레아제바짜
옷을 다리다	гла́дить оде́жду 글라지찌 아제쥐두
옷을 맞추다	примеря́ть оде́жду 쁘리메랴찌 아제쥐두
옷을 빨고 있어요.	Я полоска́ю оде́жды. 야 빨라스까유 아제쥐드이
옷을 빨다	полоска́ть оде́жду 빨라스까찌 아제쥐두
옷을 짜다	выжима́ть бельё 브이쥐마찌 벨요
와이셔츠	ве́рхняя руба́шка 베르흐냐야 루바쉬까
완벽한 타이밍이네.	Как раз. 깍 라스
와인	вино́ 비노
완고한	упря́мый 우쁘랴드이
완벽한	безупре́чный 베주쁘레치느이
완성되다	заверша́ться 자베르샤짜

236

완전한	по́лный 뽈느이	왕자	принц 쁘린쯔
왕래하다.	ходи́ть 하지찌	왜	почему́ 빠치무
왕복의	туда́ и обра́тно 뚜다 이 아브라뜨너	왜 그렇지?	Почему́ так 빠치무 딱
왕의 무덤	моги́ла царя́ 마길라 짜랴	왜?	Почему́? 빠치무

왕복표　　билéт в óба концá
　　　　　빌례트 보바 깐짜

왕에게 바치다　　отдавáть королю́
　　　　　　　 앗다바찌 까롤류

왕위를 빼앗다　　лишáть престóл
　　　　　　　 리샤찌 쁘레스똘

왜 그렇게 늦게 돌아왔어요?
　　Почему́ так по́здно верну́лись?
　　빠치무　딱　뽀즈너　베르눌리시

왜 그렇게 서둘러요?　Почему́ так торо́питесь?
　　　　　　　　　　빠치무　딱　따로삐쩨시

왜 그렇게 자꾸 재촉해.　Почему́ так торо́пишь.
　　　　　　　　　　　빠치무　딱　따로삐쉬

왜 무슨 일인데?　Почему́ что случи́лось?
　　　　　　　　빠치무　쉬또　슬루칠러시

왜 미리 말을 안했어?	Почему́ не сказа́л зара́нее?
	빠치무 니 스까잘 자라네예

왜 안 돼?	Почему́ не возмо́жно?
	빠치무 니 바즈모쥐너

왜 어제 일을 쉬었어요?	Почему́ вчера́ вы не рабо́тали?
	빠치무 프치라 븨 니 라보딸리

왜 이렇게 느린 거야.	Почему́ так ме́дленно.
	빠치무 딱 몌들렌너

왜 이렇게 사람이 많은 거야.
　　　　　　　Почему́ так мно́го люде́й?
　　　　　　　빠치무 딱 므노거 류제이

왜 이렇게 오래 길이 막히는 거야.
　　　　　Почему́ так до́лго прегра́ждает доро́гу?
　　　　　빠치무 딱 돌거 쁘레그라쥬다엣 다로구

왜 저것도 좋은데.	Ну, как, э́то то́же хорошо́.
	누 깍 에떠 또줴 하라쇼

왜 절 따라 오시는 거예요?
　　　　　　　Почему́ вы сле́дуете за мной?
　　　　　　　빠치무 브이 슬례두예쩨 자므노이

왜 한숨 쉬고 있어?	Почему́ глубоко́ вдыха́ешь?
	빠치무 글루바꼬 브드이하예쉬

왜냐면 걸으려고 하지 않으니까.	
	Потому́ что не хо́чет ходи́ть.
	빠따무 쉬또 니 호칫 하지찌

238

외교	диплома́тия 지쁠라마찌야	외국인	иностра́нец 이나스뜨라네쯔
외교관	диплома́т 지쁠라마뜨	외로이	одино́ко 아지노까
외국의	иностра́нный 이나스뜨란느이	외상	креди́т 끄레지트

왠지 알아요?   Вы зна́ете, почему́ так?
　　　　　　　브이 즈나예쩨 빠치무 딱

외교단   дипломати́ческая делега́ция
　　　　지쁠라마찌체스까야 젤레까찌야

외국   инностра́нная страна́
　　　이나스뜨란나야 스뜨라나

외국어   иностра́нный язы́к
　　　　이나스뜨란느이 이즈이크

외국회사   зарубе́жная компа́ния
　　　　　자루볘쥐나야 깜빠니야

외모(여성)   вне́шность; вне́шний вид
　　　　　브녜쉬너스찌; 브녜쉬니 비트

외무부   Министе́рство иностра́нных дел
　　　　미니스쩨르스뜨바 이나스뜨란느이흐 젤

외상 되요?   Мо́жно покупа́ть в креди́т?
　　　　　모쥐너 빠꾸빠찌 프끄레지트

외식하다   обе́дать в рестора́не
　　　　　아볘다찌 브리스따라네

외진(벽촌)	глухо́й 글루호이	왼쪽	ле́вая сторона́ 례바야 스따라나
외침(침략)	нападе́ние 나빠제니예	왼쪽으로	нале́во 날레버
외할머니	ба́бка 바프까	왼편	ле́вая сторона́ 례바야 스따라나
외할아버지	дед 제트	요괴	домово́й 다마보이
외화	иностра́нная валю́та 이나스뜨란나야 발류따	요구르트	йо́гурт 이오구르뜨
왼손	ле́вая рука́ 례바야 루까	요구하다	тре́бовать 뜨레버바찌

외장하드(전산)
внеустро́енное техни́ческое обеспе́чение
브네우스뜨로옌너예 쩨흐니체스꺼예 아베스뻬체니예

외출중이다 выходи́ть из до́му
브이하지찌 이즈 도무

왼편에 있는 것이 находя́щийся в ле́вой стороне́
나하쟈쉬이샤   블레버이 스따라녜

요구를 만족시켜 드릴 수 있습니다.
Мо́жно удовлетворя́ть тре́бования.
모쥐너   우다블레뜨바랴찌   뜨레버바니야

요구를 만족시키다   удовлетворя́ть тре́бования
우다블레뜨바랴찌   뜨레버바니야

요금	пла́та 쁠라따	요리하다	гото́вить пи́шу 가또비찌 삐슈
요금을 내다	заплати́ть 자쁠라찌찌	요소	элеме́нт 엘레몐뜨
요리	ку́хня 꾸흐냐	요술	колдовство́ 깔도프스뜨보
요리법	кулина́рия 꿀리나리야	욕실	ва́нная 반나야

요리 잘하세요?
Вы хорошо́ гото́вите?
븨 하라쑈 가또비쩨

요리하고 있어.
Я гото́влю обе́д.
야 가또블류 아볘뜨

요약 резюме́; кра́ткое изложе́ние
레쥬몌; 끄라뜨꺼예 이즐라줴니예

요즘 다시 자전거를 타기 시작했다.
В после́днее вре́мя я вновь начина́л ката́ться на велосипе́де.
프빠슬례드녜예 브례먀 야 브노피 나치날 까따짜 나볠라시뼤제

요즘 살찌신 것 같아요.
В после́днее вре́мя вы кажетесь по́лным.
프 빠슬례드녜예 브례먀 븨 까줴쩨시 뽈느임

요즘 어떻게 지내?
В после́днее вре́мя как ты пожива́ешь?
프 빠슬례드녜예 브례먀 깍 띄 빠쥐바예쉬

욕심(여성)	жа́дность 좌드너스찌	용돈	карма́нные де́ньги 까르만느이예 젠기
욕심이 많은	жа́дный 좌드느이	우(남성)	дождь 도쉬
용(동물)	драко́н 드라꼰	우기	сезо́н дожде́й 씨존 다줴이
용감하다	сме́лый 스멜르이	우동	лапша́ 랍샤

요즘 자연재해가 자주 일어난다.

В после́днее вре́мя ча́сто случа́ется стихи́йное бе́дствие.

프 빠슬레드녜예 브레먀 차스떠 슬루차예짜 스찌히이너예 볘스뜨비예

요즘	В после́днее вре́мя; тепе́рь 프 빠슬레드녜예 브레먀; 찌뻬리
요즘은 정말 덥다.	В после́днее вре́мя о́чень жа́рко. 프 빠슬레드녜예 브레먀 오친 좌르꺼
욕심도 많네.	О́чень жа́дный. 오친 좌드느이
용띠	земна́я ветвь Драко́на 졤나야 볘뜨피 드라꼬나
용법	спо́соб употребле́ния 스뽀서프 우빠드레블레니야
용서하다	проща́ть - прости́ть 쁘라샤찌 쁘라스찌찌

| 우리 | мы
믜 | 우리끼리만? | То́лько мы?
똘까 믜 |

우대가격		привилегиро́ванная цена́ 쁘리빌레기로반나야 쩨나
우대하다		тепло́ относи́ться 찌쁠로 아뜨나싯쨔
우리 같이 놀러가자.		Дава́й схо́дим вме́сте. 다바이 스호짐 브몌스쩨
우리 내기 했거든.		Мы поспо́рились. 믜 빠스뽀릴리시
우리 모두 그렇지.		Мы все так. 믜 프셰 딱
우리 뭐 먼저 하지?		Снача́ла что мы де́лаем? 스나찰라 쉬또 믜 젤라옘
우리 어떻게 하지?		Как нам де́лать? 깍 남 젤라찌
우리 집에 놀러와.		Приезжа́й к нам в го́сти. 쁘리예즈좌이 끄남 브고스찌
우리 집에 올 거죠?		
	Вы не могли́ бы приезжа́ть к нам? 브이 니 마글리 브이 쁘리예좌찌 끄남	
우리 테니스 칠래요?	Не хоти́те игра́ть в те́ннис? 니 하찌쩨 이그라찌 프떼니스	

우리보다	чем мы 쳄 믜	우물	колóдец 깔로제쯔

우리 함께 배드민턴 치러 가요.
Давáйте вмéсте игрáть в тéннис.
다바이쩨 브몌스쩨 이그라찌 프쩨니스

우리가 친구가 된다면 좋을 거야.
Бýдет рáдостным, что мы стáнем друзья́ми.
부젯 라더스느임 쉬또 믜 스따넴 드루지야미

우리는 같이 일할 것이다.
Мы бýдем вмéсте рабóтать.
믜 부젬 브몌스쩨 라보따지

우리는 부부예요.
Мы супрýги.
믜 수쁘루기

우리는 안 지 오래 됐어요.
Мы давнó познакóмились.
믜 다브노 빠즈나꼬밀리시

우리의 협력관계가 발전하기를 기대합니다.
Надéюсь, что нáши сотрýднические отношéния бýдут развивáться.
나제유시 쉬또 나쉬 사뜨루드니체스끼예 아뜨나쉐니야 부둣 라즈비바쨔

우린 가지 않기로 결정했다.
Мы реши́ли не поéхать.
믜 리쉴리 니 빠예하찌

우린 공통점이 많아.
У нас мнóго óбщего.
우 나스 므노거 옵셰버

우박	град 그라트	우아한	элегáнтный 엘레간뜨늬이
우비	дождеви́к 다쥐제빅	우연(남성)	слу́чай 슬루차이
우산	зо́нтик 존찍	우연히	случа́йно 슬루차이너
우선	приорите́т 쁘리아리쩨트	우울한	мра́чный 므라치느이
우선순위	приорите́т 쁘리아리쩨트	우울해.	Мне гру́стно. 므녜 그루스너
우스운	смешно́й 스메쉬노이	우월감	преиму́щество 쁘레이무셰스뜨버
우승자(남성)	победи́тель 빠베지쩰	우유	молоко́ 멀라꼬
우아하다	элега́нтный 엘레간뜨늬이	우정	дру́жба 드루쥐바

우산 가지고 가세요. Неси́те зо́нтик.
네씨쩨 존찌크

우승을 거머쥐다 побежда́ть
빠베쥐다찌

우승팀 кома́нда-победи́тельница
까만다 빠베지쩰니짜

우연의 일치네. Случа́йное совпаде́ние.
슬루차이너에 삽빠제니예

우주인	космона́вт 까스마나프뜨
우체국	по́чта 뽀츠따
우체부	почтальо́н 빠츠딸온
우체통	почто́вый я́щик 빠츠또브이 야식
우표	ма́рка 마르까
운동경기	соревнова́ния 사레브나바니야
운동종목	ви́ды спо́рта 비드이 스뽀르따
운동하다	дви́гаться 드비가짜
운동화	спорти́вная о́бувь 스빠르찌브나야 오부피
운반하다	носи́ть 나시찌
운송하다	перевози́ть 뻬레바지찌
운이 없는	злосча́стный 즐라샤스느이

우주선	косми́ческий кора́бль 까스미체스끼 까라블
우표를 붙이다	накле́ивать ма́рку 나끌레이바찌 마르꾸
우회전금지	запрещено́ поверну́ться напра́во 자쁘레시노 빠베르누짜 나쁘라버
우회전하다	поверну́ться напра́во 빠베르누짜 나쁘라버
운송비	платёж за перево́зку 쁠라쬬쉬 자 뻬레보스꾸
운수 좋은 날이네	Сего́дня повезло́. 시보드냐 빠비즐로

246

운이 좋다	счастли́вый 시슬리브이	웃기는(황당하게)	смешно́й 스메쉬노이
운전사	води́тель 바지쩰	웃기지?	Это сме́шно? 에떠 스메쉬너
운전하다	води́ть маши́ну 바지찌 마쉬누	웃다.	сме́яться 스미얏짜
운하	кана́л 까날	웅장하다	великоле́пный 벨리까례쁘느이
울다.	пла́кать 쁠라까찌	원	круг 끄룩
울지 마.	Не плачь. 니 쁠라치	원금	капита́л 까삐딸
움직이다	дви́гать 드비가찌	원료	сырьё 스이리요

운이 없는 날이네.   Сего́дня злосча́стно.
시보드냐 즐라샤스너

운이 좋은데.   Мне повезло́.
므녜 빠비즐로

운전면허증   води́тельские права́
바지쩰스끼예 쁘라바

운전을 위험하게 했어요.   Опа́сно води́л(-а).
아빠스너 바질(라)

웃기는 농담   смешна́я шу́тка
스메쉬나야 슈뜨까

원샷	до дна
	다드나

원숭이	обезья́на
	아베지야나

원시의	примити́вный
	쁘리미찌브느이

원인	причи́на
	쁘리치나

원장	гла́вная кни́га
	글라브나야 끄니가

원점	нача́льный пункт
	나찰느이 뿐끄뜨

원조하다	подде́рживать
	빳제르쥐바찌

원천	исто́чник
	이스또치니크

원피스	пла́тье
	쁠라찌예

원하는 대로	как хо́чешь
	깍 호치쉬

원형의	кру́глый
	끄루글르이

월급날	день зарпла́ты
	젠 자르쁠라뜨이

원래계획은 이틀 밤이다.
Первонача́льный план был рассчи́тан на два дня.

뻬르버나찰느이 쁠란 브일 라쉬딴 나 드바 드냐

원앙새　　　　　　　　　　мандари́нская у́тка
　　　　　　　　　　　　　만다린스까야 우뜨까

원주(둘레)(여성)　　　　　　окру́жность
　　　　　　　　　　　　　아끄루쥐너스찌

원하는 대로 잘되길 바랍니다.　Жела́ю вам успе́хов.
　　　　　　　　　　　　　라유　밤 우스뻬허프

월권하다　　　　　　злоупотребля́ть вла́стью
　　　　　　　　　즐라우빠뜨레블랴찌　블라스찌유

월말	коне́ц ме́сяца 까녜쯔 메샤짜
월요일	понеде́льник 빠니젤닉
웨이터	официа́нт 아피찌안뜨
웨이트리스	официа́нтка 아피찌안뜨까
웹디자이너	веб-диза́йнер 벱 디자이네르
위(방향)	верх 베르흐
위(신체)	желу́док 쥏루덕
위대한	вели́кий 벨리끼
위로하다	утеша́ть 우쪠샤찌
위반하다	наруша́ть 나루샤찌

월경이 있다	менструи́ровать 멘스뜨루이라바찌
월급	ежеме́сячный за́работок 에쥐메샤츠느이 자라버떠크
월급날이 오다	прибли́зится день зарпла́ты 쁘리블리짓쨔 쩬 자르쁠라드이
월세를 내다	заплати́ть ме́сячную аре́нду 자쁠라찌찌 메샤츠누유 아렌두
웹디자인하다	испо́лнить веб-диза́йн 이스뽈니찌 벱 디자인
위가 아프다	боли́т желу́док 발릿 쥏루더크
위산(의학)	кисло́тность желу́дочного со́ка 끼슬로뜨너스찌 쥏루더츠나바 소까

위신	авторите́т 아프따리쩻	위치해 있다	располо́жен 라스빨로젠
위안하다	обнадёживать 아브나죠쥐바찌	위한	для + чего - кого 들랴 치보 까보
위원회	коми́ссия 까미씨야	위험한	опа́сный 아빠스느이
위층	ве́рхний эта́ж 베르흐니 에따쉬	위협하다	угрожа́ть 우그라좌찌
위치	пози́ция 빠지찌야	유격병	партиза́н 빠르찌잔
위치하다	располага́ть 라스빨라가찌	유교	конфуциа́нство 깐푸찌안스뜨버

위원장 предсе́датель коми́ссии
쁘렛쎄다쪨 까미시이

위조하다 фальсифици́ровать
팔시피찌라바찌

유가 증권(양도할 수 있는) це́нные бума́ги
쩬느이에 부마기

유감스럽다. Мне о́чень жаль.
므녜 오친 좔

유교의 영향을 받다
подда́ться влия́ниям конфуциа́нства
빠다짜 블리야니얌 깐푸찌안스뜨바

유능한	спосо́бный 스빠소브느이	유사한	аналоги́чный 아날라기츠느이
유니폼	мунди́р 문지르	유산(재산)	насле́дие 나슬례지예
유럽	Евро́па 에브로빠	유언	завеща́ние 자비샤니예
유리	стекло́ 스찌끌로	유용한	поле́зный 빨례즈느이
유리한	вы́годный 브이거드느이	유월	ию́нь 이윤
유명배우	изве́стный актёр 이즈베스느이 악쬬르	유익하다	благотво́рный 블라가뜨보르느이
유명인사(여성)	изве́стность 이즈베스너스찌	유일한	еди́нственный 예진스뜨벤느이
유명한	изве́стный 이즈베스느이	유적	след 슬례트

유명해지기 시작하다	стать изве́стным 스따찌 이즈베스느임
유사시	в чрезвыча́йном слу́чае 프츠레즈브이차이넘 슬루차예
유언으로 남겨주다	завеща́ть 자비샤찌
유적	истори́ческий па́мятник 이스따리체스끼이 빠먀뜨니크

유전의	насле́дственный 나슬롓스뜨벤느이	유행하는	мо́дный 모드느이
유지하다.	сохраня́ть 사흐라냐찌	유형	тип 찌쁘
유창한	пла́вный 쁠라브느이	유혹하다	соблазня́ть 사블라즈냐찌
유치한	де́тский 곗스끼	육(숫자)	шесть 쉐스찌
유쾌한	весёлый 비숄르이	육교	путепрово́д 뿌쩨쁘라보트
유통	оборо́т 아바로트	육상	лёгкая атле́тика 료까흐야 아뜰례찌까
유한의	ограни́ченный 아그라니첸느이	육수	мясно́й бульо́н 미스노이 불리온
유행성감기	инфлюэ́нца 인플류엔짜	육체노동	физи́ческий труд 피지체스끼 뜨루트

유학가다　учи́ться за грани́цей
　　　　　우치짜　자 그라니쩨이

유행을 타지 않다　не входи́ть в мо́ду
　　　　　　　　　니 브하지찌 브모두

육로　путь по су́ше; земно́й путь
　　　뿌찌 빠 수쉐; 짐노이 뿌찌

육상선수　спортсме́н лёгкой атле́тики
　　　　　스빠르쯔멘　료흐꺼이　아뜰례찌끼

은(금속)	серебро́	음료수	напи́ток
	세레브로		나삐똑
은행	банк	음색	тон
	반끄		똔
음력	лу́нный календа́рь	음식	пи́ща; блю́до
	룬느이 깔렌다리		삐샤; 블류더

은근히 아프다   немно́го боли́т
                       니므노거 발릿

은메달   сере́бряная меда́ль
             세례브랸나야 메달

은퇴하다   вы́йти в отста́вку
             브이이찌 밧스따프꾸

은행 대출을 받는 것은 매우 어렵다.
О́чень тру́дно получи́ть ба́нковский креди́т.
오친 뜨루드너 빨루치찌 반꼽스끼 끄레지트

음력날짜   день лу́нного календа́ря
             젠 룬나바 깔렌다랴

음력은 모든 나라가 똑같은 줄 알았어.
Я знал, что по лу́нному календа́рю число́ во всех стра́нах то и же са́мое.
쉬또 빠 룬나무 깔렌다류 치슬로 바프쎄흐 스뜨라나흐 또 이 줴 사머예 야 즈날

음식 괜찮죠?   Вам нра́вятся блю́да?
             밤 느라뱟쨔 블류다

음식점	столóвая 스딸로바야	음표	нóта 노따
음식점	ресторáн 리스따란	음향	акýстика 아꾸스찌까
음식점에는	в ресторáне 브리스따라네	응(대답)	Да. 다
음악	мýзыка 무즈이까	의견	мнéние 므녜니예
음악가	мýзыкант 무즈이깐트	의도	намéрение 나메레니에
음절	слог 슬로크	의례	формáльность 파르말너스찌

음식을 골라보세요. Выбирáйте блюда.
브이비라이쩨 블류다

음식을 주문하다 заказывать блюда
자까즈이바찌 블류다

음악을 듣다 слýшать мýзыку
슬루샤찌 무즈이꾸

응급치료하다 оказывать скóрую пóмощь
아까즈이바찌 스꼬루유 뽀머시

응원하다 оказывать поддéржку
아까즈이바찌 빠제르쉬꾸

응용 практи́ческое примéние(приложéние)
쁘락찌체스꼬에 쁘리메네니에 (쁘릴라줴니에)

| 의문 | вопрóс
바쁘로스 | 의심하다 | сомневáться
삼니바쨔 |
|---|---|---|---|
| 의미 | значéние
즈나체니예 | 의자 | стул
스뚤 |
| 의사 | врач
브라치 | 의학 | медицина
메지찌나 |

의미가 있다. / 그녀에겐 의미 있는 건 아녜요.
имéть значéние(смысл) / Для неё не имéет ни какóго значéния.
이몌찌 즈나체니예(스므이슬) 들랴 니요 니 이몌옛 니까꼬바 즈나체니야

의욕상실이야.　　　　　　Потерял(-а) желáние.
　　　　　　　　　　　　빠쩨랼(라)　쥄라니에

의지가 굳은　　　　　　твёрдое стремлéние
　　　　　　　　　　뜨뵤르더에 스뜨레믈례니에

의지하다　　　　　　завúсеть ; опирáться
　　　　　　　　자비세찌 ;　　아삐라짜

이 근처에 어느 은행이 있습니까?
　　　　　　　　Какóй банк здесь поблúзости?
　　　　　　　까꼬이 반끄 즈졔시 빠블리자스찌

이 길 따라　　　　　　　　по э́той дорóге
　　　　　　　　　　　　빠 에떠이 다로게

이 길 따라 쭉 가세요.
　　　　　　　Идúте по э́той дорóге прямо.
　　　　　이지쩨 빠 에떠이 다로게 쁘랴머

한국어	러시아어	한국어	러시아어
이 닦다	чи́стить зу́бы 치스찌찌 주브이	이(숫자)	два 드바
이 지역	э́тот регио́н 에떠트 리기온	이(치아)(복수)	зу́бы 주브이
이 지역에	в э́том регио́не 브에떰 리기오녜	이가 썩다.	по́ртиться зуб 뽀르찌쨔 주쁘

이 병에 담긴 것은 무슨 양념이에요?
Кака́я припра́ва в э́той буты́лке?
까까야 쁘리쁘라바 브에떠이 부뜨일께

이 열차는 언제 모스크바에 도착합니까?
Когда́ э́тот по́езд прибу́дет в Москву́?
까그다 에떳 뽀예스트 쁘리부젯 브마스끄부

이 옷을 입으세요.　　　　Надева́йте э́ту оде́жду.
나졔바이쩨　에뚜 아졔쥐두

이 음식은 향채와 같이 먹어.
Куша́й э́то блю́до со спе́цией
꾸샤이　에떠 블류더　사스뻬찌예이

이 회사 일은 내가 다 하는 거야?
Мне на́до де́лать все дела́ э́той компа́нии?
므녜 나다 젤라찌 프쎄 젤라 에떠이　깜빠니이

이거 내거야.　　　　　　Э́то моя́ вещь.
에떠 마야 베쉬

이거 어때요?　　　　Как вы ду́маете об э́том?
깍 븨 두마예쩨　아베떰

256

이것	э́то 에떠	이게 아니라	не э́того 니 에떠버

이건 괜찮죠?   Э́то хорошо́?
                               에떠 하라쇼

이건 내 짐작이니까 정확하진 않아.
    Про́сто я догада́ю так, поэ́тому не то́чно.
    쁘로스떠 야 다가다유 딱 빠에떠무 니 또츠너

이건 뭐로 만든 거예요?   Из чего́ э́то сде́лано?
                              이스 치보 에떠 즈젤라너

이건 좀 크네.   Э́то немно́жко большо́е.
                 에떠 니므노쉬꺼 발쇼예

이걸 뭐라고 불러요?   Как э́то называ́ется?
                          깍 에떠 나즈이바옛쨔

이걸 러시아어로 뭐라고 불러요?
    Как э́то называ́ется по-ру́сски?
    깍 에떠 나즈이바옛쨔 빠 루스끼

이걸로 살게요.   Я бу́ду покупа́ть э́то.
                 야 부두 빠꾸빠찌 에떠

이것은 무엇 이예요?   Что э́то?
                          쉬또 에떠

이것이 당신의 노트북 이예요?   Э́то ваш но́утбук
                                   에떠 바쉬 노우뜨부크

이것저것 다 넣어주세요.   Сме́шивайте всё
                          스메쉬바이쩨 프쇼

이기적인	эгоистический 에가이스찌체스끼	이런 것	такóй 따꼬이
이끌다	руководить 루까바지찌	이렇게	так 딱
이라크	Ирáк 이라크	이륙하다	взлетáть 브즐리따찌

이곳에서 송금이 가능하나요?
　　Здесь мóжно ли перевести дéньги?
　　즈졔시 모쥐너 리 뻬레베스찌 졘기

이런 건 처음 보는 건데, 어디에 쓰는 거야?
　　Я пéрвый раз видел(-а), за что э́то?
　　야 뻬르브이 라스 비졜(라) 자 쉬또 에떠

이러면 안 되잖아.　　　　　　Э́то нельзя́.
　　　　　　　　　　　　　에떠 닐쟈

이런 방은 하루에 얼마예요?
　　Скóлько стóит такáя кóмната за один день?
　　스꼴꺼 스또잇 따까야 꼼나따 자 아진 졘

이런 조리 스타일을 뭐라고 부릅니까?
　　Как назывáется такóй стиль кулинáрии?
　　깍 나즈이바엣쨔 따꼬이 스찔 꿀리나리이

이런, 메스꺼워.　　　　　　Ой, тошнотвóрно.
　　　　　　　　　　　　오이 따쉬너뜨보르너

이렇게 갑자기 얘기하면 어떻게 해?
　　Ты говорил так неожиданно, Как мне дéлать?
　　띄 가바릴 딱 니아쥐단너 깍 므녜 졜라찌

258

이를 뽑다	вы́рвать зуб 브이루바찌 주쁘	이름전체	по́лное и́мя 뽈나예 이먀
이름	и́мя 이먀	이마	лоб 로쁘
이름을 짓다	дава́ть и́мя 다바찌 이먀	이면	две стороны́ 드베 스따라느이

이렇게 작성하는 것이 맞습니까?
Пра́вильно ли заполня́ется?
쁘라빌너 리 자빨냐옛쨔

이렇게 하면　　　　　　　Éсли де́лается так
　　　　　　　　　　　예슬리 젤라옛쨔 딱

이를 닦고 자다　спать по́сле отчи́стки зу́бов
　　　　　스빠찌 뽀슬레 앗치스뜨끼 주버프

이름은 모르겠어.　　　　　А не зна́ю и́мя.
　　　　　　　　　　아 니 즈나유 이먀

이름을 적다　　　　　　　написа́ть и́мя
　　　　　　　　　　　나삐싸찌 이먀

이리와 봐. 할 말이 있어.
Прийди́ сюда́. Я хочу́ что́-то говори́ть тебе́.
쁘리이지 슈다 야 하추 쉬또 떠 가바리찌 찌베

이메일 쓰는 것을 부탁하다
проси́ть писа́ть электро́нную по́чту
쁘라시찌 삐사찌 일렉뜨론누유 뽀츠뚜

이모	тётя 쪼쨔	이발하다	постригаться 빠스뜨리가짜
이모작	два урожа́я в год 드바 우라좌야 브 고트	이번	э́тот раз 에떳 라스
이민	иммигра́нт 이미그란뜨	이불	одея́ло 아제얄라

이메일을 보내다   посыла́ть электро́нную по́чту
 빠스일라찌   엘렉뜨론누유   뽀츠뚜

이목구비 반듯한   пра́вильные черты́ лица́
 쁘라빌느이에   체르뜨이 리짜

이미 4달을 러시아에서 살았다.
     Уже́ четы́ре ме́сяца жил в Росси́и.
     우줴 치뜨이레 메샤짜 쥘 브 라시이

이번 여행이 성공하시길 빕니다.
     Жела́ю вам успе́хов на э́том путеше́ствии.
     웰라유 밤 우스뻬허프 나 에떰 뿌쩨쉐스뜨비이

이번 주말에 한국에 돌아가려고 해요.
     Я верну́сь в Коре́ю в конце́ э́той неде́ли.
     야 베르누시 프 까레유 프 깐쩨 에떠이 니젤리

이번에 와보니 러시아가 많이 현대화됐어요.
Во вре́мя э́того визи́та я ошути́л(-а), что в
Росси́и осуществи́лась модерниза́ция.
바 브레먀 에떠버 비지따 야 아슈찔(라) 쉬또 브 라시이 아수셰
스뜨빌라시 마제르니자찌야

이번이 두 번째야.   Э́то второ́й раз.
     에떠 프따로이 라스

이사하다	переселя́ться 뻬레셀랴짜	이성	ра́зум 라줌
이상(소망)	идеа́л ; мечта́ 이제알 ; 미츠따	이슬람	исла́м 이슬람
이서하다	перепи́сывать 뻬레삐스이바찌	이쑤시개	зубочи́стка 주버치스뜨까

이번이 마지막이야.　　　Э́то после́дний раз.
　　　　　　　　　　　에떠 빠슬례드니이 라스

이불을 깔다　　　　　　постла́ть одея́ло
　　　　　　　　　　빠스뜰라찌 아제알러

이사 들어가다　　　　　переселя́ться
　　　　　　　　　　뻬레셀랴짜

이상 / 이십 명 이상
　　бо́лее / бо́лее двадцати́ челове́к
　　볼례예　볼례예　드바짜찌　칠라볙

이상하게 운전하다
　　води́ть маши́ну ненорма́льно
　　바지찌　마쉬누　니나르말너

이상한 사람이네.　　Ненорма́льный челове́к.
　　　　　　　　　니나르말느이　칠라볙

이상한(사람에게)　　ненорма́льный
　　　　　　　　니나르말느이

이슈　спо́рный вопро́с ; актуа́льный вопро́с
　　스뽀르느이 바쁘로스 ;　악뚜알느이　바쁘로스

이야기	rasskáz 라스까스	이유	причи́на 쁘리치나
이와 동시에	вме́сте с э́тим 브몌스쩨 스 에찜	이윤(여성)	при́быль 쁘리브일
이웃	сосе́д 사세트	이자	проце́нты 쁘라쩬뜨이
이월	февра́ль 피브랄	이전에	ра́ньше 란쉐

이야기를 하다   расска́зывать
라스까즈이바찌

이야기하다   разгова́ривать
라즈가바리바찌

이야기할 수 있도록 하다. / 이반과 통화할 수 있을까요?
разреша́ть разгова́ривать / Мне мо́жно говори́ть с Ива́ном?
라즈리샤찌 라즈가바리바찌 므녜 모쥐너 가바리찌 식바넘

이열치열   Чем уши́бся, тем и лечи́сь.
쳄 우쉬프샤 쪰 이 레치시

이윤 중 10%를 공제할 수 있습니다.
Мо́жно вычита́ть 10% из при́были.
모쥐너 브이치따찌 제시찌 쁘라쩬떠프 이스 쁘리브일리

이윤을 5% 나눠 줄 수도 있어요.
Мо́жно разделя́ть 5% из при́были.
모쥐너 라즈젤랴찌 빠찌 쁘라쩬떠프 이스 쁘리브일리

이주하다	переселя́ться 뻬레쎌랴짜	이해하다	понима́ть 빠니마찌

이윤이 높지 않다.   При́быль не больша́я.
쁘리브일 니 발샤야

이율(저금)   проце́нтная ста́вка
쁘라쩬뜨나야 스따프까

이자가 얼마나 되나요?
Ско́лько составля́ют проце́нты?
스꼴꺼 사스따블랴윳 쁘라쩬뜨이

이전처럼 피곤하진 않아요.
Не так уста́л(-а), как ра́ньше.
니 딱 우스딸(라) 깍 란쉐

이제 그만 가야해.   Сейча́с мне на́до уйти́.
시차스 므녜 나더 우이찌

이제 그만 끊자.(전화)   Сейча́с положи́м тру́бку.
시차스 빨라짐 뜨루쁘꾸

이제 어떻게 하지?   Сейча́с что мы мо́жем д?е́лать?
시차스 쉬또 므이 모쳄 젤라찌

이제 충분해요.   Сейча́с хвати́т.
시차스 흐바찟

이제나 저제나 하고 기다렸다.   Ждал о́чень до́лго.
쥐달 오친 돌거

이제나 저제나 하고 기다리다.   ждать с терпе́нием
쥐다찌 스쩨르뻬니엠

이해하셨어요?	Вы поняли?	이해했어?	Понял(-á)?
	븨 빠닐리		뽀닐(라)

이젠 익숙해요.   Сейчáс привы́к.
                                   시차스 쁘리브익

이쪽으로 이사 온 지 얼마나 되셨어요?
                              Когдá вы переéхали сюдá?
                              까그다 븨 뻬레예할리 슈다

이체송금   пересы́лка дéнег ; перевóд дéнег
               뻬레스일까 제넥 ; 뻬레보트 제넥

이층버스   двухэтáжный автóбус
                            드부흐에따쥐느이 아프또부스

이치에 맞지 않는   неразýмный
                             니라줌느이

이코노미 클라스   экономи́ческий класс
                          에까나미체스끼 끌라스

이하 / 30이하   мéньше / мéньше три́дцати
                몐쉐   몐쉐   뜨리짜찌

이하 / 6세 이하   мéньше / мéньше шéсти лет
                 몐쉐   몐쉐   쉐스찌 레트

이해가 안 되다.   не понятно
                               니 빠냐뜨너

이해하기 쉬운   лёгко понимáть
                              료흐꺼 빠니마찌

이해하기 힘든   трýдно понимáть
                            뜨루드너 빠니마찌

이혼	разво́д 라즈보트	인구	населе́ние 나셀례니예
익명의	анони́мный 아노님느이	인도	И́ндия 인지야
익살스러운	смешно́й 스메쉬노이	인도(교통)	тротуа́р 뜨라뚜아르
익숙한(문화)	привы́чный 쁘리브이츠느이	인류	челове́чество 칠라볘체스뜨버
익숙해지다.	привы́кнуть 쁘리브이끄누찌	인물	челове́к 첼라볘크

이해하다(어려운 상황을)   понима́ть
    빠니마찌

이해해 주세요.   понима́йте, пожа́луйста.
  빠니마이쩨   빠좔루이스따

익숙하지 않은   непривы́чный
  니쁘리브이츠느이

익힌(완전히)   прожа́ренный
  쁘라좌렌느이

인계하다(업무)   передава́ть
  뻬레다바찌

인구수   чи́сленность населе́ния
  치슬렌너스찌   나셀레니야

인내심   вы́держка ; терпе́ние
  브이제르쉬까 ; 쩨르뻬니예

한국어	러시아어	한국어	러시아어
인부(남성)	рабóчий 라보치	인정하다	признавáть 쁘리즈나바찌
인사(만남)	привéтствие 쁘리벳스뜨비예	인줄 알다	считáть 쉬따찌
인상	впечатлéние 프뻬차뜰레니에	인척 가장하다	дéлать вид 젤라찌 비트
인생(여성)	жизнь 쥐즌	인출하다	вынимáть 브이니마찌
인쇄하다	печáтать 뻬차따찌	인형	кýкла 꾸끌라
인식하다	осознавáть 아사즈나바찌	인화지	фотобумáга 파따부마가
인용	ссы́лка 스일까	일	рабóта 라보따

인분 / 삼 인분 пóрция ; три пóрции
뽀르찌야 ; 뜨리 뽀르찌이

인터넷이 죽었어. Интернéт ýмер.
인떼르네트 우메르

인파를 이루다 собирáется толпá
사비라엣쨔 딸빠

인형극 представлéние кукóльного теáтра
쁘렛스따블레니예 꾸껄나바 찌아뜨라

일 권 있어요?(시리즈) У вас есть пéрвая кни́га?
우 바스 예스찌 뻬르바야 끄니가

일(숫자)	оди́н 아진	일반적으로	обы́чно 아브이츠너
일곱 번째	седьмо́й 시지모이	일본	Япо́ния 이뽀니야
일곱(숫자)	семь 셈	일본어	япо́нский язы́к 이뽄스끼이 이즈이크
일깨우다	пробужда́ть 쁘라부쥐다찌	일상용품	бытовы́е това́ры 브이따브이예 따바르이
일등급	пе́рвый класс 뻬르브이 끌라스	일생동안	на всю жизнь 나 프슈 쥐즌

일 때문에 오신건가요?   Вы ходи́ли за де́лами?
  븨 하질리 자 졜라미

일 열심히 해.   Рабо́тай усе́рдно.
  라보따이 우세르드너

일 잘됐죠?   Рабо́та хорошо́ зако́нчилась?
  라보따 하라쇼 자꼰칠라시

일간신문   ежедне́вная газе́та
  이쥐드녜브나야 가졔따

일광욕하다   принима́ть со́лнечную ва́нну
  쁘리니마찌 솔녜츠누유 반누

일단 밥 드세요.   Снача́ла обе́дайте.
  스나찰라 아볘다이쩨

일렬로 만들다   составля́ть ряд ; ста́вить в ряд
  사스따블랴찌 랴트 ; 스따비찌 브 랴트

267

일시적인	одновре́менный 아드나브레몐느이
일어나.	Встава́й. 프스따바이
일어나다.(잠)	встава́ть 프스따바찌
일어서다	встава́ть 프스따바찌
일요일	воскресе́нье 바스끄레세니에
일월	янва́рь 인바리

일어난 지 얼마나 되셨어요?
　Когда́ вы вста́ли?
　까그다 븨 프스딸리

일요일에 시간 있어?
　У тебя́ есть свобо́дное вре́мя в воскресе́нье?
　우 찌뱌 예스찌 스바보드나예 브례먀 바-스끄레세니에

일은 넘치는데 일 할 사람이 없어.
　Есть мно́го дел, но ма́ло люде́й рабо́тать.
　예스찌 므노거 젤 노 말러 류제이 라보따찌

일을 그만두다	броса́ть рабо́ту 브라사찌 라보뚜
일을 끝까지 하다	заверши́ть рабо́ту 자베르쉬찌 라보뚜
일을 끝내다	зака́нчивать рабо́ту 자깐치바찌 라보뚜
일이 끝나고	по́сле рабо́ты 뽀슬레 라보뜨이
일이 너무 많아.	Сли́шком мно́го рабо́т. 슬리쉬껌 므노거 라보트

한국어	러시아어	발음
일이 바쁘세요?	Вы заняты?	븨 자니뜨이
일찍	рано	라너
일치하다	совпадать	삽빠다찌
일하다	работать	라보따찌
잃다	терять	쩨랴찌
잃어 버렸어?	Потерял(-а)?	빠쩨랄(라)

일이 다 해결되어 끝났지.
Работа решилась и закончилась.
라보따 리쉴라시 이 자꼰칠라시

일이 많이 남다.
Остаётся много дел.
아스따욧쨔 므노거 젤

일이 있어서 가봐야겠어.
У меня есть дела, и нужно пойти.
우 미냐 예스찌 젤라 이 누쥐너 빠이찌

일일이 세다
подробно считать
빠드로브너 쉬따찌

일자리를 구하다
искать рабочие места ; искать работу
이스까찌 라보치예 미스따 ; 이스까찌 라보뚜

일제히 발사하다
одновременно выпускать
아드너브레몐너 브이뿌스까찌

일주일에 한번
один раз в неделю
아진 라스 브니젤류

일찍 일어나다
вставать рано
프스따바찌 라너

잃어버리다	терять 쩨랴찌
임금	зарплата 자르쁠라따
임대료	арендная плата 아렌드나야 쁠라따
임대하다	сдавать в аренду 즈다바찌 바렌두
임명하다	назначать 나즈나차찌
임무	миссия 미시야
임시의	временный 브레멘느이
임신	беременность 베레멘누스찌
임신하다	забеременеть 자베레메네찌
임업	лесное хозяйство 리스노예 하쟈이스뜨버
입	рот 로트
입구	вход 프호트
입국비자	въездная виза 브예즈드나야 비자
입다.(옷)	одеваться 아제바쨔

일하러 가다 — выйти на работу
브이이찌 나 라보뚜

일회용밴드 — одноразовый бандаж
아드나라자브이 반다쉬

읽다. / 이 책을 읽으세요.
читать / Читайте эту книгу.
치따찌 치따이쩨 에뚜 끄니구

입 냄새나다 — плохо пахнуть изо рта
쁠로허 빠흐누찌 이즈 르따

입어보다	одеваться 아제바쨔	잇따른	один за другим 아진 자 드루김
입을 벌리다	раскрыть рот 라스끄르이찌 로트	잉크	чернила 치르닐라
입장권	входной билет 브하드노이 빌레트	잊다	забывать 자브이바찌

입국하다 вступать в пределы страны
프스뚜빠찌 프 쁘레젤르이 스뜨라느이

입맛에 맞다 подходить вкусу
빠드하지찌 프꾸수

입맛에 맞으실지 모르겠어요.
Не знаю, это подходит вашему вкусу.
니 즈나유 에떠 빠드호짓 바쉐무 프꾸수

입으면 편하다. Удобно одеваться.
우도브너 아제바쨔

입이 가벼운 разговорчивый
라즈가보르치브이

입이 무겁다 неразговорчивый
니라즈가보르치브이

입장료 вступительный взнос
프스뚜삐쩰느이 브즈노스

입찰하다 принимать участие в конкурсе.
쁘리니마찌 우차스찌예 프 꼰꾸르쎄

| 잊어버려. | Забывáй. 자브이바이 | 잎 | лист 리스뜨 |

잊고 자버리다.   Забы́в дéлать э́то, я спал(-а).
자브이프 젤라찌 에떠 야 스빨(라)

잎으로 싸다   завёртывать в ли́стья
자뵤르뜨이바찌 브 리스찌야

ㅈ

자(사무용품)	линéйка 리네이까
자기소개서	биогрáфия 비아그라피야
자다	спать 스빠찌
자동차	автомобиль 아프따마빌
자두	слива 슬리바
자라다	расти́ 라스찌
자랑스럽다	гóрдый 고르드이
자료	дáнные 단느이예
자르다	разрéзывать 라즈례즈이바찌
자막	субти́тр 숩찌뜨르
자매	сестрá 시스뜨라
자몽	грéйпфрут 그레이프루트

자기소개를 하다　представля́ть себя́
　　　　　　　　쁘롓스따블랴찌　시뱌

자동　автомати́ческое движéние
　　　아프따마찌체스꺼에　드비줴니에

자동차로 가다　éхать на автомоби́ле
　　　　　　　예하찌 나　아프따마빌레

자루 / 펜 3자루　три рýчки
　　　　　　　　뜨리 루치끼

자리로 돌아가.　Возвращáйся на своё мéсто.
　　　　　　　　바즈브라샤이샤 나 스바요 메스떠

자물쇠 잠그다	замыкать 자므이까찌	자손(복수)	потомки 빠똠끼
자발적인	добровольный 다브라볼느이	자식(복수)	дети 제찌
자백하다	признаваться 쁘리즈나바짜	자신의	свой 스보이
자본	капитал 까삐딸	자연	природа 쁘리로다
자산	актив 악찌프	자연스럽게	натурально 나뚜랄너
자세한	подробный 빠드로브느이	자원봉사자	доброволец 다브라볼레쯔

자세히 이야기하다   подробно разговаривать
빠드로브너   라즈가바리바찌

자신감을 가져.   Будь уверенным.
부찌   우베렌느임

자신을 보호하다.   защищать себя
자쉬샤찌   시뱌

자연재해   стихийное бедствие
스찌히너예   볫스뜨비예

자유저축예금   бессрочный вклад
베스스로츠느이 프끌라트

자유형수영   вольный стиль
볼느이   스찔

자유	свобо́да	작년	про́шлый год
	스바보다		쁘로쉴르이 고트
자전거	велосипе́д	작동하다	де́йствовать
	벨라시뻬트		제이스뜨바바찌
자존	самолю́бие	작문	сочине́ние
	사마류비예		사치녜니예
자주	ча́сто	작문하다	сочиня́ть
	차스떠		사치냐찌
자주 가다	ча́сто ходи́ть	작별하다	проща́ться
	차스떠 하지찌		쁘라샤쨔
자주색	пурпу́ровый цвет	작업	рабо́та
	뿌르뿌라브이 쯔벳		라보따
작가	писа́тель	작용	возде́йствие
	삐싸쩰		바즈제이스뜨비예

자전거 타다가 넘어졌어.
Когда́ я ката́лся(-лась) на велосипе́де, я упа́л(-а).
까그다 야 까딸샤(라시) 나 벨라시뻬제 야 우빨(라)

자전거 타지 않아. Я не ката́юсь на велосипе́де
야 니 까따유시 나 벨라시뻬제

자주 발생하다 ча́сто происходи́ть
차스떠 쁘라이스하지찌

작별 인사하러 왔습니다.
Я пришёл(-шла́) проща́ться.
야 쁘리숄(쉴라) 쁘라샤쨔

작은	ма́ленький 말렌끼	잔고	оста́ток 아스따떡
작은 눈	ма́ленькие гла́зы 말렌끼예 글라즈이	잔디	дёрн 죠른
작품	произведе́ние 쁘라이즈비제니예	잔소리하다	руга́ть 루가찌

작은 길   ма́ленькая доро́га
         말렌까야   다로가

작은 돈으로 바꾸다
    обменя́ть на ме́лкие купю́ры
    아브미냐찌 나   멜끼예   꾸쀼르이

작은 택시 하나 필요해요.
    Мне ну́жно ма́ленькое такси́.
    므녜 누쥐너   말렌꺼예   딱시

잔 / 우유 한잔   стака́н ; стака́н молока́
       스따깐 ;   스따깐   멀라까

잔돈으로 바꿔주세요.   Разменя́йте на ме́лочь.
       라즈미냐이쩨 나   멜러치

잔업   сверхуро́чная рабо́та
    스베르후로치나야   라보따

잔잔한 음악(발라드)이 더 좋아요.
    Я предпочита́ю ти́хую му́зыку.
    야 쁘레뜨빠치따유   찌후유   무즈이꾸

잘 골라 와야해.   Вы́бери внима́тельно.
    브이베리   브니마쩰너

잔치	банке́т 반게트	잘 자.	Споко́йной но́чи. 스빠꼬이너이 노치
잘 먹다	хорошо́ ку́шать 하라쇼 꾸샤찌	잘 자라다	хорошо́ расти́ 하라쇼 라스찌

잘 곳이 필요하다.   Ну́жно ме́сто спать
누쥐너 메스떠 스빠찌

잘 대해줘.   Уха́живай за ним.
우하쥐바이 자 님

잘 맞네요.   Хорошо́ идёт вам.
하라쇼 이죠트 밤

잘 맞다   хорошо́ подхо́дит
하라쇼 빠드호짓

잘 먹어라.   Прия́тного аппети́та.
쁘리야뜨나바 아뻬찌따

잘 사귀어놔야지.   Ну́жно дружи́ть с ни́ми.
누쥐너 드루쥐찌 스니미

잘 아는   хорошо́ зна́ющий
하라쇼 즈나유쉬이

잘 잤어?   Хорошо́ спал(-а)?
하라쇼 스빨(라)

잘 진행하고 있습니다.   Хорошо́ прово́дится.
하라쇼 쁘라보짓쨔

잘게 자르다   разре́зать на ме́лкие ча́сти
라즈레자찌 나 멜끼예 차스찌

잘라내다	вырезáть 브이레자찌
잘생겼다(남자)	красивый 끄라시브이
잘하네.	Отлично. 아뜰리츠너
잘못 걸다	ошибáться нóмером 아쉬바쨔 노메렴
잘못 들었어.	Я непрáвильно слýшал(а). 야 니쁘라빌너 슬루샬(라)
잘못 생각하다	непрáвильно дýмать 니쁘라빌너 두마찌
잘못이해하다	плóхо понимáть 쁠로허 빠니마찌
잘못하다	дéлать непрáвильно 젤라찌 니쁘라빌너
잘하는	отлично дéлающий 아뜰리츠너 젤라유쉬이
잠깐만 기다려줘.	Подожди минýтку. 빠다쥐지 미누뜨꾸
잠깐만요.	Однý минýточку. 아드누 미누또치꾸
잠시 나갔다 올게요.	Я выйду на минýту. 야 브이이두 나 미누뚜
잠그다	запирáть 자삐라찌
잠깨다	пробуждáться 쁘라부쥐다쨔
잠시 동안	недóлго 니돌거

잠이 안 오다	не спится 니 스삣짜	잡다	держать 제르좌찌
잠자리	стрекоза 스뜨레까자	잡다한	пёстрый 뾰스뜨르이
잠자리(장소)	постель 빠스쩰	잡아 빼다	выдёргивать 브이죠르기바찌
잠재력	потенциал 빠뗀찌알	잡음	шум 숨

잠에서 깨다   пробудиться ото сна
쁘라부지쨔 아따 스나

잠을 잘 못자다   плохо спать
쁠로허 스빠찌

잠자리에 들다   лечь в постель
레치 프빠스쩰

장 / 벽돌 한 장   лист / лист кирпича
리스뜨 리스뜨 끼르삐차

장 / 종이 한 장   лист / лист бумаги
리스뜨 리스뜨 부마기

장 / 표 두 장   билет / два билета
빌레트 드바 빌례따

장갑을 끼다   надевать перчатки
나제바찌 뻬르차뜨끼

장갑이 끼다   перчатки тесны
뻬르차뜨끼 쩨스느이

잡지	журна́л 주르날	장래에는	в бу́дущем 브 부두솀
장(신체)	кишка́ 끼쉬까	장려하다	поощря́ть 빠아쉬랴찌
장관	мини́стр 미니스뜨르	장롱	шкаф для оде́жды 쉬까프 들랴 아제쥐드이
장기(체스)	ша́хматы 샤흐마뜨이	장미	ро́за 로자
장난감	де́тская игру́шка 젯스까야 이그루쉬까	장소	ме́сто 메스떠
장래	бу́дущее 부두쉐예	장식품	украше́ние 우끄라쉐니예

장기를 두다   игра́ть в ша́хматы
  이그라찌 프 샤흐마뜨이

장기의(기간)   долгосро́чный
  돌거스로츠느이

장보러 가다   Идти́ на ры́нок
  이찌 나 르이넉

장사하기가 쉽지 않다.   Не легко́ вести́ торго́влю.
  니 리흐꼬 베스찌 따르고블류

장식하다   декори́ровать : украша́ть
  지까리라바찌 :   우끄라샤찌

장점   досто́инство : преиму́щество
  다스또인스뜨버 :   쁘리이무셰스뜨버

280

장작	дрова́ 드러바	재떨이	пе́пельница 뻬뻴니짜
장치	обору́дование 아바루다바니예	재미없는	неинтере́сный 니인쩨례스느이
장학금	стипе́ндия 스찌뻰지야	재미있는	интере́сный 인쩨례스느이
재난	несча́стье 니샤스찌예	재미있어?	Интере́сно? 인쩨례스너
재능	тала́нт 딸란뜨	재밌다	интере́сно 인쩨례스너
재다	измеря́ть 이즈미랴찌	재발하다	сно́ва возника́ть 스노바 바즈니까찌

장티푸스(의학)   брюшно́й тиф
브류쉬노이 찌프

장학금이 취소되다.   Стипе́ндия отмени́лась.
스찌뻰지야 아뜨미닐라스

재검토하다   пересма́тривать
삐리스마뜨리바찌

재미있어 보이지?   Ви́дно, интере́сно?
비드너 인쩨례스너

재미있을 것이다. Мо́жет быть, бу́дет интере́сно.
모쩻 브이찌 부젯 인쩨례스너

재밌겠지?   Нам интере́сно?
남 인쩨례스너

재산	иму́щество 이무쉐스뜨버	잼	джем 쥄
재정	фина́нсы 피난스이	쟁반	лату́нное блю́до 라뚠녜예 블류더
재채기하다	чиха́ть 치하찌	쟁취하다	захва́тывать 자흐바뜨이바찌
재촉하다	тре́бовать 뜨례버바찌	저걸로 주세요.	Да́йте то. 다이쩨 또
재혼	второ́й брак 프따로이 브라크	저것	вот 보트

저것 봐. Посмотри́ вот тут.
빠스마뜨리 보트 뚜트

저녁 먹는 거 말고 다른 것도 하나요?
  Что ещё сде́лаем кро́ме у́жина?
  쉬또 잇쑈 즈젤라옘 끄로몌 우쥐나

저녁 산다고 했잖아요.
  Я сказа́л(-а), что я угоща́ю вас у́жином.
  야 스까잘(라) 쉬또 야 우가샤유 바스 우쥐넘

저녁을 먹고 텔레비전을 보다.
  У́жинаю, пото́м смотрю́ телеви́зор.
  우쥐나유 빠똠 스마뜨류 쩰레비자르

저녁을 준비하다   Гото́вить обе́д
  가또비찌 아볘트

저는 그렇게 보지 않는데요.   Я не ду́маю так.
  야 니 두마유 딱

저금하다	копи́ть де́ньги 까삐찌 젠기	저미다(칼)	ме́лко ре́зать 멜꺼 례자찌
저녁	ве́чер 베체르	저분은 누구예요?	Кто э́то? 끄또 에떠
저녁마다	по вечера́м 빠 베체람	저에게 주세요.	Да́йте мне. 다이쩨 므녜
저녁식사	у́жин 우쥔	저자	а́втор 아프떠르
저렇게	так 따크	저작권	а́вторское пра́во 아프떠르스꼬예 쁘라바

저는 막 왔습니다.
Я то́лько что пришёл (пришла́).
야 똘꺼 쉬또 쁘리숄 (쁘리쉴라)

저는 아주 좋습니다. 당신은요?
Мне о́чень хорошо́. А у вас?
므녜 오친 하라쇼 아 우 바스

저라면 웃음이 안 나오시겠어요?
Е́сли бы вы бы́ли в мое́й ситуа́ции, вы не
смо́жете смея́ться?
예슬리 브이 븨 브일리 브 마예이 시뚜아찌이 븨 녜스모줴쩨 스
미야짜

저를 따라 오세요. Иди́те (сле́дуйте) за мной.
이지쩨 슬레두이쩨 자 므노이

저에게 얘기하는 거예요? Вы говори́те мне?
븨 가바리쩨 므녜

저장소	хранилище 흐라닐리셰	적용	применение 쁘리미녜니예
저장하다(전산)	хранить 흐라니찌	적응된	адаптированный 아답찌로반느이
저항하다	сопротивляться 사쁘라찌블랴짜	적합한	адекватный 아젝바뜨느이
적극	активный 악찌브느이	전 세계	весь мир 베스 미르
적다.(기록)	записать 자삐사찌	전국	вся страна 프샤 스뜨라나
적도	экватор 에끄바떠르	전극	электрод 일렉뜨로트

저쪽에 사람들 정말 많다.   Там много народу.
       땀 므노거 나로두

적다. / 내가 적을 게.   писать / Я сам(-а) пишу.
       삐사찌 야 삼(사마) 삐슈

적용하다   применять что к чему
       쁘리미냐찌 쉬또 끄 체무

적장   вражеский полководец
       브라줴스끼 빨까보제쯔

적합하지 않은   не адекватный
       니 아젝바뜨느이

전 / 3시 10분전   назад / без десяти три часа
       나자트 베즈 제시찌 뜨리 치사

전기	электри́чество 일렉뜨리체스뜨버
전날	день накану́не чего 젠 나까누녜 치보
전단지	тира́ж 찌라쉬
전당포	ломба́рд 람바르트
전등	ла́мпа 람빠
전람회	вы́ставка 브이스따프까
전면적인	по́лный 뽈느이
전문(잘하는)	специа́льность 스뻬찌알너스찌
전문가	специали́ст 스뻬찌알리스트
전반적으로	вообще́ 밥쉐

전기를 끊다
прекрати́ть снабже́ние электри́чеством
쁘레끄라찌찌 스나브줴니예 일렉뜨리체스뜨범

전기주전자
электри́ческий ча́йник
일렉뜨리체스끼 차이니크

전기요
электри́ческое одея́ло
엘렉뜨리체스꼬에 아젤얄로

전기콘센트
патро́нный штéпсель
빠뜨론느이 쉬쩹셀

전력을 다하다
прилага́ть все уси́лия для чего
쁘릴라가찌 프세 우실리야 들랴 치보

전문분야
специализи́рованная сфе́ра
스뻬찌알리지러반나야 스페라

한국어	러시아어	한국어	러시아어
전부	все ; всё 프쎄 ; 프쇼	전쟁	война́ 바이나
전설	леге́нда 리곈다	전체	весь : вся ; всё ; все 베스 : 프샤 ; 프쇼 ; 프세
전시하다	выставля́ть 브이스따블랴찌	전체적인	всео́бщий 프쎄옵쉬이
전자(전기)	электро́н 일렉뜨론	전치사	предло́г 쁘레들로크

전반적으로 오늘 음식들이 달아요.
 Вообще́ сего́дняшние блю́да сла́дкие.
 밥쉐   시보드냐쉬니예 블류다 슬라뜨끼예

전선을 뽑다   вдёргивать электропро́вод
 브죠르기바찌   일렉뜨라쁘로버트

전설이 만들어지다   создаётся леге́нда
 사즈다욧짜   리곈다

전신을 찍다   фотографи́ровать во весь рост
 포터그라피러바찌   바 베시 로스뜨

전에 / 3년 전에   наза́д / три го́да (тому́) наза́д
 나자트   뜨리 고다   따무 나자트

전자레인지   электро́нная волнова́я печь
 일렉뜨론나야   발너바야 뻬치

전자제품   электро́нные изде́лия
 일렉뜨론늬에   이즈젤리야

전통음식   традицио́нная ку́хня
 뜨라지찌온나야   꾸흐냐

286

전통	традиция
	뜨라지찌야

전투	бой ; битва
	보이 ; 비뜨바

전투하다	вести бой
	베스찌 보이

전하다	передавать
	뻬레다바찌

전혀 다른	совсем другое
	사브쎔 드루고예

전화	телефон
	쩰레폰

전화 왔어요.	К телефону.
	크 쩰레포누

전화기	телефон
	쩰레폰

전혀 폐가 되지 않아요.
Ничего не мешает.
니치보 니 미샤엣

전화 끊자.
Давай положим трубку.
다바이 빨로쥠 뜨루프꾸

전화기(핸드폰)를 잃어버리다
терять мобильный телефон
쩨랴찌 마빌느이 쩰레폰

전화로 주문하다
заказать по телефону
자까자찌 빠 쩰레포누

전화를 끊다 повесить трубку : положить трубку
빠볘시찌 뜨루쁘꾸 : 빨라쥐찌 뜨루쁘꾸

전화를 사용해도 될까요?
Можно использовать телефон?
모쥐너 이스뽈저바찌 쩰레폰

전화번호 / 이반 전화번호 아세요? номер
телефона / Знаете номер телефона Ивана?
노메르 쩰레포나 / 즈나예쩨 노메르 쩰레포나 이바나

전화를 걸다	звони́ть 즈바니찌	절약	эконо́мия 에까노미야
전화를 바꾸다	звать (кого́) 즈바찌 까보	절정	пик 삑
전화를 받다	брать тру́бку 브라찌 뜨루쁘꾸	절차(전산)	поря́док 빠랴덕
전화했었어요?	Звони́ли? 즈바닐리	젊은	молодо́й 말라도이
절대적인	абсолю́тный 압살류뜨느이	젊은이	молодо́й челове́к 말러도이 칠라볙
절반	полови́на 빨라비나	점 / 그림 1점	карти́на 까르찌나

전화번호를 좀 불러 주세요.
Скажи́те, пожа́луйста, ваш но́мер тетефо́на.
스까쥐쩨   빠좔루이스따   바쉬 노메르   쩰레포나

전화벨소리   телефо́нный звоно́к
                                          쩰레폰느이   즈바녹

절(사찰)   будди́йский храм (монасты́рь)
                            부지이스끼   흐람   마나스뜨이르

절교하다   прекраща́ть знако́мство
                                      쁘레끄라샤찌   즈나꼼스뜨바

점수를 유지하다   сохраня́ть балл
                                            사흐라냐찌   발

점(얼룩)	пятно́ 삐뜨노
점(점수)	балл 발
점심(시기)	вре́мя обе́да 브례먀 아베다
점점	постепе́нно 빠스찌뼨너
접속사	сою́з 사유스
접수	приём 쁘리욤
접시	таре́лка 따롈까
접촉하다	контакти́ровать 깐딱찌라바찌

점심 고마워.	Спаси́бо за обе́д. 스빠시버 자 아베트
점심 식사시간	обе́денный переры́в 아베젠느이 뻬례르이프
점심시간	обе́денный переры́в 아베젠느이 뻬례르이프
점원	продаве́ц / продавщи́ца(여) 쁘라다볘쯔 쁘라답쉬짜
점점 짧아지다	стано́вится коро́че 스따나비짜 까로체
접대하다(손님)	принима́ть : угоща́ть 쁘리니마찌 : 우가샤찌
정각 / 정각 12시	ро́вно / ро́вно 12 часо́в 로브너 로브너 드비나짜찌 치소프
정각 12시야.	Ро́вно 12 часо́в 로브너 드비나찌찌 치소프

정가	цена́ 쩨나	정도	путь и́стинный 뿌찌 이스찐느이
정감	чу́вство 춥스뜨버	정돈된	упоря́доченный 우빠랴더첸느이
정규	регуля́рность 리굴랴르너스찌	정류소	ста́нция 스딴찌야

젓가락 — па́лочки (для еды́)
빨러츠끼 들랴에드이

정돈하다. — приводи́ть в поря́док
쁘리바지찌 프 빠랴덕

정말 기뻐. — О́чень рад (ра́да).
오친 라트 (라다)

정말 무서웠어. — О́чень стра́шно.
오친 스뜨라쉬너

정말 미안합니다. 좀 늦었습니다.
О́чень извиня́юсь за опозда́ние.
오친 이즈비냐유스 자 아빠즈다니예

정말 어려워. — О́чень тру́дно.
오친 뜨루드너

정말 완벽하군. — Соверше́нно ве́рно!
사베르쉔너 베르너

정말 잘됐다. — О́чень хорошо́!
오친 하라쇼

정리하다	упоря́дочивать 우빠랴더치바찌	정보	информа́ция 인퍼르마찌야
정말 잘하시네요.	Мо́лодец! 말라제쯔	정부	прави́тельство 쁘라비쩰스뜨버
정말로	в са́мом де́ле 프 사멈 젤레	정상(꼭대기)	верши́на 베르쉬나
정면에 있는	пере́дний 뻬레드니	정신	дух ; душа́ 두흐 ; 두샤

정말 좋다. Óчень хорошо́.
오친 하라쑈

정말 큰 도움을 주셨습니다.
Вы оказа́ли мне о́чень большу́ю по́мощь.
븨 아까잘리 므녜 오친 발슈유 뽀모쉬

정말로 보지 못했다고요?
Действи́тельно вы не ви́дим?
제이스뜨비쩰너 븨 니 비짐

정말이지 영광이군. Действи́тельно, у меня́ честь.
제이스뜨비쩰너 우 미냐 체스찌

정복하다 покоря́ть : завоева́ть
빠까랴찌 : 자바예바찌

정부관계자
прави́тельственное соотве́тствующее лицо́
쁘라비쩰스뜨벤너예 사아뜨벳스뜨부유쉐에 리쪼

정상화 시키다 нормализи́ровать
나르말리지러바찌

291

정신이 돈	сумасше́дший 수맛쉐드쉬이	정지등	стоп-ла́мпа 스똡 람빠
정어리	серди́на 서르지나	정직한	че́стный 체스느이
정원	сад 사트	정책	поли́тика 빨리찌까
정의하다	определя́ть 아쁘레젤랴찌	정치	поли́тика 빨리찌까
정절 있는	ве́рный 베르느이	정치인	поли́тик 빨리찌크

정숙한	молчали́вый : ти́хий 말찰리브이 찌히
정시에	в устано́вленное вре́мя 브 우스따노블렌너예 브례먀
정신병원	сумасше́дший дом 수맛쉐드쉬이 돔
정장	пара́дная (по́лная) фо́рма 빠라드나야 뽈나야 포르마
정전	потуше́ние электри́чества 빠뚜쉐니에 엘렉뜨리체스뜨바
정지하다	остава́ться на ме́сте 아스따바짜 나 메스쩨
정찰가격	фикси́рованная цена́ 픽시라반나야 쩨나

정확한	тóчный 또츠느이	제고시키다	повышáть 빠브이샤찌

정치적 힘 политическая сила
빨리찌체스까야 실라

젖다 становиться мокрым
스따너빗짜 모끄르임

제 대신 안부를 전해 주세요.
Передáйте мой привéт, пожáлуйста.
뻬례다이쩨 모이 쁘리베트 빠좔루이스따

제 말뜻 아시잖아요. Вы понимáете меня́.
븨 빠니마예쩨 미냐

제 명함입니다. Э́то моя́ визи́тная кáрточка.
에떠 마야 비지뜨나야 까르떠츠까

제 발음은 별로 좋지 않아요.
У меня́ плохóе произношéние.
우 미냐 쁠라호에 쁘러이즈나쉐니에

제 우산 가지세요. Возьми́те с собóй мой зóнтик.
바즈미쩨 사-보이 모이 존찌크

제 전화번호 알고 있었어?
Ты знал(-а) мой телефóн?
띄 즈날(라) 모이 쩰레폰

제가 늘 말씀드렸잖아요. Я всегдá говори́л(-а).
야 프시그다 가바릴(라)

제단(종교)	алта́рь 알따르	제발	пожа́луйста 빠좔루이스따
제도	систе́ма 시스쩨마	제방	да́мба 담바
제목	тема́ 쩨마	제시하다	пока́зывать 빠까즈이바찌

제가 말한 것 알아 들으셨어요?
  Вы понима́ете, что я то́лько сказа́л(-а)?
  븨 빠니마예쩨 쉬또 야 똘꺼 스까잘(라)

제가 방금한 얘기 들었어요?
  Вы слы́шали, что я то́лько что сказа́л(-а)?
  븨 슬릐샬리 쉬또 야 똘꺼 쉬또 스까잘(라)

제가 정말 죄송해요.
  О́чень извиня́юсь.
  오친 이즈비냐유스

제가 함께 가겠습니다.
  Я пойду́ вме́сте с ва́ми.
  야 빠이두 브몌스쩨 스 바미

제공하다
  поставля́ть : снабжа́ть
  빠스따블랴찌 : 스나브좌찌

제비를 뽑다
  тяну́ть жре́бий
  찌누찌 줴레비이

제사를 지내다 соверша́ть жертвоприноше́ние
  사베르샤찌 줴르뜨버쁘리나쉐니예

제삿날 день жертвоприноше́ния
  젠 줴르뜨버쁘리나쉐니야

294

제일 높은	cа́мыя высо́кий 사므이 브이소끼
제자	учени́к 우체니크
제조하다	изготовля́ть 이즈가따블랴찌
제습하다	ликвиди́ровать вла́ги 리끄비지러바찌 블라기
제안하다	вноси́ть предложе́ние 브나시찌 쁘레들라줴니예
제일 궁금한	са́мый любопы́тный 사므이 류보쁘이뜨느이
제일 슬픈 순간	са́мый печа́льный моме́нт 사므이 뻬찰느이 마멘트
제일 친한 친구	са́мый бли́зкий друг 사므이 블리스끼 두루크
제일 편리한(교통수단)	са́мый удо́бный (вид тра́нспорта) 사므이 우도브느이 비트 뜨란스뽀르따
제정하다(법률)	установи́ть зако́ны 우스따나비찌 자꼬느이
제출하다	подава́ть 빠다바찌
제한하다	ограни́чивать 아그라니치바찌
조개	двуство́рчатые 드부스뜨보르차뜨니예
조각 / 한 조각	кусо́к / оди́н кусо́к 꾸소크 아진 꾸소크

조건	усло́вие 우슬로비예	조류독감	пти́чий грипп 쁘찌치 그리쁘
조국	ро́дина 로지나	조미료	припра́ва 쁘리쁘라바
조금	немно́го 니므노거	조사하다	осма́тривать 아스마뜨리바찌
조금의	немно́гий 니므너기	조상	пре́док 쁘레더크

조금 다치다   немно́го ра́ненный
                       니므노거   라넨느이

조금 있다가   немно́го погодя́
                       니므노거   빠고쟈

조금 있다가 다시 올게.   Немно́го погодя́ верну́сь.
                               니므노거   빠고쟈   베르누스

조금 있으면 도착 할 거야.   Ско́ро прие́дет.
                                 스꼬러   쁘리예젯

조금 추운   немно́го холо́дный
                     니므노거   할로드느이

조금만 쉬다   немно́го отдыха́ть
                       니므노거   앗드이하찌

조금씩   ма́ло-пома́лу : по ма́лости
             말러   파말루 ;   빠   말러스찌

조성하다   образова́ть : созда́ть
              아브라자바찌 :   사즈다찌

조용하다	тихо 찌하	조카(남)	племянник 쁠레먀니크
조용한	тихий 찌히	조카(여)	племянница 쁠레먀니짜
조용히 해.	Тише! 찌쉐	조합(조직)	ассоциация 아사찌아찌야
조절하다	регулировать 레굴리러바찌	조항	статья : пункт 스따찌야 ; 뿐끄트
조정하다	вести контроль 베스찌 깐뜨롤	조화	гармоних 가르모니야
조직	организация 아르가니자찌야	존경하다	уважать 우바좌찌
조치	мера 메라	존재하다	существовать 수쉐스뜨바바찌

조심하다　　быть осторожным
　　　　　　브이찌　아스따로쥐늼

조심해서가.　Пойди осторожно!
　　　　　　빠이지　아스따로쥐너

조화(종이꽃)　искусственные цветы
　　　　　　이스꾸스뜨벤늬에 쯔베뜨이

조화를 이루다　гармонировать
　　　　　　가르마니러바찌

존중하다　　уважать : дорожить
　　　　　　우바좌찌 ; 　다라쥐찌

졸려	дремáть 드레마찌	졸업하다	окóнчить шкóлу 아꼰치찌 쉬꼴루
졸리다	хóчется спать 호쳇짜 스빠찌	좀 심하네.	Чрезмéрно. 치레즈메르너

졸업하고 바로 여기로 왔다. Пóсле окончáния школы срáзу приéхал(-а) сюдá.
뽀슬레 아깐차니야 쉬꼴리 스라주 쁘리예할(라) 슈다

좀 괜찮아졌어?   Улýчшилось?
울루치쉴러스

좀 더 기다려보자.   Давáй подождём.
다바이 빠다쥐좀

좀 더 싼 것이 있어요?
Есть ли, что-нибýдь бóлее дешёвое?
예스찌 리 쉬또- 니부찌 볼례 지쇼보예

좀 먹어 볼래요?   Хотúте попрóбовать?
하찌쩨 빠브로버바찌

좀 비슷한   немнóжко похóжий
니므노쉬꺼 빠호쥐이

좀 빨리 할 순 없나?   Не возмóжно поспешúть?
니 바즈모쥐너 빠스뻬쉬찌

좀 있다가 봐.   Скóро увúдимся.
스꼬러 우비짐샤

좀 있다가, 집에 바래다주실래요?   Вы не смоглú бы проводúть меня чéрез минýту?
븨 니 스마글리 븨 브라바지찌 미냐 체례즈 미누뚜

좀 참아.	Потерпи. 빠쩨르삐	종기	опухоль 오푸홀
좁다	узкий 우스끼	종류	род 로트
좁은(마음)	узкое сердце 우즈꼬예 세르쩨	종이	бумага 부마가
종(벨)	звонок 즈바노크	종합	синтез : обобщение 신쩨스 ; 아보브쉐니예
종교	религия 렐리기야	좋아요.	Хорошо. 하라쇼

좀 작은 사이즈는 없나요?
　(У вас) Нет более маленького размера?
　우 바스 니옛 볼레예　말렌꺼버　라즈메라

종업원(식당)　　　　　　　　　официант(-ка)
　　　　　　　　　　　　　　　아피찌안트(까)

좋기만 하네.(반박)　　　　　　Разве хорошо!
　　　　　　　　　　　　　　　라즈베　하라쇼

좋아 하지 않다　　　　　　　　не нравится
　　　　　　　　　　　　　　　니　느라빗짜

좋아하는 물건　　　　　　　　любимый предмет
　　　　　　　　　　　　　　　류비므이　쁘레드메트

좋아하는지 아닌지　　　　　　нравится или нет
　　　　　　　　　　　　　　　느라빗짜　일리　니옛

좋아하다	люби́ть 류비찌	죄	преступле́ние 쁘레스뚜쁠례니에
좋은	хоро́ший 하로쉬	죄 없는	безви́нный 베즈빈느이

좋아하다(마니아처럼)　люби́ть (как ма́ния)
　　　　　　　　　　　류비찌　깍 마니야

좋아하셨으면 좋겠네요.(선물주면서)　Мне бу́дет прия́тно, что вам понра́вится (этот пода́рок).
므녜 부젯 쁘리야뜨너 쉬또 밤 빠느라빗짜 에떠트 빠다로크

좋은 결과를 얻다　получа́ть хоро́шие результа́ты
　　　　　　　　빨루차찌　하로쉬에　레졸따뜨이

좋은 날씨　хоро́шая погода
　　　　　　하로샤야　빠고다

좋은 성적을 거두다
　получа́ть хоро́шую успева́емость
　빨루차찌　하로슈유　우스뻬바예모스찌

좋은 소식　хоро́шие но́вости
　　　　　　하로시예　노보스찌

좌석번호는 몇 번 이예요?　Како́й но́мер ме́ста?
　　　　　　　　　　　　　까꼬이　노메르　메스따

좌회전금지　Запрещено́ поверну́ться нале́во.
　　　　　　자쁘레쉐너　빠베르누짜　날레버

좌회전하다　поверну́ться нале́во
　　　　　　빠베르누짜　날레버

주(날짜)	неделя 니젤랴	주된	главный 글라브느이
주고받다	обмениваться 아브메니바쨔	주말에	на выходные дни 나 브이하드니예 드니
주근깨	веснушки 베쓰누쉬끼	주머니	карман 까르만
주기(시기)	период 뻬리어트	주문하다	заказывать 자까즈이바찌
주기적인	периодический 뻬리아지체스끼	주민	население : жители 나셀레니예 : 쥐찔리
주다	давать 다바찌	주방장	шеф повар 쉐프 뽀바르

죄송합니다만, 이름을 알 수 있을 까요?
Извините, можно узнать, как вас зовут?
이즈비니쩨 모쥐너 우즈나찌 깍 바스 자붓

주관(자아) личное мнение ; субьективный взгляд
리치노예 므네니예 ; 수비엑찌브느이 브즈글럇

주름(얼굴) морщина ; складка
마르쉬나 ; 스끌라뜨까

주말 выходной ; конец недели ; уикэнд
브이하드노이 ; 까네쯔 니젤리 ; 위껜트

주목하세요. Внимание, пожалуйста.
브니마니예 빠좔루이스따

주변에	вокру́г 바끄루크
주부	домохозя́йка 다마하쟈이까
주사	уко́л 우꼴
주석(대통령)	президе́нт 쁘레지젠뜨
주소	а́дрес 아드레스
주식	а́кция ; фо́нды 악찌야 ; 폰듸
주어	подлежа́щее 빠들레좌쉐에
주유비	цена́ на запра́вку 쩨나 나 자쁘라프꾸
주의 깊게	внима́тельно 브니마찔너
주의하다	внима́ть 브니마찌
주인	владе́лец ; хозя́ин 블라젤례쯔 ; 하쟈인
주장(축구)	команди́р 까만지르

주민등록증   идентификацио́нная ка́рта
이젠찌피까찌온나야 까르따

주변   окруже́ние ; окру́жность
아끄루제니예 ; 아끄루쥐노스찌

주사는 필요 없어요.   Мне не на́до уко́ла.
므녜 니 나더 우꼴라

주석을 달다   анноти́ровать
아나찌러바찌

주시하다   при́стально наблюда́ть
쁘리스딸너 나블류다찌

주식회사   акционе́рная компа́ния
악찌아녜르나야 깜빠니야

한국어	러시아어	한국어	러시아어
주전자	чайник 차이니크	준결승	полуфинал 빨루피날
주제	тема 쩨마	준비하다.	готовить 가또비찌
주차장	автостоянка 아프따스따얀까	줄	очередь 오체례찌
주차하다	ставить машину 스따비찌 마쉬누	줄(늘어선)	ряд : очередь 랴트 : 오체례찌
주택	дом : квартира 돔 : 끄바르찌라	줄서다	вступать в ряды 프스뚜빠찌 브 랴드이
죽다	умирать 우미라찌	줄서세요.	Стой в очередь 스또이 보 체례찌
죽순	побеги бамбука 빠베기 밤부까	줄이다	уменьшать 우멘샤찌
죽음	смерть 스메르찌	중국	Кита?й 끼따이

주인이 없으니까 서비스가 엉망이네.
Нет хозяйна, и сервис плохой.
니옛 하쟈이나 이 세르비스 쁠라호이

주체   основная часть ; самобытность
         아스노브나야 차스찌 ; 사마브이뜨노스찌

주택난   жилищная проблема
           쥘리쉬나야 쁘라블례마

중국어	китáйский язы́к 끼따이스끼 이즈이크
중독되다	отрави́ться 아뜨라비짜
중량	вес : тя́жесть 베스 : 찌줴스찌
중량초과	избы́точный вес 이즈브이떠츠느이 베스
중병	тяжёлая боле́знь 지욜라야 발레즌
중심 센터	це́нтр 쩬뜨르
중년을 지난	за зре́лый во́зраст 자 즈렐르이 보즈라스트
중소기업	сре́дние и ме́лкие предприя́тия 스레드니에 이 멜끼예 쁘레드쁘리야찌야
중요하게 여기다	придава́ть ва́жное значе́ние 쁘리다바찌 바쥐노예 즈나체니예
중죄	тя́жкое преступле́ние 찌야쉬꼬에 쁘레스뚜쁠례니에
쥐	мышь : мышо́нок : мы́шка : кры́са 므이쉬 : 므이쇼넉 : 므이시까 : 끄릐사
쥐(근육의 경련)	су́дорога : спазм : конву́льсия 수다러가 : 스빠즘 : 깐불시야
중앙	це́нтр 쩬뜨르
중요하지 않다	Не ва́жно. 니 바쥐노
중요한	ва́жный 바쥐느이
중추절	пра́здник урожа́я 쁘라즈니크 우라좌야
중학교	сре́дняя шко́ла 스레드냐야 쉬꼴라
쥐띠	земна́я ветвь Мы́ши 짐나야 베뜨피 므이쉬

쥐어박다	ткнуть 뜨끄누찌	즐거웠어?	Было приятно? 브일러 쁘리야뜨너
즐거운	приятный 쁘리야뜨느이	증권	ценные бумаги 쩬느이에 부마기

쥐다   брать : держать : захватывать
브라찌 : 제르좌찌 : 자흐바뜨이바찌

즉시 немедленно : незамедлительно : сразу же
니메들렌너 : 니자메들리찔너 : 스라주 줴

즐거운 여행 되세요.   Счастливого пути!
샤슬리보버 뿌찌

즐거운 크리스마스 되기를 바라며, 1년 동안 행복이 가득하길 바랍니다.
Поздравляю вас с Рождеством и желаю вам счастья в новом году.
빠즈드라블랴유 바스 스라쥐제스뜨봄 이 줼라유 밤 샤스찌야 브 노범 가두

즐겁기를 바랍니다.
Надеюсь, что вы проводите время приятно.
나졔유스 쉬또 븨 쁘러바지쩨 브례먀 쁘리야뜨너

즐겁다   довольный : радостный : приятный
다볼느이 : 라더스느이 : 쁘리야뜨느이

즐기다   любить : веселиться : радоваться
류비찌 : 베셀리쨔 : 라더바쨔

증가하다   увеличиваться : расти
우벨리치바쨔 : 라스찌

증명하다	доказывать 다까즈이바찌	증조부	прáдед 쁘라제트
증발시키다	испарять 이스빠랴찌	지겹네.	Скýчно. 스꾸츠너
증인	свидéтель 스비제쩰	지구	земля́ 지믈랴
증정품	товáр на дар 따바르 나 다르	지금	сейчáс : тепéрь 시차스 : 찌뻬리
증정하다	дари́ть 다리찌	지금 말고.	Не сейчáс. 니 시차스

증서	дипло́м : свидéтельство 지쁠롬 : 스비제찔스뜨버
지갑	кошелёк : бумáжник 까쉘료크 : 부마쥐니크
지구온난화현상	глобáльное потеплéние 글로발너예 빠쪠쁠레니예
지금 가는 길이예요.	Сейчáс пойду́. 시차스 빠이두
지금 몇 시예요?	Котóрый час? 까또르이 차스
지금 비와?	Сейчáс идёт дождь? 시차스 이죳 도쉬
지금 어디에 있어요?	Где вы сейчáс? 그제 븨 시차스

지금 바로	пря́мо сейча́с	지나간	про́шлый
	쁘랴마 시차스		쁘로쉴르이
지나가다	проходи́ть	지난달	про́шлый ме́сяц
	쁘라하지찌		쁘로쉴르이 메샤쯔

지금 제가 일이 좀 있어서요.　Сейча́с у меня́ дела́.
시차스 우 미냐 젤라

지금 필요해?　Тепе́рь ну́жно?
찌뻬리 누쥐너

지금 회사를 운영하고 있다.
　　Сейча́с я управля́юсь компа́нией
　　시차스 야 우쁘랴블랴유스 깜빠니예이

지금까지 말한 적이 없다.
　　До сих пор я не сказа́л(-а).
　　도 시흐 쁘르 야 니 스까잘(라)

지금은 알아들으시겠어요?　Сейча́с поня́тно?
시차스 빠냐뜨너

지금은 익숙해졌어요.　Сейча́с я привы́к(-ла).
시차스 야 쁘리브이끄(끌라)

지금은 통화 중이예요.
　　Сейча́с я разгова́риваю по телефо́ну.
　　시차스 야 라즈가바리바유 빠 쩰레포누

지금은 편하지 않아. 내가 나중에 다시 전화할게.
　　Сейча́с неудо́бно, пото́м я перезвоню́.
　　시차스 니우도브너 빠똠 야 뻬레즈바뉴

지난주	про́шлая неде́ля 쁘로쉴라야 니젤랴	지도(지리)	ка́рта 까르따
지능	интелле́кт 인뗄렉트	지루한	ску́чный : ну́дный 스꾸츠느이 : 누드느이
지다	про́игрывать 쁘로이그르이바찌	지루해요.	Мне ску́чно. 므녜 스꾸츠너
지다.(해)	заходи́ть 자하지찌	지리	геогра́фия 게아그라피야

지나서 / 이십분이 지나서
                про́шло / про́шло 20 мину́т
                쁘로실러 쁘로실러 드밧짜찌 미누뜨

지나치다(정도)
                                      чрезме́рный
                                        치레즈메르느이

지난 한 해 동안 수고 많으셨습니다.
    Благодарю́ вас за труд в про́шлом году́.
    블라가다류 바스 자 뜨루트 프 쁘로쉴럼 가두

지난번 일에 대해 안타깝게 생각해.
                 Сожале́ю о про́шлом собы́тии.
                 사좔레유 아 쁘로쉴럼   사브이찌이

지력	интеллекту́альная си́ла 인뗄렉뚜알나야 실라
지름길	прямо́й путь : кратча́йший путь 쁘랴모이 뿌찌 : 끄랏차이쉬이 뿌찌
지름길을 알아.	Я зна́ю прямо́й путь. 야 즈나유 쁘랴모이 뿌찌

지명하다(직위)	назна́чить 나즈나치찌
지불하다.	плати́ть 쁠라찌찌
지붕	кры́ша 끄릐샤
지수	показа́тель : и́ндекс 빠까자쩰 : 인덱스
지시	указа́ние 우까자니예
지식	зна́ние : му́дрость 즈나니예 : 무드러스찌
지우개	ла́стик 라스찌크
지원하다	подде́рживать 빠드졔르쥐바찌
지저분한	гря́зный 그랴즈느이
지점	то́чка 또츠까
지정하다	назнача́ть 나즈나차찌
지지하다	подде́рживать 빠졔르쥐바찌
지진	землетрясе́ние 지믈례뜨랴셰니예
지탱하다	подде́рживать 빠졔르쥐바찌
지방	ме́стность : райо́н : прови́нция 메스너스찌 : 라이온 : 쁘라빈찌야
지방자치단체	ме́стные о́рганы вла́сти 메스니예 오르간느이 블라스찌
지사제	сре́дство от поно́са 스레뜨스뜨버 아트 빠노사
지역	райо́н ; зо́на ; о́бласть 라이온 ; 조나 ; 오블라스찌
지적인	интеллектуа́льный 인뗄롁뚜알느이

지형	топогра́фия
	따빠그라피야

직장(일터)	рабо́чее ме́сто
	라보치예 메스떠

직접	пря́мо
	쁘랴머

진공청소기	пылесо́с
	쁘일레소스

지키다   охраня́ть : защища́ть
아프라냐찌 : 자쉬샤찌

지하땅굴   подзе́мная пеще́ра
빠젬나야   뻬셰라

지휘하다   руково́дствовать : управля́ть
루까봇스뜨버바찌 : 우쁘랴블랴찌

직무   обя́занность : обяза́тельство : долг
아뱌잔너스찌 : 아비자쩰스뜨버 : 돌크

직속(의)   прямо́е подчине́ние
쁘랴모예   빠드치녜니예

직업   заня́тие : профе́ссия : рабо́та
쟈냐찌예 : 쁘라뻬시야 : 라보따

직원   персона́л : сотру́дник
뻬르사날 : 사뜨루드니크

직장은 오페라하우스 근처에요.
    Рабо́та нахо́дится о́коло О́перного за́ла.
    라보따   나호짓쨔   오꼴러   오뻬르너버   잘라

직접 건네주다   пря́мо переда́ть
쁘랴머   뻬례다찌

한국어	러시아어	한국어	러시아어
진드기	клещ 끌례쉬	진입금지	запрещён войти 자쁘레숀 바이찌
진료접수하다	принять 쁘리냐찌	진찰실	кабинет врача 까비녜트 브라차

직접 그렇게 말하진 않았지만.
хотя откровенно не сказал(-а) так
하쨔 아뜨끄러벤너 니 스까잘(라) 딱

직접 눈으로
своими глазами
스바이미 글라자미

직접 묻지 않다
не спросить прямо
니 스쁘라시찌 쁘랴머

직진하다.
идти прямо вперёд
이찌 쁘랴머 프뼤료트

진공펌프
вакуумный насос
바꾸움느이 나소스

진료기록
медицинская запись
메지찐스까야 자삐스

진보하다
прогрессировать ; развиваться
쁘라그레시러바찌 ; 라즈비바쨔

진실을 말 할 거야.
Скажу правду.
스까주 쁘라브두

진실을 말하다
говорить правду.
가바리찌 쁘라브두

ㅈ

311

진행하다	проводить 쁘러바지찌
진흙	глина : грязь 글리나 : 그랴시
질리지 않아.	Не надоело. 니 나다옐러
질문	вопрос 바쁘로스
진정하라고.(말릴 때)	утешайся! : успокойся 우쩨샤이짜 우스빠꼬이샤
진짜 바보 같네.	какой настоящий дурак! 깍꼬이 나스따야쉬 두라크
진찰하다	осматривать больного 아스마뜨리바찌 발너보
진통제	болеутоляющее средство 발례우딸랴유쉬예 스레뜨스뜨버
진한(맛, 색)	густой : крепкий 구스또이 : 끄례쁘끼
진화하다	эволюционировать 에벌류찌아니러바찌
질문하다	задавать вопрос : спрашивать 자다바찌 바쁘로스 : 스쁘라쉬바찌
질투하다	завидовать 자비더바찌
짐	багаж 바가쉬
짐작	догадка 다가뜨까
짐작하기에	вероятно 베랴야뜨너
짐은 어떻게 보내요?	Как посылать багаж? 깍 빠쉴라찌 바가쉬

312

집	дом 돔
집(단층)	дом 돔
집근처에	около до́ма 오꼴러 도마
집부터	из до́ма 이즈 도마
집은 어디 예요?	Где дом? 그제 돔
집주인	хозя́ин до́ма 하쟈인 도마

집 생각이 나시죠?
Вы скуча́ете по до́му?
브이 스꾸차예쩨 빠 도무

집 주소 알려 줄 수 있어요?
Скажи́те, пожа́луйста, дома́шний а́дрес.
스까쥐쩨 빠좔루이스따 다마쉬니 아드레스

집근처 슈퍼마켓
супермаркет около до́ма
수뻬르마르께트 오꼴러 도마

집까지 걷다
идти́ пешком домо́й
이찌 뻬쉬꼼 다모이

집마다 같다.
Все до́ма одина́ковые
프세 도마 아지나꼬브이에

집밖을 나가지 않다.
не вы́йти из до́ма (и́з дому)
니 브이이찌 이즈 도마 이즈 도무

집에 놀러와.
Лриходи́ ко мне в гости
쁘라하지 까 므녜 브 고스찌

집에 두었어.
Я оста́вил(-a) до́ма.
야 아스따빌(라) 도마

집행하다	исполня́ть 이스뻴냐찌	짜다(직물)	ткать 뜨까찌
집회	собра́ние : сбор 사브라니예 : 즈보르	짜증나다	надоеда́ть 나다예다찌

집에서 가까운   бли́зко от до́ма
                      블리스꺼 앗도마

집으로 곧장 가다   идти́ пря́мо домо́й
                     이찌 쁘랴머 다모이

집주인에게 연락해서 약속 좀 잡아줘.
Позвоню́ хозя́йну до́ма, и устро́й встре́чу с ним.
빠즈바뉴 하쟈이누 도마 이 우스뜨로이 프스뜨레추 스님

집주인에게 항의하러 전화하다.
                    звони́ть хозя́йну жа́ловаться
                    즈바니찌 하쟈이누 쫠러바짜

집중하다   сосредото́чивать
                             사스례다또치바찌

집중하세요.
     Внима́ние. : Сосредото́чивайте внима́ние.
     브니마니예 :   사스례다또치바이쩨 브니마니예

집중할 수 없어요.   Не могу́ сосредото́читься.
                    니 마구 사스례다또칫쨔

집집마다 집 스타일이 똑같아서 놀랐어.
Удиви́тельно, что у ка́ждого до́ма одина́ковый стиль.
               우지비쩰너 쉬또 우 까즈도버 도마 아진나꺼브이 스찔

314

짠(맛)	солёный 살룐느이	찌르다	вбить 브비찌
짧은	коро́ткий : кра́ткий 까로뜨끼 : 끄라뜨끼	찢어지다	оторва́ться 아따르바쨔
쫓다	изгоня́ть 이즈가냐찌		

징후(병)   при́знаки боле́зни
쁘리즈나끼 발례즈니

짧게 자르다   стри́чься коро́тко
스뜨리치쨔 까로뜨꺼

짧은 머리   коро́ткая причёска
까로뜨까야 쁘리쵸스까

쭉 가세요. 꺾지 마시고요.
Иди́те пря́мо, не поверни́те.
이지쩨 쁘랴머 니 빠베르니쩨

쭉 보다   постоя́нно смотре́ть
빠스따얀너 스마뜨례찌

ㅈ

차(교통)	автомобиль 아프떠마빌
차(음료)	чай 차이
차고	гараж 가라쉬
차다(발로)	ударять ногой 우다랴찌 나고이

차(음료)를 준비됐어요? Готовили чай? 가또빌리 차이

차례(행사) жертвоприношение 줴르뜨버쁘리나쉐니에

차를 꼭 갈아타야 하나요? Нужно делать пересадку? 누쥐너 젤라찌 뻬레사뜨꾸

차를 끓이다 заваривать чай 자바리바찌 차이

차를 운전하다 водить (авто)машину 바지찌 아프떠 마쉬누

차마 볼 수 없다 не могу смотреть 니 마구 스마뜨례찌

차례대로	по очереди 빠 오체례지
차별하다	различать 라즐리차찌
차용하다	заимствовать 자임스뜨버바찌
차이	различие : разница 라즐리치예 : 라즈니짜
차지하다(물건)	взять 브쟈찌
착하네.(아기)	Добрый! 도브르이

착한(어린이)	добрый 도브르이	참여하다.	участвовать 우차스뜨버바찌
찬성하다	выступать за 브이스뚜빠찌 자	참치	тунец 뚜녜쯔
참가하다	участвовать 우차스뜨버바찌	찹쌀	клейский рис 끌레이스끼 리스
참기 어려운	нетерпимый 니쩨르삐므이	창가 탁자	стол у окна 스똘 우 아끄나
참다	терпеть 찌뻬리	창문	окно 아끄노

차에서 내리다	сойти с машины 사이찌 스 마쉬느이
착륙하다	приземляться : делать посадку 쁘리지믈랴쨔 : 젤라찌 빠사뜨꾸
찬란한	ослепительный : блестящий 아슬례삐쩰느이 : 블레스쨔쉬이
찬성한다면	Если выступаете за 예슬리 브이스뚜빠예쩨 자
찰떡궁합커플	влюблённая пара 블류블론나야 빠라
참고하다	принимать во внимание 쁘리니마찌 바 브니마니예
창구 / 2번 창구	касса / вторая касса 까사 프따라야 까사

ㅊ

창백하다	бле́дный 블레드느이	찾아내다	найти́ 나이찌
창피한	присты́женный 쁘리스띠쥇느이	찾아볼게.	Найду́. 나이두

창문 닫아 주세요.
Закро́ите окно́.
자끄로이쩨 아끄노

창문을 열다
открыва́ть окно́
아뜨끄릐바찌 아끄노

창조하다
создава́ть - созда́ть
사즈다바찌   사즈다찌

찾다. / 잘 찾아보세요.
иска́ть / Ищи́те тща́тельно.
이스까찌   이쉬쩨   뜨사쩰너

찾아보려고.(시험 삼아)
Пыта́юсь найти́.
쁘이따유스 나이찌

찾을 수 있다.
Мо́жно найти́.
모쥐너   나이찌

찾지 못 하다.
Не могу́ найти́.
니   마구   나이찌

채 / 집 두 채
счётная едини́ца домо́в и зда́ний / два зда́ния
쇼뜨나야 에지나짜 다모프 이 즈다니이 드바 즈다니야

채가다
захва́тывать - захвати́ть
자흐바뜨이바찌   자흐바찌찌

한국어	러시아어	한국어	러시아어
채권	облигация 아블리가찌야	책상	пи́сьменный стол 삐씨몐느이 스똘
채소	о́вощи 오버쉬	책임감	отве́тственность 아뜨벳스뜨벤너스찌
책	кни́га 끄니가	챔피언	чемпио́н 쳄삐온
책과 신문	кни́га и газе́та 끄니가 이 가제따	처럼 생긴	похо́жий 빠호쥐이
책꽂이	кни́жная по́лка 끄니쥐나야 뽈까	처방전	реце́пт 리쩹뜨

채식하다	пита́ться овоща́ми 삐따쨔 아바샤미
책 사다 주실 수 있으세요?	Мо́жно купи́ть кни́ги? 모쥐너 꾸삐찌 끄니기
책 좀 빌려줘.	Отда́й мне кни́ги. 앗다이 므녜 끄니기
책임자	отве́тственное лицо́ 아뜨벳스뜨벤노예 리쪼
책임지다	нести́ отве́тственность (за что) 녜스찌 아뜨벳스뜨벤너스찌 자 쉬또
책잡다	обнару́жить недоста́ток 아브나루쥐찌 니다스따떡
처리하다	обраща́ться с чем : справля́ться 아브라샤쨔 스 쳼 : 스쁘라블랴쨔

처신하다	вести́ себя́ 베스찌 시뱌
처음부터	с нача́ла 스나찰라
천(숫자)	ты́сяча 뜨이시치
천둥	гром 그롬
천만에요.	Не сто́ит. 니 스또잇
천장	потоло́к 빠딸로크
천천히	ме́дленно 메들롄너
철(금속)	желе́зо : мета́лл 젤례저 : 메딸

처음 러시아에 왔을 때는
Когда́ впервы́е прие́хал(-а) в Росси́ю.
까그다 프뻬르븨예 쁘리예할(라) 브 라시유

처음부터 끝까지
от нача́ла до конца́
아트 나찰라 다 깐짜

처음으로
впервы́е : пе́рвый раз
프뻬르븨예 : 뻬르브이 라스

척 / 배 두 척
едини́ца счёта корабле́й / два корабля́
예지니짜 쇼따 까라블레이 드바 까라블랴

천연재료
есте́ственный материа́л
예스쩨스뜨벤느이 마쩨리알

천정팬
потоло́чный фенóм
빠딸로츠느이 페놈

천천히 말씀해 주세요.
Говори́те ме́дленно.
가바리쩨 메들롄너

철도	железная доро́га 젤레즈나야 다로가	청년시절	мо́лодость 몰러더스찌
첫 번째	пе́рвый 뻬르브이	청바지	джи́нсы 진스이
첫사랑	пе́рвая любо́вь 뻬르바야 류보피	청소하다	чи́стить 치스찌찌

철도역　　　　железнодоро́жный вокза́л
　　　　　　　젤레즈너다로지느이　　바그잘

첩　　　　　　нало́жница : любо́вница
　　　　　　　날로즈니쨔 :　류보브니쨔

첫사랑은 이루어 지지 않는다.
　　　Пе́рвая любо́вь не осуществля́ется.
　　　뻬르바야　류보피　니　아수쉐스뜨블랴엣짜

청경채　　　　пакчой : кита́йская капу́ста
　　　　　　　빡초이 :　끼따이스까야　까뿌스따

청년단　　　　молодёжная гру́ппа
　　　　　　　말라죠쥐나야　그루빠

청량음료　　　прохлади́тельные напи́тки
　　　　　　　쁘러흘라지쩰늬예　나삐뜨끼

청소할 사람을 찾아 놨어요.
　　　Нашёл(-шла) кого́-то чи́стить.
　　　나숄(쉴라)　까보 따　치스찌찌

청하다　　　　проси́ть - попроси́ть
　　　　　　　쁘라시찌　빠쁘라시찌

체계	систéма 시스쩨마	체크무늬의	полосáтый 빨러살드이
체력	физи́ческая си́ла 피지체스까야 실라	초(시간)	секýнда 세꾼다
체스	шáхматы 샤흐마띠	초과하다	превышáть 쁘레브이샤찌
체육	физкультýра 피스꿀뚜라	초대	приглашéние 쁘리글라쉐니예
체중계	весы́ 베스이	초록색	зелёный цвет 질룐이 쯔베트

체온을 재 봅시다.   Измéряем температýру.
                 이즈메랴엠   쩸뻬라뚜루

체제   систéма : организáция режи́м
                 시스쩨마 :   아르가니자찌야   레쥠

체한   страдáть несварéнием желýдка
                 스뜨라다찌   니스바렌니옘   쥉루뜨까

초대장   пригласи́тельное письмó
                 쁘리글라시쩰너예   삐시모

초대장이 있어요.   У меня́ пригласи́тельное письмó.
                 우 미냐   쁘리글라시쩰너예   삐시모

초등학교   начáльная шкóла
                 나찰나야   쉬꼴라

초목   травá и дерéвья : расти́тельность
                 뜨라바 이 제례비야 :   라스찌쩰너스찌

초상(얼굴)	портре́т 빠르뜨레트	총탄	пу́ля 뿔랴
초안	черново́й прое́кт 체르나보이 쁘라엑트	총합계	ито́г 이또크
초인종	звоно́к 즈바녹	최근	неда́вно 니다브너
촉진하다.	ускоря́ть 우스까랴찌	최대(수량)	ма́ксимум 막시뭄
총(합계)	ито́г 이또크	최선	са́мое лу́чшее 사모예 루쉐예
총자본	о́бщий капита́л 옵쉬이 까삐딸	최소(수량)	минима́льный 미니말느이

총국장　　генера́льный дире́ктор
　　　　　게네랄느이　　지렉또르

총서기　　генера́льный секрета́рь
　　　　　게네랄느이　　세끄레따르

총을 장전하다　　заряди́ть ружьё
　　　　　　　　자랴지찌　루쥐요

최고기온　　максима́льная температу́ра
　　　　　　막시말나야　　쩸뻬라뚜라

최선을 다해 도와 드릴게요.
Я изо всех сил помогу́ вам.
야 이자 프세흐 실　빠마구　밤

최신의	нове́йший 노베이쉬이	추억	воспомина́ние 바스빠미나니예
최종점수	фина́льный счёт 피날느이 쇼트	추운	холо́дный 할로드느이
최초	са́мое нача́ло 사모예 나찰로	추워지다	холоде́ть 할라졔찌
최후	коне́ц 까녜쯔	축구	футбо́л 풋볼

최선을 다하다 сде́лать всё : прилага́ть все уси́лия
즈젤라찌 프쇼: 쁘릴라가찌 프세 우실리야

최저기온 са́мая ни́зкая температу́ра
사마야 니스까야 쩸뻬라뚜라

추가하다 дополня́ть : добавля́ть
다빨냐찌 : 다바블랴찌

추상적인 абстра́ктный : отвлечённый
압스뜨락뜨느이 : 아뜨블례츈느이

추석 коре́йский пра́здник урожа́я
까례이스끼 쁘라즈니크 우라좌야

추석까지 있으실 건가요? Вы прибу́дете до
коре́йского пра́здника урожа́я «Чусок»?
븨 쁘리부졔쩨 다 까례이스꺼보 쁘라즈니까 우라좌야 추석

추첨 жеребьёвка : лотере́я
졔례비욥까 : 라쩨례야

324

축구선수	футболи́ст 풋발리스트
축제	фестива́ль 페스찌발
축제일	пра́здник 쁘라즈니크
축축한	вла́жный : сыро́й 블라쥐느이 : 싀로이
축하하다	поздравля́ть 빠즈드라블랴찌
축하해.	Поздравля́ю тебя́. 빠즈드라블류 찌뱌
추측하다	предполага́ть : догада́ть 쁘레드빨라가찌 : 다가다찌
추측할 수 없어요.	Не возмо́жно догада́ть. 니 바즈모쥐너 다가다찌
축구 경기를 하다	игра́ть в футбо́л 이그라찌 프 풋볼
축구 보고 있나봐.	Смо́трят футбо́л. 스모뜨럇 풋볼
축구경기	футбо́льный матч 풋볼느이 마치
축구라면 아주 미치지!	Безу́мно лю́бит футбо́л! 베줌너 류빗 풋볼
축구장	футбо́льная площа́дка 풋볼나야 쁠라샤뜨까
축구팀	футбо́льная кома́нда 풋볼나야 까만다
축하해요.	Поздравля́ю вас. 빠즈드라블류 바스

ㅊ

출구	вы́ход 븨호트	출발하다	отправля́ться 아뜨쁘라블랴쨔
출발	отхо́д : старт 아뜨호트 : 스따르트	출입국	вы́езд и въезд 브이예스트 이 브예스트
출발점	ста́ртовая то́чка 스따르떠바야 또츠까	출현하다.	появля́ться 빠야블랴쨔

출근시간   служе́бные часы́
슬루제브니예   치싀

출근할 시간이 되다.   Пора́ вы́йти на рабо́ту.
빠라 브이이찌 나 라보뚜

출생증명서   свиде́тельство о рожде́нии
스비제쩰스뜨버 아 라즈제니이

출입국을 하기 위해서는 어떤 수속을 해야 하나요?
Каки́е процеду́ры ну́жно офо́рмить для вы́езда и въе́зда?
까끼예 쁘러쩨두릐 누쥐너 아포르미찌 들랴 브이예즈다 이 브예즈다

출장가다   е́хать в командиро́вку
예하찌 프까만지로프꾸

출판사   изда́тельство
이즈다젤스뜨버

춤을 잘 추다   танцева́ть хорошо́
딴쩨바찌 하라쇼

춤추다(전통적인)   исполня́ть традицио́нный та́нец
이스빨냐찌 뜨라지찌온늬이 따녜쯔

충고	совéт 사베트	취하다	опьянéть 아삐야녜찌
충고하다	совéтовать 사베떠바찌	취했어.	был(-а) пьян(-а) 브일(라) 삐얀(나)
충분하다	достáточный 다스따또츠느이	층	этáж 에따쉬
충분한	достáточный 다스따또츠느이	치료하다	лечи́ть 레치찌
충성	вéрность 베르노스찌	치마	ю́бка 유쁘까
충수염	тифли́т 찌플리트	치약	зубнáя пáста 주브나야 빠스따
충전하다	заряжáть 자랴좌찌	친구	друг (подрýга) 두루크 빠두루가
취미	хóбби 하비	친근한	бли́зкий 블리스끼

춤추다(현대적인)	исполня́ть совремéнный тáнец 이스빨냐찌 사브레몐느이 따녜쯔
충분하지 못한	недостáточный 니다스따또츠느이
치료학요법(의학)	мéтод лечéния 메또트 레체니야
친구 집에 가려고요.	Éду к дрýгу. 예두 그드루구

친밀한	дру́жественный 드루줴스뜨벤느이	친하다	бли́зкий 블리스끼
친선	дру́жба 드루쥐바	친한 친구	бли́зкий друг 블리스끼 드루크
친절한	раду́шный 라두쉬느이	친해지다	дружи́ться 두루쥐짜
친척	ро́дственники 로쯔스뜨벤니끼	칠(미술)	кра́ска 끄라스까

친구가 되다 подружи́ться с кем
빠드루쥣쨔 스 껨

친동생 родно́й мла́дший брат : родна́я мла́дшая сестра́
라드노이 믈랏쉬이 브라트 : 라드나야 믈랏샤야 시스뜨라

친애하는 доро́гой : уважа́емый
다라고이 : 우바자예므이

친절한 환대에 감사합니다.
Благодарю́ за тёплый приём.
블라가다류 자 쬬쁠르이 쁘리욤

친척을 방문하다 навеща́ть ро́дственников
나베샤찌 로쯔스뜨벤니꼬프

친한 사람 бли́зкий челове́к
블리스끼 칠라베크

친할아버지 родно́й де́душка
라드노이 제두시까

칠(숫자)	семь 셈	침략하다	нападáть 나빠다찌
칠십	сéмьдесят 셈지샷	침술	акупунктýра 아꾸뿐꼬뚜라
칠월	июль 이율	침실	спáльня 스빨냐
칠판	клáссная доска 끌랴스나야 다스까	침울한	мрáчный 므라츠느이
칠하다	крáсить 끄라시찌	침착한	спокóйный 스빠꼬이느이
침대	кровáть 끄라바찌	칫솔	зубнáя щётка 주브나야 쇼뜨까
침대시트	простыня́ 쁘러스띄냐	칭찬하다	хвали́ть 흐발리찌

칠판지우개 тря́пка для стирáния с доски́
뜨랴쁘까 들랴 스찌라니야 즈 다스끼

ㅊ

카드(종이)	ка́рточка 까르떠츠까
카메라	фотоаппара́т 포따아빠라트
카네이션	гвозди́ка 그바지까
카세트	кассе́та 까세따
카드(게임)	ка́рта 까르따
카탈로그	катало́г 까딸로크

카드 충전해주세요.(핸드폰) Заряди́те ка́рточку, пожа́луйста
자랴지쩨 까르떠츠꾸 빠좔루이스따

카드(신용카드)를 정지시키다. прекрати́ть испо́льзование креди́тной ка́рточки
쁘레끄라찌찌 이스뽈저바니예 끄레지뜨너이 까르떠츠끼

카드(플라스틱) креди́тная ка́рточка
끄레지뜨나야 까르떠츠까

카드를 섞다 тасова́ть ка́рты
따사바찌 까르띄

카드를 치다 игра́ть в ка́рты
이그라찌 프 까르띄

카탈로그를 보여주세요. Пока́зывайте катало́ги.
빠까즈이바이쩨 까딸로기

카트(쇼핑센터) магази́нная теле́жка
마가진나야 쩰레쉬까

칵테일	коктéйль 깍떼일	캐묻다.	расспрáшивать 라쉬쁘라쉬바찌
칼	нож 노쉬	캠퍼스(학용품)	цúркуль 찌르꿀
칼럼	комментáрий 까멘따리	커서(전산)	курсóр 꾸르소르
칼럼리스트	комментáтор 까멘따떠르	커튼	занавéска 자나베스까
캄보디아	Камбóджа 깜보줘야	커플	влюблённая пáра 브류블룐나야 빠라
캐나다	Канáда 까나다	커피	кóфе 꼬페

칼라사진　　　цветнáя фотогрáфия
　　　　　　　쯔베뜨나야　포따그라피야

캔 / 맥주 3 캔
жестя́нка / три жестя́нки из-под пи́ва
줴스찐까　　뜨리　줴스찐끼　이스 뽀드 삐바

캔 맥주　　　жестя́нка из-под пи́ва
　　　　　　줴스찌얀까　이스 뽀드 삐바

커피 준거 고마워.　　Спасúбо за кóфе.
　　　　　　　　　스빠씨버　자　꼬페

커피 탔어요?　　Готóвили кóфе?
　　　　　　　가또빌리　꼬페

커피가 진해요.　　Кóфе крéпкий.
　　　　　　　꼬페　끄레쁘끼

컴퓨터	компью́тер 깜쀼쩨르	켜다(기계)	включа́ть 프끌류차찌
컵	ча́шка 차쉬까	코	нос 노스
컵라면	лапша́ в ча́шке 랍샤 프 차쉬께	코 고는 소리	храп 흐랍
케이크	торт 또르뜨	코가 막히다	нос зало́жен 노스 잘로젠

커피를 컴퓨터에 쏟았어.
Вы́лил ко́фе на компью́тер.
브이삘 꼬페 나 깜쀼쩨르

컬러 프린터기
цветно́й при́нтер
쯔베뜨노이 쁘린떼르

컴퓨터 공학(전산)
компью́терные нау́ки
깜쀼떼르느에 나우끼

컴퓨터가 너무 느려.
Ско́рость компью́тера сли́шком ме́дленна.
스꼬로스찌 깜쀼쩨라 슬리쉬껌 메들렌나

컴퓨터가 이상해. Компью́тер ненорма́льно.
깜쀼쩨르 니나르말너

컴퓨터로 놀다.
игра́ть в компью́тер
이그라찌 프 깜쀼쩨르

켤레 / 운동화 1 켤레
па́ра / па́ра кроссо́вок
빠라 빠라 끄라소버크

코가 헐다	гноится нос 그놋짜 노스	콜론(:)	двоеточие 드보예또치예
코끼리	слон 슬론	콧물이 나다	сопли 소쁠리
코를 골다	храпеть 흐라뻬찌	콧수염	усы 우쓰이
코를 풀다	сморкаться 스모끄르까쨔	쿠션침대칸표	билет в купе 빌롓 프 꾸뻬
코코넛	кокос 까꼬스	크기	размер 라즈메르
코트	пальто 빨또	크다	большой 발쇼이
콘돔	кондом 깐돔	큰길	главная дорога 글라브나야 다로가
콜라	кола 꼴라	클럽	клуб 끌루쁘

크게 말씀하세요.	Говорите громче. 가바리쩨 그롬체
크게 말하다	говорить громко 가바리쩨 그롬꺼
크리스천	христианин (христианка) 흐리스찌아닌 흐리스찌얀까
큰 목소리로	с громким голосом 즈 그롬낌 골러섬

클립	клипс 끌립스	키스하다	целовáть(ся) 쩰러바찌(쨔)
키보드	клавиатýра 끌라비아뚜라	킬로미터	киломéтр 낄라메뜨르

큰길에서   на глáвной дорóге
           나 글라브노이 다로게

큰소리로 환호하다
восклѝкнуть от рáдости с грóмким гóлосом
바스끌리끄누찌 아트 라도스찌 즈 그롬낌 골러섬

큰일이네, 늦었어요.   Большóе дéло, пóздно.
           발쇼예 젤러 뽀즈너

키가 보통이다   срéднего рóста
           스레드녜버 로스따

키가 어떻게 되세요?   Какóй у вас рост?
           까꼬이 우바스 로스트

키가 작다   мáленького рóста
           말렌꺼버 로스따

키가 크다   высóкого рóста
           브이소꺼버 로스따

키친타월   кýхонное (посýдное) полотéнце
           꾸혼노예 빠수드너예 빨라쩬쩨

Е

타다(불에)	гореть 가례찌
타다(차)	ехать 예하찌
타이어	шина 쉬나
타이틀	название 나즈바니예
타조	страус 스뜨라우스
타진하다	выстукивать 브이스뚜끼바찌
탁구	пинг-понг 핀 폰
탄내가 나다	чадить 차지찌
탈출하다	избавляться 이즈바블랴짜
탑(건축)	башня 바쉬냐
탑승	посадка 빠사뜨까
탑승시간	время посадки 브례마 빠싸뜨끼

타당하다　　подобать кому-чему
　　　　　　빠다바찌　까무　치무

타이핑하다　писать на машинке
　　　　　　삐사찌　나　마쉰께

탁월한　исключительный : отличный
　　　　이스끌류치쩰느이 : 아뜰리츠느이

탄밥, 누룽지　пригорелый рис на дне котла
　　　　　　쁘리가렐느이 리스 나 드녜 까뜰라

탑승시작　　посадка началась
　　　　　　빠사뜨까　나찰라스

태국	Таиланд 따일란트	태풍	тайфун 따이푼
태국어	тайский язык 따이스끼 이즈익	택시	такси 딱시
태도	поведение 빠베제니예	턱	челюсть 첼류스찌
태양	солнце 손쩨	턱수염	борода 바로다
태어나다	рождаться 라즈다쨔	테니스	теннис 쩨니스
태연하게	спокойно 스빠꼬이너	테마	тема 쩨마

태권도 тхэквондо (корейский национальный вид спорта) 떼껀도 까레이스끼 나찌아날느이 비트 스뽀르따

태극기 корейский государственный флаг
까레이스끼 가수다르스뜨벤느이 플라크

테스트하다 подвергать испытанию : проводить испытание
빠드베르까찌 이스쁘이따니유 : 쁘러바지찌 이스쁘이따니예

텔레비전 볼륨 좀 줄여주세요.
Сокращайте громкость телевизора.
사끄라샤이쩨 그롬꺼스찌 쩰레비조라

텔레비전 좀 보게 가만히 있어요.
Не мешайте мне смотреть телевизор.
니 마샤이쩨 므녜 스마뜨레찌 쩰레비조르

한국어	러시아어	한국어	러시아어
테이블	стол 스똘	토요일	суббо́та 수보따
테이프	ле́нта : тесьма́ 렌따 : 쪠스마	토의 하다	обсужда́ть 압수즈다찌
토끼	за́яц 자야쯔	톤(무게)	то́нна 똔나
토너멘트 시합	турни́р 뚜르니르	통	ведро́ 베드로
토라지다	серди́ться 세르지쨔	통과하다	проходи́ть 쁘라하지찌
토마토	помидо́р : тома́т 빠미도르 : 따맛	통상(보통)	обы́чно 아븨츠너

텔레비전을 보고 있어요.   Я смотрю́ телеви́зор.
야 스마뜨류 쩰레비조르

텔레비전을 보면서   смотря́ телеви́зор
스마뜨랴 쩰레비조르

토론하다   дискусси́ровать : вести́ диску́ссию
디스꾸시러바찌 : 베스찌 디스꾸시유

통계(상)의   статисти́ческий
스따찌스찌체스끼

통관   тамо́женные процеду́ры : тамо́женная очи́стка
따모젠니예 쁘러쩨두르이 : 따모쩨나야 아치스뜨까

통관하다   проходи́ть тамо́женный досмо́тр
쁘라하지찌 따모젠느이 다스모뜨르

통속의	популя́рный 빠쁠랴르느이	투명한	прозра́чный 쁘러즈라츠느이
통신원	корреспонде́нт 까례스빤젠뜨	투자자	вкла́дчик 프끌라드치크
통일하다	объединя́ть 아비예지냐찌	투자하다	инвести́ровать 인베스찌러바찌
통통하다	по́лный 뽈느이	투쟁하다	боро́ться 바롯쨔
통화중이다	телефо́н за́нят 쩰레폰 자냣	투창	мета́ние копья́ 메따니예 까삐야

통역(사람)	(у́стный) перево́дчик (우스느이) 뻬레보치크
통역하다	у́стно переводи́ть 우스너 뻬레보지찌
퇴근시간	вре́мя возвраще́ния с рабо́ты 브레먀 바즈브라쉐니야 스 라보띄
투명한 파랑색 우비	прозра́чный си́ний пла́щи 쁘러즈라츠느이 시니 쁠라쉬
투어하다(콘서트)	дать конце́рт по всей стране́ 다찌 깐쩨르뜨 빠 프세이 스뜨라네
투자법(법률)	зако́н об инвести́ции 자꼰 아브 인베스찌찌
투자액	су́мма капиталовложе́ний 수마 까삐딸러블러줴니이

투표하다	голосовать 갈라사바찌	트윈룸	комната на двоих 꼼나따 나 드보이흐
튀기다	жарить 좌리찌	특별한	специальный 스뻬찌알느이
트랜지스터	транзистор 뜨란지스또르	특수성	особенность 아소벤너스찌
트렌드	тренд : тенденция 뜨렌트 : 쩬뗀찌야	틀니	вставные зубы 프스따비예 주븨

투피스   женский костюм-двойка
           젠스끼 까스쯈 드보이까

트럼펫을 불다   играть на трубе
           이그라찌 나 뚜루볘

특별히 그녀를 좋아하는 것도 아니야.
    Я её не люблю специально.
    야 이요 니 류블류 스뻬찌알너

특별히 준비해 두다   специально подготовить
           스뻬찌알너 빠드가또비찌

특산품   местная продукция
           몌스나야 쁘라둑찌야

특징   особенность : характеристика
           아소벤너스찌 : 하락쪠리스찌까

틀니를 맞추다   поставить вставные зубы
           빠스따비찌 프스따프니예 주븨

틀렸어.	Непра́вильно. 니쁘라빌너	티켓	биле́т 빌롓
틀린	непра́вильный 니쁘라빌ㄴ이	팁	чаевы́е 차예븨예

티슈　　бума́жные салфе́тки
　　　　부마쥐니예　살폐뜨끼

팀 / 두 팀　　кома́нда / две кома́нды
　　　　　　까만다 /　드베　까만듸

팀 / 우승팀　кома́нда / вы́игравшая кома́нда
　　　　　　까만다 /　　븨이그라프샤야　까만다

ㅍ

파(야채)	лук 루크
파괴되다	разрушаться 라즈루샤짜
파다(나무등)	гравировать 그라비러바찌
파도	волна 볼나
파란색	синий 시니
파마	перманент 뻬르마녠트
파면하다	увольнять 우발냐짜
파업하다	бастовать 바스따바찌
파인애플	ананас 아나나스
파일(사무용품)	папка 빠쁘까
파일(전산)	файл 파일
파충류	пресмыкающееся 쁘레스믜까유셰예짜

파고들다(소문)   допытывать
다쁘이뜨이바찌

파란색으로 신어 봐도 되나요?
Можно примерить обувь синего цвета?
모쥐너 쁘리몌리찌 오부피 시니보 쯔베따

파마하다   сделать перманент
즈젤라찌 뻬르마녠트

파산   разорение : банкротство
라저레니예 : 반끄롯스트버

파산하다   разориться : обанкротиться
라자릿짜 : 아반끄로찌쨔

한국어	러시아어	한국어	러시아어
파티하다	устроить вечер 우스뜨로이찌 베체르	팔십	восемьдесят 보심지샷
파파야	папайя 빠빠이야	팔월	август 아브구스트
판결을 내리다.	определять 아쁘레젤랴찌	팔찌	браслет 브라슬렛
판단하다	судить 수지찌	패션	мода 모다
판매하다	продавать 쁘라다바찌	팩	пакет 빠껫
판사	судья 수지야	팩스	факс 빡스
팔	рука 루까	팩을 하다(피부)	паковать 빠까바찌
팔(숫자)	восемь 보심	팬(애호가)	любитель 류비쩰

파트타임으로 일하다.　работать по часам
　　　　　　　　　라보따찌　빠　치삼

판결안　приговор (документ)
　　　쁘리가보르　　다꾸멘트

팔다. / 잘 팔리다　продавать / хорошо продавать
　　　　　　　쁘라다바찌　　하라쇼　쁘라다바찌

팔짱을 끼다　засовывать руки в рукава
　　　　자소브이바찌　루끼　브　루까바

팬티	трусики 뜨루시끼	펭귄	пингвин 삔빈
퍼센트(%)	процент 쁘라쩬트	펴다	расстилать 라스찔라찌
퍼트리다	распространять 라스쁘라스뜨라냐찌	편리한	удобный 우도브느이
펌프	насос : помпа 나소스 : 뽐빠	편지	письмо 삐시모
페인트	краска 끄라스까	편집자	редактор 리닥또르
펜	ручка 루츠까	편집장	главный редактор 글라브느이 리닥또르

퍼지다	широко распространяться 쉬로꺼 라스쁘라스뜨라냐짜
페이지 / 3 페이지	страница / три страницы 스뜨라니짜 뜨리 스뜨라니찌
편안하다(마음)	спокойный 스빠꼬이느이
편지를 기다리다	ждать письма 쥐다찌 삐시마
편지를 보내다	отправить письмо 아뜨쁘라비찌 삐시모
편지를 쓰다	писать письмо 삐사찌 삐시모

평가하다	оце́нивать 아쩨니바찌
평균의	сре́дний 스레드니
평등하다	ра́вный 라브느이
평상시	обы́чное вре́мя 아브츠너예 브레먀
평야	равни́на 라브니짜
평영(수영)	брасс 브라스
평일	бу́дни 부드니
평화	мир 미르
폐(의학)	лёгкие 료흐끼예
폐를 끼치다	беспоко́ить 베스빠꼬이찌

편지를 우체통에 넣다
  класть письмо́ в почто́вый я́щик
  끌라스찌 삐시모 프 빠츠또브이 야쉬크

편해지다 ста́ть споко́йным : ста́ть удо́бным
  스따찌 스빠고이님 : 스따찌 우도부님

평(아파트) пхён (1.2 квадра́тных метра)
  푠 아진 이 드바 꼬바드라뜨느이흐 메트라

평균기온 сре́дняя температу́ра
  스레드냐 쩸뻬라뚜라

평방미터 квадра́тный метр
  꼬바드라뜨느이 메뜨르

평상시에도 좀 늦는 편이다 обы́чно опа́здывать
  아브츠너 아빠즈드이바찌

폐병	туберкулёз лёгких 뚜베르꿀료스 료흐끼흐
포기하다	броса́ть 브라사찌
포기하지 마.	Не броса́й. 니 브러사이
포도	виногра́д 비나그라트
포장하다	упако́вывать 우빠꼬브이바찌
포크	ви́лка 빌까
포함하다	включа́ть(ся) 프끌류차찌(쨔)
폭(옷감)	ширина́ 쉬리나
폭탄	бо́мба 봄바
폭포	водопа́д 바다빠트
폴더(전산)	фолдер 폴제르
폴란드	По́льша 뽈샤
표	биле́т 빌레트
표(설문)	табли́ца 따블리짜
표시하다	выража́ть 븨라좌찌
표준	станда́рт 스딴다르트

폐가 되지 않는다면 Е́сли вам не тру́дно.
예슬리 밤 니 뜨루드너

폐를 끼쳤네요. Извини́те за беспоко́йство.
이즈비니쩨 자 베스빠꼬이스뜨버

포맷하다(전산) де́лать форма́т
젤라찌 파르마트

포장해주세요. Упако́вывайте, пожа́луйста.
우빠꼬브이바이쩨 빠좔루이스따

표현	выраже́ние 븨라줴니예
푸다	че́рпать 체르빠찌
푸딩	пу́динг 뿌딩크
푹 자다	кре́пко спать 끄렙꺼 스빠찌
풀(사무용품)	клей 끌레이
풀다	развя́зывать 라즈뱌즈이바찌
품목	пе́речень това́ров 뻬레첸 따바러프
품질	ка́чество това́ра 까체스뜨버 따바라
풍경	вид 비트
풍금	орга́н 아르간
풍부한	бога́тый 바가뜨이
풍부한 맛	бога́тый вкус 바가뜨이 프꾸스
풍습	обы́чай 아븨차이
프라이팬	сковорода́ 스까바라다
프랑스	Фра́нция 프란찌야
프로그래머	программи́ст 쁘라그라미스트

표준어   литерату́рный язы́к
리쩨라뚜르느이 이즈이크

표 예약해 주실 수 있으세요?
    Мо́жно заказа́ть биле́т?
    모쥐너 자까자찌 빌레트

프랑스어   францу́зский язы́к
프란쭈스끼 이즈익

프런트데스크   регистрату́ра
레기스뜨라뚜라

프로그램 팸플릿	брошю́ра	프린터기	при́нтер
	브라슈라		쁘린떼르
프로듀서	Продю́ссор	피	кровь
	쁘라듀소르		끄로피
프로세스(전산)	проце́сс	피가 나다.	Кровь идёт
	쁘라쩨스		끄로피 이죳
프로젝트	прое́кт	피곤하다	уста́л(а)
	쁘라엑트		우스딸(라)
프로페셔널	профессиона́л	피곤해도	хотя́ я уста́л(а)
	쁘로페시아날		하쨔 야 우스딸(라)

프로그래밍하다(전산) программи́ровать
쁘라그라미러바찌

프로그램 계획시간표(TV)

телевизио́нная програ́мма
쩰레비지온나야 쁘라그라마

프린트지 при́нтерная бума́га
쁘린떼르나야 부마가

플라스틱으로 만들다 сде́лать из пла́стики
즈젤라찌 이스쁠라스찌끼

플루트(피리)를 불다 игра́ть на фле́йте
이그라찌 나 플레이쩨

피곤할 텐데 мо́жет быть, ты уста́л(а)
모쳇 브이찌 띄 우스딸(라)

피동	пасси́вность 빠시브너스찌	필수적이다	необходи́мо 니아브하지머
피망	пиме́нт 삐멘트	필요 없다	не ну́жно 니 누쥐너
피부	ко́жа 꼬좌	필요하다	ну́жно 누쥐너
피부가 하얗다	ко́жа бе́лая 꼬좌 벨라야	필통	пена́л 뻬날
피우다	кури́ть 꾸리찌	핏기가 없다	бле́дный 블레드느이
피하다	избега́ть 이즈베가찌	핑크색	ро́зовый цвет 로자브이 쯔베트
핀란드	Финля́ндия 핀란지야		

피임약   противозача́точные сре́дства
　　　　쁘로찌바자차떠치니예 스레쯔스뜨바

핀을 꼽다(머리)   прика́лывать була́вкой
　　　　　　　쁘리깔릐바찌 불라프꼬이

필름을 현상하다   прояви́ть плёнку
　　　　　　　쁘라야비찌 쁠룐꾸

ㅎ

하는 동안에	в течéние 프 쩨체니예
하는 척하다	дéлать вид 젤라찌 비트
하구	ýстье 우스찌에
하늘	нéбо 네바
하기 휴가	лéтний óтпуск 레뜨니 오뜨뿌스꼬
하늘색	сúний цвет 시니 쯔베트
하고 싶다	хотéть 하쩨찌
하늘이 맑다	нéбо чúстое 네버 치스떠예
하급	нúзкий класс 니스끼 끌라스
하루 종일	весь день 베스 젠

하관	низкопостáвленняй ыиновник 니스꺼빠스따블렌느이 치노브니크
하급생	учáщийся млáдшего клáсса 우차쉬샤 믈라드쉬보 끌라사
하나도 이해 못하다.	Ничегó не понятно. 니치보 니 빠냐뜨너
하드(전산HDD)	жёсткий диск 죠스끼 디스크
하드웨어(전산)	технúческие обеспéчения 쩨흐니체스끼예 아베스뻬체니야
하려고만 하면 뭘 못해.	Éсли ты хóчешь сдéлать, ничегó нет невозмóжного. 예슬리 띄 호체시 즈젤라찌 니치보 니옛 니바즈모쥐너버

하루 중에	за день 자 젠	하인	слуга 슬루가
하마터면	едва́ не 예드바 니	하지만	но 노
하얀색	бе́лый цвет 벨르이 쯔베트	학과	кафедра 까페드라

하려하지 않다   не пыта́ться
니 쁘이땃쨔

하와이는 모스크바에서 얼마나 떨어져 있어요?
Как далеко́ нахо́дится Гавай от Москвы́?
깍크 달레꼬 나호짓쨔 가바이 아드 마스끄브이

하루 종일 내내   в тече́ние всего дня
프 쩨체니예 프세버 드냐

하루만 묵어야겠어.
Я бу́ду ночева́ть то́лько оди́н день.
야 부두 나체바찌 똘꺼 아진 졘

하마터면 교통사고가 날 뻔했다.
Едва́ не автомоби́льная ава́рия произошла́.
예드바 니 아프따마빌나야 아바리야 쁘로이자실라

하얀색인거요.   Да́йте бе́лого цвета́.
다이쩨 벨로버 쯔베따

하지만 지금 상황에선 이게 최선이야.
Но тепе́рь это са́мый лу́чший вариа́нт.
노 찌뻬리 에떠 사므이 루치쉬이 바리안트

학교	шко́ла 쉬꼴라
학교가다	ходи́ть в шко́лу 하지찌 프 쉬꼴루
학기	уче́бный семе́стр 우체브느이 시메스뜨르
학습하다.	изуча́ть 이주차찌
학과장	заве́дующий кафедрой 자베두유쉬이 까페드로이
학교 가지 않으면	не ходи́ть в шко́лу 니 하지찌 프 쉬꼴루
학교마다 다르다	ка́ждая шко́ла отлича́ется 까즈다야 쉬꼴라 아뜰리차엣짜
학교에 지각하다	опозда́ть в шко́лу 아빠즈다찌 프쉬꼴루
학생	шко́льник(-ца) : студе́нт(-ка) 쉬꼴니크(쉬꼴니짜) : 스뚜젠뜨(까)
한 번 더 말씀해 주세요.	Скажи́те ещё раз, пожа́луйста. 스까쥐쩨 잇쇼 라스 빠좔루이스따
한 번도 미국에 기본적 없어.	Я ни ра́зу не был(-а) в Аме́рике. 야 니 라주 니 브일(라) 바메리께
학우	шко́льный това́рищ 쉬꼴느이 따바리쉬
학위	учёная сте́пень 우쵼나야 스쩨뻰
학장	дека́н 제깐
한 걸음	оди́н шаг 아진 샤크

한 부 복사해 주실 수 있으세요?
        Мо́жно ли де́лать ко́пию?
        모쥐너 리 젤라찌 꼬삐유

한개 남아 있어.   Остаётся ещё оди́н.
        아스따욧짜 잇쇼 아진

한개 더 주세요.   Да́йте ещё оди́н.
        다이쩨 잇쇼 아진

한개 얼마예요?(싼 것에 물을 때)
        Ско́лько сто́ит за оди́н?
        스꼴꺼 스또잇 자 아진

한개만 주세요.   Да́йте то́лько оди́н.
        다이쩨 똘꼬 아진

한국 사람 이예요.   Я коре́ец (коре́янка).
        야 까레예쯔 까레얀까

한국 사람과 러시아사람은 비슷해요.
        Коре́йцы похо́жи на ру́сских.
        까레이찌 빠호쥐 나 루스끼흐

한국 사람은 성질이 급한 것으로 유명한데 당신은 그 보다 더 하네요. Изве́стно, что у коре́йцев нетерпели́вый хара́ктер. Вы не ме́нее чем бо́лее нетерпели́вые.
이즈베스너 쉬또 우 까레예쩨프 니쩨르뻴리브이 하락쩨르 븨 니 메녜 쳄 볼례 니쩨르뻴리븨예

한국 선수들이 경기를 정말 잘해. Коре́йские игроки́ игра́ют действи́тельно хорошо́.
        까레이스끼에 이그로끼 이그라윳 제이스뜨비쩰너 하라쇼

한국 스타 중에 누가 제일 좋아요? Кто из коре́йских актёров ваш са́мый люби́мый?
끄또 이스 까레이스끼흐 악쬬로프 바쉬 사므이 류비므이

한국 음악 좀 들려줄까? Хо́чешь слу́шать коре́йскую му́зыку?
호체쉬 슬루샤찌 까레이스꾸유 무직꾸

한국 제품입니다. Э́то коре́йская проду́кция.
에떠 까레이스까야 쁘러둑찌야

한국과 러시아는 좀 비슷해. Коре́я немно́жко похо́жа на Росси́ю.
까레야 님노쉬꺼 빠호좌 나 라시유

한국과 러시아의 관계가 갈수록 발전한다. Отноше́ния ме́жду Коре́ей и Росси́ей постепе́нно развива́ются.
아뜨노쉐니야 메주두 까레예이 이 라시예이 빠스쩨뼨너 라즈비바윳쨔

한국과 비교할 때, 러시아 월세는 너무 비싸. В Росси́и пла́та за аре́нду вы́ше, чем в Коре́е.
브 라시이 쁠라따 자 아렌두 브이쉐 쳼 프 까레예

한국과 비교해보면 по сравне́нию с Коре́ей
빠 스라브녜니유 스 까레예이

한국국민 모두 весь коре́йский наро́д
베스 까레이스끼 나로트

한국사람 коре́ец (корея́нка)
까라예쯔 까레얀까

한국어를 러시아어로 번역하다.
перевести́ с коре́йского на ру́сский язы́к.
뻬레베스찌 스 까레이스꺼버 나 루스끼 이즈이크

한국어를 잘 하시네요.

                Вы хорошо́ говори́те по-коре́йски.
                븨　하라쇼　가바리쩨　빠　루스끼

한국어를 할 수 있어요?　Говори́те по коре́йски?
                     가바리쩨　빠　까레이스끼

한국에 기본적 있어요?　　　Вы бы́ли в Коре́е?
                     븨　브일리　프　까레예

한국에 대해 어떻게 생각하세요?

                Как вы ду́маете о Коре́е?
                까끄　븨　두마예쩨　아　까레예

겨울이 더 길다.　　　Зима́ бо́лее дли́нная.
              지마　볼레　들린나야

한국에서 겨울엔 눈이 많이 온다.

           В Коре́е зимо́й идёт мно́го сне́гов.
           프　까레예　지모이　이죠트　므노거　스네고프

한국에서 굉장히 유명한 분이야.

         В Коре́е э́то о́чень изве́стный челове́к.
         프　까레예　에떠　오친　이즈베스느이　칠라베크

한국에서 왔어.　　　　　　　　　Из Коре́и.
                              이스　까레이

한국영화만 좋아하다.

            люби́ть то́лько Коре́йские фи́льмы
            류비찌　　똘꼬　　까레이스끼예　　필르믜

한국음력　　коре́йский лу́нный календа́рь
          까레이스끼이　　룬느이　　깔렌다리

한 번 더	ещё раз	한국	Коре́я
	잇쇼 라스		까레야
한 후부터	по́сле	한숨 쉬다	вздохну́ть
	뽀슬레		브즈다흐누찌
한가한	свобо́дный	한턱을 내다	угоща́ть
	스바보드느이		우가샤찌

한국적 방식 коре́йский ме́тод : коре́йский стиль
까레이스끼 메또트 : 까레이스끼 스찔

한권만 사요? Куплю́ одну́ кни́гу?
꾸쁠류 아드누 끄니구

한도를 늘리다 повы́сить (допусти́мый) преде́л
빠븨시찌 다뿌스찌므이 뻬레젤

한번 보세요. Смотри́те, пожа́луйста.
스마뜨리쩨 빠좔루이스따

한번 본 것 같아.
Мне ка́жется, я ви́дел(а) оди́н раз.
므녜 까줴짜 야 비질(라) 아진 라스

한번 해보세요. Попро́буйте, пожа́луйста.
빠쁘로부이쩨 빠좔루이스따

한번만 봐주세요. Помоги́те, пожа́луйста.
빠마기쩨 빠좔루이스따

한러사전 коре́йско-ру́сский слова́рь
까레이스꼬 루스끼 슬라바리

할 가치가 있는	сто́ит 스또잇
할 것이다	бу́ду (+동사원형) 부두
할머니	ба́бушка 바부쉬까
할아버지	де́душка 제두쉬까
할인	ски́дка 스끼뜨까
함께	вме́сте 브메스쩨
함께 가다	вме́сте пойти́ 브메스쩨 빠이찌
함께 일하는 친구	колле́га 깔례가
함성을 지르다	кри́кнуть 끄리끄누찌
합격했어요.	Сдая экза́мен. 즈달 에그자멘
합리적인	рациона́льный 라찌아날느이
합성하다(사진)	скла́дывать 스끌라듸바찌
한쪽 편에 서다.	стоя́ть в одно́й стороне́ 스따야찌 바드노이 스떠라녜
할 말이 없어.	Не́чего говори́ть. 니치보 가바리찌
할 얘기가 뭔데요?	Что вы хоти́те сказа́ть? 쉬또 븨 하찌쩨 스까자찌
할아버지와 할머니	ба́бушка и де́душка 바부시까 이 제두쉬까
할일이 없어.	Не́чего де́лать. 니치보 젤라찌
합작경영	совме́стное управле́ние 사브메스너예 우쁘라블례니예

한국어	러시아어	한국어	러시아어
합의하다	догова́риваться 다가바리바쨔	항상	всегда́ 프시그다
합치다	соединя́ть(ся) 사예지냐찌(쨔)	항생제	антибио́тик 안찌비오찌크
항공	авиа́ция 아비아찌야	해가되다	вреди́ть 브레지찌
항공권	биле́т на самолёт 빌렛 나 사말룟	해결하다	разреша́ть 라즈레샤찌
항공우편	авиапо́чта 아비아뽀치따	해고	увольне́ние 우발녜니예
항공회사	авиакомпа́ния 아비아깜빠니야	해고되다	увольня́ться 우발냐짜
항구	порт 뽀르트	해로	всю жизнь вме́сте 프슈 쥐즌 브메스쪠
항로	морско́й путь 마르스꼬이 뿌찌	해방하다	освобожда́ть 아스버바좌찌

합작을 하실 건가요?
Вы хоти́те созда́ть совме́стное предприя́тие?
븨 하찌쩨 사즈다찌 사브몌스너예 쁘레드쁘리야찌예

항공 운송입니까?
Авиацио́нная перево́зка?
아비아찌온나야 뻬레보스까

항상 곁에 두세요.
Всегда́ возьми́те с собо́й.
프시그다 바즈미쩨 사-보이

항의하다.
возража́ть : заяви́ть проте́ст
바즈라좌찌 : 자야비찌 쁘러쩨스뜨

해법	ключ к реше́нию 끌류치 끄 레쉐니유	해산물	морепроду́кт 마레쁘라둑트
해변	бе́рег мо́ря 베레크 모랴	해안	морско́й бе́рег 마르스꼬이 베레크

해산하다   расходи́ться - разойти́сь
라스하짓쨔   라자이찌스

해운 운송입니까?   Морска́я перево́зка?
마르스까야 뻬레보스까

핸드폰   моби́льный телефо́н
마빌느이 쩰레폰

핸드폰 번호가 뭐예요?   Како́й но́мер моби́льного телефо́на?
까꼬이 노메르 마빌너버 쩰레포나

햇볕이 내리쬐다   со́лнечные лучи́ освеща́ются
솔녜츠느이예 루치 아스베샤윳짜

햇볕이 따뜻하네.   Тепло́ на со́лнце
찌쁠로 나 손쩨

햇빛이 이글거리는   я́ркие со́лнечные лучи́
야르끼예 솔녜치느이예 루치

행동   де́йствие : поведе́ние
제이스뜨비예 : 빠베제니예

행복하게 살아.   Жела́ю тебе́ сча́стья
쥘라유 찌베 샤스찌야

핵	ядро́ 이드로
핵폭탄	я́дерная бо́мба 야제르나야 봄바
햇빛	со́лнечные лучи́ 솔녜츠늬예 루치
행복	сча́стье 샤스찌예
행성	плане́та 블라녜따
행운	уда́ча 우다차
행정	администра́ция 아드미니스뜨라찌야
향기	арома́т 아로마트

행복하시고 장수하시기 바랍니다.
Жела́ю вам сча́стья и до́лгой жи́зни
젤라유 밤 샤스찌야 이 돌거이 쥐즈니

행복해지다
стать счастли́вым
스따찌 시슬리븸

행사가 열리다
открыва́ются мероприя́тия
아뜨끄릐바윳짜 메러쁘리야찌야

행상하다
торгова́ть вразно́с
따르가바찌 브라즈노스

향기가 좋은
хоро́ший арома́т
하로쉬이 아라마트

향상되다
повыша́ться : улуша́ться
빠븨샤짜 : 울루샷짜

향수병에 걸리다
скуча́ть по до́му
스꾸차찌 빠 도무

향기로운	аромáтный 아로마뜨느이	허락하다	разрешáть 라즈레샤찌
향상시키다.	улушáть 울루샤찌	허벅다리	бедрó 베드로
향수	духи́ 두히	허풍떨다	бахвáлиться 바흐발리짜
향채(야채)	спéция 스뻬찌야	헌법	конститýция 깐스찌뚜찌야
허가서	разрешéние 라즈레쉐니예	헐거운(옷)	широ́кий 쉬로끼

향이 참 좋네요. Аромáт мне о́чень нра́вится.
아라마트 므녜 오친 느라빗짜

향채 빼주세요. Мо́жно мне без спéции?
모쥐너 므녜 베스 스뻬찌

허락을 구하다 проси́ть разрешéния
쁘러시찌 라즈레셰니야

허락하지 않다 не разрешáть
니 라즈레샤찌

허리띠를 매다 надевáть ремéнь
나제바찌 리몐

헤어져야하다. Ну́жно расстáться
누쥐너 라스따짜

헬멧을 쓰다 надевáть шлем
나제바찌 쉴렘

한국어	러시아어	한국어	러시아어
헤어지다	расставáться 라스따바짜	현실	реáльность 레알노스찌
헥타르	гектáр 곜따르	현금	налúчные 날리츠늬에
헬멧	шлем 쉴렘	현금자동지급기	банкомáт 반까마트
혀	язы́к 이즈이크	현대적인	совремéнный 사브레멘느이
혁명	револю́ция 레발류찌야	현대화	модернизáция 마제르니자찌야
혁신하다	обновля́ть 아브나블랴찌	현상	явлéние 야블례니예

현 상태 текýщий стáтус : ны́нешнее состоя́ние
쩨꾸쉬이 스따뚜스 : 늬녜슈니예 사스따야니예

현금으로 지불하실 겁니까?
Вы хотúте заплатúть налúчными?
븨 하찌쩨 자쁠라찌찌 날리츠늬미

현금으로 하실 건가요? 카드로 하실 건가요?
Как заплатúте, налúчными или кáрточкой?
깍 자쁠라찌쩨 날리츠늬미 일리 까르또츠꼬이

현기증이 나는   головокружúтельный
갈로바끄루쥐쩰느이

현장에서 걸리다   обнарýжить на мéсте
아브나루쥐찌 나 몌스쩨

현상하다	проявлять 쁘러야블랴찌
현수막	баннер 반네르
현장에서	на месте 나 메스쩨
혈색	цвет лица 쯔베트 리짜
혈압	кровяное давление 끄로비야노예 다블레니예
혈통	кровное родство 끄로브노에 랏스뜨보
혈육	родственник 롯스뜨베니크
협력하다	сотрудничать 사뜨루드니차찌
협정문	соглашение 사글라쉐니예
협회	ассоциация 아사찌아찌야
형, 오빠	старший брат 스따르쉬이 브라트
형, 오빠(호칭)	Брат! 브라트
형벌	наказание 나까자니예
형부	зять 쟈찌
형성하다	образовывать 아브라조브이바찌
형식	форма 포르마

혈색이 좋다   здоровый цвет лица
즈다로브이 쯔베트 리짜

형과 누나   старший брат и старшая сестра
스따르쉬이 브라트 이 스따르샤야 시스뜨라

형수   жена старшего брата
줴나 스따르쉐버 브라따

형용사   имя прилагательное
이먀 쁘릴라가쩰너예

형제	брат 브라트
형태	фо́рма 포르마
호기심 있는	любопы́тный 류바쁘뜨느이
호되다	о́чень си́льный 오친 실느이
호랑이	тигр 찌그르
호루라기를 불다.	свисте́ть 스비스쩨찌
호르몬	гормо́н 가르몬
호박(야채)	ты́ква 띄끄바
호박잎	ли́стья ты́квы 리스찌야 띄끄븨
호소하다	призыва́ть 쁘리즤바찌
호수	о́зеро 오제러
호주	Австра́лия 압스뜨랄리야
호주머니	карма́н 까르만
호칭	обраще́ние 아브라쉐니에
호텔	оте́ль : гости́ница 아뗄 : 가스찌나짜
호화스럽다	роско́шный 라스꼬쉬느이

호랑이띠   земна́я ветвь Ти́гра
          짐나야 베뜨피 찌그라

호혜적인 조건을 만들다
   созда́ть благоприя́тные усло́вия
   사즈다찌 블라고쁘리야뜨느이에 우슬로비야

호흡이 끊어져 가다(임종하다)   дыша́ть на ла́дан
                            드이샤찌 나 라단

호흡	дыха́ние 듸하니예	혼자	оди́н : сам 아진 : 삼
호흡하다	дыша́ть 듸샤찌	혼합의	сме́шанный 스메샨느이
혹시	мо́жет быть 모쮓 브이찌	홍수	наводне́ние 나바졔니예
혹은	и́ли 일리	홍수나다	разлива́ться 라즐리바짜
혼동하다.	пу́тать 뿌따찌	홍콩	Гонко́нг 간꼰크

혹시 내 열쇠 가지고 있어요?
  Есть ли у вас мой ключ?
  예스찌 리 우 바스 모이 끌류치

혹시 이반 집인가요?
  Мо́жет быть, э́то дом Ива́на?
  모쮓 브이찌 에떠 돔 이바나

혼자 시간 보내는걸 좋아해.
  Я люблю́ проводи́ть вре́мя оди́н (одна́).
  야 류블류 쁘라바지찌 브례먀 아진 아드나

혼자 어떻게 하시려고요?   Как вы са́ми сде́лаете?
  깍 븨 사미 즈젤라예쩨

홍보를 하다	широ́ко оповеща́ть о чём 쉬로꼬 아뻬베샤찌 아 쫌
화가	худо́жник : худо́жница 후도즈니크 : 후도즈니짜

한국어	러시아어	한국어	러시아어
화나네.	Сержу́сь. 세르주스	화요일	вто́рник 프또르니크
화나는	рассе́рженный 라세르젠느이	화원	цвето́чный сад 쯔베또츠느이 사트
화랑	карти́нная галере́я 까르찐나야 갈리례야	화장대	туале́тный сто́лик 뚜알렛드느이 스똘리크
화면(전산)	экра́н 에끄란	화장실	туале́т 뚜알레트
화산	вулка́н 불깐	화장하다	гримирова́ть 그리미라바찌
화살	стрела́ 스뜨렐라	화학	хи́мия 히미야
화상	ожо́г 아죠크	확대하다	расширя́ть 라스쉬랴찌

화보	иллюстри́рованный журна́л 일루스뜨리러반느이 주르날
화장실에 가다	идти́ в туале́т 이찌 프 뚜알레트
화장실이 어디예요?	Где туале́т? 그제 뚜알레트
화장품을 쓰다	употребля́ть космети́ку 우빠뜨레블랴찌 까스메찌꾸
확대하실 필요는 없어요.	Не ну́жно расширя́ть 니 누쥐너 라스쉬랴찌

확실히	то́чно 또츠너	환율	валю́тный курс 발류뜨느이 꾸르스
확인하다	подтвержда́ть 빳뜨베르쥐다찌	환자	больно́й (больна́я) 발노이 발나야
환경	окружа́ющая среда́ 아꾸루좌유샤야 스레다	환전하다	меня́ть де́ньги 미냐찌 젠기
환어음	тра́тта 뜨라따	황금	зо́лото 졸러떠
환영하다	приве́тствовать 쁘리볫스뜨버바찌	회 / 2회	раз / второ́й раз 라스 프따로이 라스

확정하다   устана́вливать : определя́ть
                     우스따나블리바찌 : 아쁘레젤랴찌

환불하다   возвраща́ть де́ньги
                      바브라샤찌 젠기

환율이 오늘 어떻게 되나요?

                     Како́й на сего́дня курс?
                     깍꼬이 나 시보드냐 꾸르스

환전어디에서 해요?

               Где мо́жно обменя́ть валю́ту?
               그제 모쥐너 아브미냐찌 발류뚜

활발하게 발전하다   акти́вно развива́ться
                      악찌브너 라즈비바쨔

회계   расчёт : бухгалте́рия
                      라숏트 : 부흐갈쪠리야

회담	беседа 베셰다	회의	заседание 자세다니예
회비	членский взнос 츨렌스끼 브즈노스	회의에서	на заседании 나 자세다니
회사	компания 깜빠니야	회초리	розга 로즈가
회상하다.	вспоминать 브스빠미나찌	회화(그림)	картина 까르찌나
회원	член общества 칠렌 옵쉐스뜨바	회화(대화)	диалог 지알로크

회사로 와.
Иди в компанию.
이지 프 깜빠니유

회사에 둔거 아니야? 회사에 가보자.
Оставил ли в компании. Пойдёмте в компанию.
아스따빌 리 프 깜빠니 빠이죰쩨 프 깜빠니유

회사에 바래다 주세요.
Проводите меня в компанию.
쁘라바지쩨 미냐 프 깜빠니유

회사에 있어요.
Я в компании.
야 프 깜빠니이

회의하러 가다
идти на заседание
이찌 나 자세다니예

횡단보도
пешеходный переход
뻬쉐호드느이 뻬리호트

효과	эффе́кт 에펙트
후추	чёрный пе́рец 쵸르느이 뻬레쯔
후회하다.	ка́яться 까얏짜
훈련하다	трениров́ать 뜨레니라바찌
훈장	о́рден 오르젠
훌륭한	вели́кий 벨리끼
훔치다	ворова́ть 바라바찌
휘젓다	меша́ть 메샤찌
휘파람을 불다	свисте́ть 스비스쩨찌
휴가를 가다	уйти́ в о́тпуск 우이찌 보뜨뿌스끄
휴대용의	портати́вный 빠르따찌브느이
휴식	о́тдых 옷드이흐
휴일	выходно́й день 브이하드노이 젠
흉년	год плохо́го урожа́я 고트 쁠라호버 우로좌야
흐르다(시간)	течь 떼치
흐르다(유동)	проходи́ть 쁘로하지찌
효도하다	уха́живать за роди́телями 우하쥐바찌 자 라지쩰랴미
휴지(두루마리)	туале́тная бума́га 뚜알레뜨나야 부마가
휴학하다	вре́менно прекраща́ть учёбу 브레멘너 쁘레끄라샤찌 우쵸부
흉내 내다	передра́знивать 뻬레드라즈니바찌

흐리다(날씨)	му́тный 무뜨느이
흐린	му́тный 무뜨느이
흑맥주	тёмное пи́во 쫌노예 삐바
흑인	негр 네그르
흔적	след 슬레트
흘리다.	пролива́ть 쁘랄리바찌
흘림체	ско́ропись 스꼬로삐시
흠 없는	безупре́чный 베주쁘레츠느이
흡입하다	вса́сывать 프사스이바찌
흥분하다	волнова́ться 발나바짜
흥정하다	торгова́ть(ся) 뜨르거바찌(쨔)
희귀한	ре́дкий 레드끼
희극	коме́дия 까메지야
희망	наде́жда 나제즈다
희망이 없다.	безнадёжно 베즈나죠쥐너
희생	же́ртва 제르뜨바
희생자	же́ртва 제르뜨바
흰 우유	бе́лое молоко́ 벨로에 멀라꼬
흑백사진	чёрно-бе́лая фотогра́фия 쵸르너 벨라야 포따그라피야
흔하지 않다	сравни́тельно ре́дко 스라브니쩰너 레뜨꺼
흔한 음식	оби́льное пита́ние 아빌너에 삐따니예

흰 피부	бе́лая ко́жа
	벨라야 꼬좌

힘(능력)	спосо́бность
	스빠소브노스찌

힘(물리)	си́ла
	실라

힘(체력)	физи́ческая си́ла
	피지체스까야 실라

힘내	Набира́й си́лы
	나비라이 실릐

힘드네.	Тру́дно.
	뜨루드노

힘든	тру́дный
	뜨루드늬이

CD를 굽다	копи́ровать CD
	까삐러바찌 시디

mp3플레이어	МП3-плеер
	엠뻬뜨리 플레에르

PC방	интерне́т-кафе́
	인떼르네트 까페

TV드라마	телесериа́л
	쩰레시리알

흰 우유에도 설탕이 들어 있어서 놀랐어.
Удиви́тельно, что в бе́лом молоке́ соде́ржится са́хар.

우지비쩰너 쉬또 브 벨롬 말로께 사제르쥣쨔 사하르

힘들어 죽겠네. Умира́ю из-за большо́го труда́.
우미라유 이즈 자 발쇼버 뜨루다

USB를 꽂다   включа́ть USB
프끌류차찌 유에스비

부록

- 음식
- 사무용품
- 컴퓨터활용
- 회사생활
- 학교과정
- 문장부호 명칭
- 러시아가 어때요?
- 러시아 행정단위
- 반의어
- 러시아 사이트

초보자를 위한 한국어-러시아어 단어장

음 식

빵	хлеб 흘례쁘	쇠고기	говядина, мясо 가뱌지나 먀소

버터	масло 마슬로

돼지고기   свинина
           스비니나

치-즈	сыр 스이르

스튜우   тушёное мясо
         뚜숀노에   먀소

잼	варенье 바레니에

커틀렛   котлета
         까뜰례따

식사	еда 에다

돼지커틀렛 свиная котлета
           스비나야 까뜰례따

소오스	соус 소우스

로스 비프   жаркое мясо
            좌르꼬에   먀소

흰소오스	белый соус 벨르이 소우스

비이프 스테이크 бифштекс
                비프쉬쩩스

걸쭉한 수우프	суп-пюре 수프쀼레

오믈렛   омлет
         오믈례트

맑은 수우프	консоме 꼰소메

삶은 계란 варёное яйцо
           바료노에 야이쬬

고기	мясо 먀소

계란 프라이(요리) яичница
                 야이츠니짜

부록

파이	сладкий пирог 슬라뜨끼 삐로크	소세지	сосиски 사시스끼
아이스크림	мороженое 마로줴노에	러시아식 만두	пирог 삐로크
샌드위치	бутерброд 부쩨르브로트	러시아식 요쿠르트	кефир 께피르
꼬치구이	шашлык 샤쉴르이크	고기야채스프	борщ 보르쉬

기름에 튀긴 굴	жареные устрицы 좌레느이에 우스뜨리쯔이
튀김 새우	жареные креветки 좌레느이에 끄레베뜨끼
튀긴 감자	жареный картофель 좌레느이 까르또펠
야채샐러드	салат из овощей 살라트 이자바쉐이

사무용품

파일	па́пка 빠쁘까	클립	скре́пка 스끄례쁘까
스탬플러	ста́плер 스따쁠레르	자	лине́йка 리네이까
수첩(여성)	тетра́дь 찌뜨라찌	칼	нож 노쉬
지우개	ла́стик 라스찌크	가위	но́жницы 노쥐니쯔이
테이프	ле́нта 롄따	전화기	телефо́н 쩰레폰
계산기	калькуля́тор 깔꿀랴떠르	팩스	факс 팍스
볼펜	ша́риковая ру́чка 샤리꺼바야 루츠까	프린터기	при́нтер 쁘린떼르
봉투	конве́рт 깐베르뜨	컴퓨터	компью́тер 깜쀼쩨르
풀	клей 끌례이	모니터	монито́р 마니또르
수정액			корректу́рная жи́дкость 까렉뚜르나야 쥐뜨꺼스찌

부록

스피커	динáмик	USB	флéшка/USB
	지나미크		플레쉬까 유에스비

칼라프린터기	цветнóй прúнтер
	쯔베뜨노이 쁘린떼르

디지털카메라	цифровóй фотоаппарáт
	찌프라보이 퍼따아빠라트

노트북	нóутбук
	노우뜨북

데스크톱	настóльный компью́тер
	나스똘느이 깜쀼떼르

프린터 잉크	чернúла для прúнтера
	치르닐라 들랴 쁘린쩨라

컴퓨터활용

파일
файл
파일

마우스(여성)
мышь
므이쉬

공시디
перезапи́сываемый компа́кт-диск
뻬레자삐스이바예므이 깜빡뜨 디스끄

프린트지
бума́га для при́нтера
부마가 들랴 쁘린떼라

외장하드 внеустро́енное техни́ческое обеспе́чение
브네우스뜨로옌너예 쩨흐니체스꺼예 아베스뻬체니예

바이러스
ви́рус
비루스

바이러스에 감염되다
заража́ться ви́русом
자라좌짜 비루섬

종이가 기계에 걸리다 Бума́га застря́ла в маши́не.
부마가 자스뜨랼라 브 마쉬녜

마우스 오른쪽 클릭하다
кли́ковать пра́вую сто́рону мы́ши
끌리꺼바찌 쁘라부유 스또라누 므이쉬

377

프로그램을 설치하다	установи́ть програ́мму
	우스따나비찌 쁘라그람무

포맷하다	формати́ровать
	파르마찌라바찌

USB를 꽂다	вставля́ть USB
	프스따블랴찌 유에스비

CD를 굽다	Копи́ровать CD
	까삐러바찌 씨디

인터넷이 죽었어.(속어)	Интерне́т у́мер.
	인떼르네트 우메르

전선을 뽑다	вы́рыть прово́д
	브이르이찌 쁘라보트

바이러스 걸린것 같아.
Мо́жет быть, заража́ется ви́русом.
모줫 브이찌 자라좌예짜 비루섬

왜 이렇게 느린거야.　Почему́ так ме́дленно.
빠치무　딱　메들렌너

기계 고장 난 것 같아요. 한번 봐주실래요?
Ка́жется, э́та маши́нка не рабо́тает. Мо́жно её прове́рить?
까줫짜 에따 마쉰까 니 라보따옛 모쥐너 이요 쁘라베리찌

복사할 줄 알아요?	Вы зна́ете как копи́ровать?
	브이 즈나예쩨 깍 까삐러바찌

한 부 복사해 주실 수 있으세요?
Мо́жно де́лать копию по одному́?
모쥐너 젤라찌 꼬피유 빠 아드노무

회사생활

사무실	конто́ра 깐또라	직원	сотру́дник 사뜨루드니크
사장(남성)	президент 프레지젠트	공장 노동자	рабо́тник 라보뜨니크
대표(남성)	представи́тель 쁘렛스따비쩰	실무자	специали́ст 스뻬찌알리스트
통역	перево́д 뻬레보트	월급	ме́сячная зарпла́та 메시츠나야 자르쁠라따

점심시간	вре́мя обе́да : обе́денный перерыв 브례먀 아볘다 ; 아볘젠느이 뻬레르이프
출근시간	служе́бные часы́ 슬루줴브느이예 치스이
퇴근시간	вре́мя возвраще́ния с рабо́ты 브례먀 바즈브라셰니야 스 라보뜨이

휴일	выходно́й день 브이하드노이 젠	자물쇠	за́мок 자머크
열쇠	ключ 끌류치	명함	визи́тная ка́рточка 비지뜨나야 까르떠츠까

공휴일	всенаро́дный выходно́й день 프세나로드느이 브이하드노이 젠
러한사전	ру́сско-коре́йский слова́рь 루스꼬 까레이스끼 슬라바리
한러사전	коре́йско-ру́сский слова́рь 까레이스꼬 루스끼 슬라바리
월급날	день вы́дачи зарпла́ты 젠 브이다치 자르쁠라뜨이
월급날이 오다.	Прихо́дит день ме́сячной зарпла́ты. 쁘리호짓 젠 메시츠너이 자르쁠라뜨이
비서를 뽑다	избра́ть секрета́ря 이즈브라찌 시끄리따랴
뽑다	избра́ть 이즈브라찌
한국적 방식	коре́йский стиль 까레이스끼 스찔

한국어를 러시아어로 번역하다
переводи́ть с коре́йского языка́ на ру́сский 뻬레바지찌 스 까레이스까바 이즈이까 나 루스끼

| 해고되다 | увольня́ться 우발냐쨔 | 고용하다 | нанима́ть 나니마찌 |

월세를 내다 плати́ть аре́ндную пла́ту на ме́сяц
쁠라찌찌 아렌드누유 쁠라뚜 나 메샤쯔

이리와 봐. 할 말이 있어.
Прийди́, сюда́. Мне ну́жно что́-то говори́ть.
쁘리이지 수다 므녜 누쥐너 쉬또 떠 가바리찌

영어 할 수 있어요?
Вы мо́жете говори́ть по-англи́йски?
븨 모줴쩨 가바리찌 빠 안글리스끼

한국어를 할 수 있어요?
Вы мо́жете говори́ть по-коре́йски?
븨 모줴쩨 가바리찌 빠 까례이스끼

비공식휴일이라서 회사마다 달라.
Это неоффициа́льный выходно́й день, поэ́тому ка́ждая компа́ния отлича́ется.
에떠 니아피찌알느이 브이하드노이 졘 빠에떠무 까즈다야 깜빠니야 아뜰리차옛짜

좀 빨리 할 순 없나? Ты не мо́жешь де́лать быстре́е?
띄 니 모줴시 졜라찌 브이스뜨례에

차(음료)를 준비됐어요? Гото́вил(-а) чай?
가또빌(라) 차이

차를 준비해주세요.	Готóвите чай. 가또비쩨 차이
볼펜 좀 주시겠습니까?	Передáйте, рýчку. 뻬레다이쩨 루츠꾸
들어오세요.	Входи́те. 브하지쩨
문을 열어주세요.	Открóйте дверь. 앗끄로이쩨 드베리
문을 닫아주세요.	Закрóйте дверь. 자끄로이쩨 드베리
문을 잠궈주세요.	Запирáйте дверь. 자삐라이쩨 드베리

학 교 과 정

학교	школа 쉬꼴라
유아원	детский сад 젯스끼 사트
유치원	детский сад 젯스끼 사트
초등학교	начальная школа 나찰나야 쉬꼴라
중학교	средняя школа 스레드냐야 쉬꼴라
고등학교	высшая школа 브이샤야 쉬꼴라
전문대학	институт 인스찌뚜트
대학교	университет 우니베르시쩨트
대학원	аспирантура 아스삐란뚜라
일학년	первый курс 뻬르브이 꾸르스
이학년	второй курс 프따로이 꾸르스
삼학년	третий курс 뜨레찌이 꾸르스
사학년	четвёртый курс 치뜨뵤르뜨이 꾸르스
석사	магистр 마기스뜨르
박사	доктор 독떠르
교사(남성)	учитель 우치쩰
강사	лектор 롁떠르
교수	профессор 쁘라페서르

대학원에서 공부중인	Я учусь в аспирантуре. 야 우추시 바스삐란뚜례

문장부호 명칭

,	**запята́я** 자삐따야
.	**то́чка** 또츠까
:	**двоето́чие** 드바에또치예
;	**то́чка с запято́й** 또치까 스 자삐또이
!	**восклица́тельный знак** 바스끌리짜쩰느이 즈나크
?	**вопроси́тельный знак** 바쁘라씨쩰느이 즈나크

러시아가 어때요?

겨울이 길어서 힘들어.
Мне тяжёло из-за длинней зимой.
므녜   찌쭐라 이즈 자 들린노이   지모이

한국과 비교할 때, 러시아 월세는 너무 비싸.
В России месячная арендная плата дороже, чем в Корее.
브라시이 메시츠나야 아렌드나야 쁠라따 다로줴 쳄 프까례예

러시아어 발음이 어려워요.
Трудно русское произношение.
뜨루드너 루스꺼예   쁘라이즈나쉐니예

한국 사람과 러시아사람은 비슷해요.
Корейцы похожи на русских.
까례이쯔이   빠호쥐   나루스끼흐

한국에 비하면, 겨울이 더 길고 춥다
В России зима длиннее и холоднее, чем в Корее.
브라시이 지마 들린녜예 이 할라드녜예 쳄 프까례예

날씨가 추워요.
Холодно!
홀라드너

러시아 행정단위

1. 모스크바와 모스크바 근교 구간

모스크바   Москва(시발역)

모스크바주   Пушкино
Софрино (пос.)
С. Радонеж
Абрамцево
Хотьково
Сергиев- Посад (Загорск)

블라디미르주   Струнино
Александров

2. 러시아의 유럽 지역 구간

야로슬라브주   Ростов
Ярославль
Данилов
Любим

카스트로마주   Буй
Галич
Антропово (пос.)
Нея
Мантурово
Поназырево (пос.)

키로프주	Ленинское (пос.)
	Свеча (пос.)
	Котельнич
	Оричи (пос.)
	Вятка(Киров)
	Зуевка
	Фаленки (пос.)
우드무르티야 공화국	Яр (пос.)
	Глазов
	Балезино (пос.)
	Кез (пос.)

3. 우랄 구간

페름주	Верещагино
	Майский
	Пермь
스베르들로프스크주	Шаля (пос.)
	Первоуральск
	Екатеринбург (Свердловск)
	Белоярский (пос.)
	Богданович
	Камышлов
	Пышма (пос.)
	Тугулым (пос.)
튜멘주	Тюмень

튜멘주	Ялуторовск
	Заводоуковск
	Омутинский
	Голышманово
	Ишим

4. 서시베리아 구간

옴스크주	Называевск
	Любинский (пос.)
	Омск
	Кормиловка
	Калачинск
노보시비르스크주	Татарск
	Чаны (пос.)
	Барабинск
	Каргат
	Чулым
	Коченево (пос.)
	Обь
	Новосибирск
	Мошково (пос.)
	Станционно-Ояшинский (пос.)
케메로프주	Юрга
	Яшкино (пос.)
	Олотное
	Тайга

	Анжеро-Судженск
	Яя
	Ижморский
	Мариинск
	Тяжинский

5. 동시베리아 구간

크라스노야르스크주	Боготол
	Ачинск
	Новочернореченский
	Козулька
	Уяр
	Заозерный
	Канск
	Иланский
	Нижний Ингаш
	Нижняя Пойма
이르쿠츠크주	Бирюсинск
	Тайшет
	Алзамай
	Нижнеудинск
	Тулун
	Куйтун (пос.)
	Зима
	Залари (пос.)
	Черемухово
	Усолье-Сибирское

	Ангарск
	Иркутск
	Шелехов
	Култук (пос.)
	Слюдянка
	Байкальск

6. 바이칼 구간

부랴티야 공화국	Танхой (пос.)
	Бабушкин
	Улан-Удэ
	Заиграево (пос.)
치타주	Петровск-Забайкальский
	Новопавловка (пос.)
	Хилок
	Могзон (пос.)
	Чита
	Дарасун (пос.)
	Карымское (пос.)
	Шилка
	Приисковый (Куэнга, Холбон) (пос.)
	Чернышевск (пос.)
	Жирекен (пос.)
	Аксеново-Зиловское (пос.)
	Ксеньевка (пос.)
	Могоча
	Амазар (пос.)

7. 극동 구간

아무르주	Ерофей Павлович (пос.)
	Тахтамыгда (пос.)
	Сковородино
	Магдагачи (пос.)
	Ушумун (пос.)
	Шимановск
	Свободный
	Серышево (пос.) / Байкальск
	Белогорск
	Екатеринославка (пос.)
	Завитинск
	Бурея (пос.)
	Архара (пос.)
유태인자치주	Облучье
	Биробиджан
	Смидович
	Хабаровск
	Пепеяславка (пос.)
	Хор (пос.)
	Вяземский
	Бикин
하바로프스크주	Лучегорск (пос.)
	Дальнереченск
	Лесозаводск
	Спасск-Дальний
	Сибирцево (пос.)
	Уссурийск
	Владивосток(종착역)

반 의 어

краси́вый / некраси́вый 끄라시브이 니끄라시브이	아름다운 / 못생긴
гру́стный / ра́достный 그루스느이 라더스느이	슬픈 / 기쁜
хорошо́ / пло́хо 하라쇼 쁠러허	좋은 / 나쁜
то́лстый / то́нкий 똘스뜨이 똔끼	뚱뚱한 / 마른
усе́рдный / лени́вый 우세르드느이 레니브이	부지런한 / 게으른
бога́тый / бе́дный 바가뜨이 베드느이	부유한 / 가난한
здоро́вый / сла́бый 즈다로브이 슬라브이	건강한 / 약한
высо́кий / ни́зкий 브이소끼 니스끼	높은 / 낮은
бе́лый / чёрный 벨르이 쵸르느이	흰 / 검은
молодо́й / ста́рый 말라도이 스따르이	젊은 / 늙은

ýмный / расте́рянный 움느이　　라스쩨랸느이	영리한 / 멍청한
счастли́вый / несчастли́вый 쉬슬리브이　　니쉬슬리브이	행복한 / 불행한
дорого́й / дешёвый 다라고이　　지쇼브이	값비싼 / 값싼
дли́нный / коро́ткий 들린느이　　까로뜨끼	긴 / 짧은
широ́кий / ýзкий 쉬로끼　　우스끼	넓은 / 좁은
тяжёлый / лёгкий 찌쓀르이　　료흐끼이	무거운 / 가벼운
но́вый / ста́рый 노브이　　스따라이	새로운 / 늙은
лёгкий / тру́дный 료흐끼　　뚜루드느이	쉬운 / 어려운
то́лстый / то́нкий 똘스뜨이　　똔끼	두꺼운 / 얇은
бы́стрый / по́здний 브이스뜨르이　뽀즈느이	빠른 / 늦은
све́тлый / тёмный 스베뜰르이　　쫌느이	밝은 / 어두운

ра́нний / по́здний 라니이 뽀즈니	이른 / 늦은
горя́чий / прохла́дный 가랴치 쁘라흘라드느이	뜨거운 / 시원한
пра́вый / ле́вый 쁘라브이 레브이	오른쪽 / 왼쪽
пра́вильный / непра́вильный 쁘라빌느이 니쁘라빌느이	올바른 / 나쁜
чи́стый / гря́зный 치스뜨이 그랴즈느이	깨끗한 / 지저분한

러시아 사이트

〈검색〉

얀덱스	www.yandex.ru
러시아어 구글	http://www.google.ru
위키백과	http://ru.wikipedia.org/wiki
람블레르	http://www.rambler.ru
야후	http://ru.yahoo.com

〈뉴스 및 신문기사〉

엑스페르트 Эксперт	http://www.expert.ru
이또기 Итоги	http://www.itogi.ru
러시아 신문 Российская газета	http://www.rg.ru
RKI 러시아	http://world.kbs.co.kr/russian
리아 뉴스 Риа Новости	http://www.rian.ru
까메르산트 Коммерсант	http://www.kommersant.ru

브즈글랴드 Взгляд	http://vz.ru
뻬르브이 까날 Первый канал	http://www.1tv.ru/owa/win/ort8_main.main
서울 헤럴드	http://vestnik.tripod.com
라디오 마약 Радио Маяк	http://www.radiomayak.ru
NTV НТВ	http://www.ntv.ru

〈사전〉

멀티트랜	http://www.multitran.ru
그라모트 Грамот	http://www.gramota.ru
약어 사전	http://www.sokr.ru
아카데미사전 Фразгология	http://dic.academic.ru
사전	http://www.frazeologiya.ru

〈정부 및 단체 사이트〉
UN   http://www.un.org/russian
세계 은행   http://www.worldbank.org/eca/russian

[러시아 및 CIS국가]
러시아 대통령 싸이트   http://www.president.kremlin.ru

외무부МИД   http://www.mid.ru

러시아 정부   http://www.government.ru/content

푸틴 총리   http://www.premier.gov.ru

주한 러시아 대사관   http://www.russian-embassy.org

CIS 연합   http://cis.minsk.by/main.aspx?uid=2

백러시아 정부   http://www.president.gov.by

주한 백러시아 대사관
        http://korea.belembassy.org/korean/main

러시아어 자모

차례	인쇄체	필기체	명 칭	영어의 유사음	발음	IPA
1	А а	*A a*	а 아	'father'의 a	아	[a]
2	Б б	*Б б*	бэ 베	'book'의 b	ㅂ	[b]
3	В в	*В в*	вэ 붸	'vote'의 v	(ㅂ)	[v]
4	Г г	*Г г*	гэ 게	'good'의 g	ㄱ	[g]
5	Д д	*Д д*	дэ 데	'day'의 d	ㄷ	[d]
6	Е е	*Е е*	е(йэ) 예	'yes'의 ye	예	[je]
7	Ё ё	*Ё ё*	ё(йо) 요	'yolk'의 yo	요	[jo]
8	Ж ж	*Ж ж*	жэ 제	'pleasure'의 s	(ㅈ)	[ʒ]
9	З з	*З з*	зэ 제	'zone'의 z	ㅈ	[z]
10	И и	*И и*	и 이	'meet'의 ee	이	[i]
11	Й й	*Й й*	и крáткое 이 끄라뜨꼬예	'boy'의 y	(이)	[j]
12	К к	*К к*	ка 까	'kind'의 k	ㄲ	[k]
13	Л л	*Л л*	эль 엘	'gold'의 l	(ㄹ)	[l]
14	М м	*М м*	эм 엠	'man'의 m	ㅁ	[m]
15	Н н	*Н н*	эн 엔	'note'의 n	ㄴ	[n]

차례	인쇄체	필기체	명칭	영어의 유사음	발음	IPA
16	O o	*O o*	о 오	'port'의 o	오	[o]
17	П п	*П n*	пэ 뻬	'pen'의 p	쁘	[p]
18	Р р	*P p*	эр 에르	[r]	(ㄹ)	[r]
19	С с	*C c*	эс 에쓰	'speak'의 s	ㅆ	[s]
20	Т т	*T m*	тэ 떼	'too'의 t	ㄸ	[t]
21	У у	*У y*	у 우	'book'의 oo	우	[u]
22	Ф ф	*Ф ф*	эф 에프	'fine'의 f	(ㅍ)	[f]
23	Х х	*X x*	ха 하	[x]	ㅎ	[x]
24	Ц ц	*Ц ц*	цэ 쩨	'quartz'의 tz	ㅉ	[ts]
25	Ч ч	*Ч ч*	че 체	'lunch'의 ch	치	[tʃ]
26	Ш ш	*Ш ш*	ша 샤	'short'의 sh	(시)	[ʃ]
27	Щ щ	*Щ щ*	ща 시챠	'tovarish'의 sh	시치	[ʃ:]
28	ъ	*ъ*	твёрдый знак 뜨뵤르드이 즈나크			-
29	ы	*ы*	ы 의	'it'의 i	의	[ɨ]
30	ь	*ь*	мягкий знак 먀흐끼이 즈나크			
31	Э э	*Э э*	э 에	'men'의 e	에	[e]
32	Ю ю	*Ю ю*	ю 유	'Yukon'의 yu	유	[ju]
33	Я я	*Я я*	я 야	'yard'의 ya	야	[ja]

부록